思想在阅读中生长

思库文丛
School

思库文丛
汉译精品

# 我们中的陌生人

## 移民的政治哲学

David Miller

Strangers
in Our
Midst

[英] 戴维·米勒　　著　　吴楼平　　译

江苏人民出版社

图书在版编目(CIP)数据

我们中的陌生人：移民的政治哲学 /（英）
戴维·米勒著；吴楼平译.--南京：江苏人民出版社，
2025.3

（思库文丛·汉译精品）

书名原文：Strangers in Our Midst：The
Political Philosophy of Immigration

ISBN 978-7-214-28235-4

Ⅰ.①我… Ⅱ.①戴…②吴… Ⅲ.①移民问题-政
治哲学-研究-世界 Ⅳ.①D523.8

中国国家版本馆 CIP 数据核字(2023)第 136201 号

江苏省版权局著作权合同登记号：图字 10-2017-497 号

书　　　名　我们中的陌生人：移民的政治哲学
著　　　者　[英]戴维·米勒
译　　　者　吴楼平
责 任 编 辑　朱晓莹
装 帧 设 计　潇　枫
责 任 监 制　王　娟
出 版 发 行　江苏人民出版社
出版社地址　南京市湖南路 1 号 A 楼,邮编：210009
照　　　排　江苏凤凰制版有限公司
印　　　刷　南京爱德印刷有限公司
开　　　本　890 毫米×1240 毫米　1/32
印　　　张　8.375　插页 4
字　　　数　183 千字
版　　　次　2025 年 3 月第 1 版
印　　　次　2025 年 3 月第 1 次印刷
标 准 书 号　ISBN 978-7-214-28235-4
定　　　价　58.00 元
(江苏人民出版社图书凡印装错误可向承印厂调换)

# 目　录

CONTENTS

2015 年北非和中东难民涌入欧盟国家引发移民危机，附言旨在反思其对书中所述移民哲学的影响。

# 第一章 引 言

这是一本关于移民问题的书:论及如何思考以及如何应对这一问
题。我们应该鼓励移民加入我们的社会,还是设法拒之于国门之外?
如果我们准备接纳一些人而拒绝另一些人,我们该如何决定要接纳哪
些人? 还是说首先每个人都有进入的人权? 一旦移民到来,我们能要
求他们做什么? 他们应该被期望入乡随俗,还是适当地要求我们为他
们所带来的不同文化腾出空间? 凡此种种,不一而足。

当今,很多人都在问这些问题。移民问题已成为一个热门的政治
议题,尤其在西方自由民主国家中,那里的公民往往感觉他们再也不
能控制跨越其边境的人口流动了。这也是一个引发高度争议的话题。
一般而言,民众对移民造成的影响有所忧虑,并更可能想要减少而不
是增加入境的人数。不过,各国间存在着相当大的差异。在欧洲社会
中,绝大多数公民愿意看到移民水平有所降低。例如在英国,2013 年
底的一项民意调查显示,80% 的受访者认为当前净迁入移民水平过

高,85％的受访者认为移民正在给学校、医院和住房等公共服务施加过大的压力,64％的受访者认为过去十年间的移民对整个英国社会已造成不利影响。① 甚至连确立已久的欧洲内部自由迁徙原则也正面临着压力。2014 年初的一次瑞士全民公投显示,支持对所有形式的移民(包括来自欧盟成员国的移民)设定数量上限的意见略占上风。② 在美国,支持者与反对者的意见更为平分秋色。在 2013 年,40％的人希望移民保持在其当前的水平上,35％的人希望该水平下降,23％的人则赞成上升——尽管在过去的十年间,整体而言希望移民更少些的人数比例徘徊在 40％到 50％之间。③

批评者会质疑这样的一些数据的重要性。他们辩称,人们对即将到来的移民的数量及其影响都尚不知情。尤其是,民众往往忽视移民所带来的经济利益,且他们愿意承担几乎没有本地人会从事的基础性工作(比如农活或照顾老人)。批评者还会隐晦地暗示,移民正成为住房短缺和学校运转糟糕等社会问题的替罪羊,而这些问题与移民本身很少或根本就没有关系。我们经常听到有人表达出这样一种看法,即对移民的反对在根本上源自偏见,甚至源自不折不扣的种族主义。

因此,民众对移民问题的讨论引发了广泛热议,却没有切中要害。

① 参见 http://www.harrisinteractive.com/vault/HI_UK_News_Daily_Mail_Poll-Nov13.pdf。

② 参见 http://www.theguardian.com/world/2014/feb/09/swiss-referendum-immigration-quotas。关于欧洲人总体上普遍倾向于对移民施加更大限制的讨论,请参见 E. Iversflaten, "Threatened by Diversity: Why Restrictive Asylum and Immigration Policies Appeal to Western Europeans," *Journal of Elections*, *Public Opinion and Parties* 15(2005): 21 - 45。

③ 参见 http://www.gallup.com/poll/163457/americans-pro-immigration past.aspx。这些数据可以反映出"移民"与"非移民"社会之间的差异;见第 25 页注释 2。

一些学术评论家认为,当前对移民问题的关注被夸大了。有人说,移民只是更大的全球化进程中的一个不可避免的组成部分。我们生活在一个以资本、商品和服务及跨国交流的浪潮日益高涨为特征的世界当中——浪潮的整体影响在很大程度上是温和无害的。当其他一切都在流动的时候,人员也将产生流动。他们确实应当流动,因为如果不这么做,全球化的其他组成部分就将无法运转起来。工人必须流向需要其技能的部门和工厂,学生流向正在开展前沿性研究的大学,艺人流向观众等待他们的地方,如此等等。有些人的流动可能是临时性的,而另一些人将选择留下。我们所应解决的问题与其说是关于如何通过限制入境人数来控制移民,还不如说是关于如何使其尽可能顺畅、有效地发挥作用。

另一种持怀疑态度的观点指出,有史以来,人口迁徙一直在发生,尽管最近十年间的移民人数可能已经有所增加,但情况依然如此,即绝大多数人仍然生活在他们出生的国家。2013 年,全球移民人数达到 2.31 亿,大约占全世界总人口的 3%。① 无可否认,这个数字掩盖了一些巨大的差异——一个极端的例子是,卡塔尔外来移民占其总人口的 70%,占其劳动力人口的 94%②——但在大多数社会中,移民只占人口的一小部分。那么,为何要大惊小怪呢?

---

① 关于联合国经济及社会事务部人口司的《2013 年国际移民报告》,可从以下网址获取:http://www. un. org/en/development/desa/population/publications/pdf/migration/migrationreport2013/Full Document final. pdf ♯ zoom ＝ 100。另见 K. Khoser, *International Migration：A Very Short Introduction*（Oxford：Oxford University Press，2007），chap. 1。

② http://www. theguardian. com/news/datablog/2013/sep/26/qatar-migrants-how-changed-the-country.

以这样的方式淡化该议题，其实是基于我们此刻的一个大致的看法，即大多数移民在这种情况下是已经受到相当严格限制的，而不考虑如果这些限制放松或完全解除，未来可能会发生什么。移民问题的作用方式相当复杂。保罗·科利尔（Paul Collier）的一项最新研究表明，由于移民是被吸引到某些地方的，而在那些地方，他们能够加入由来自相同的文化或民族背景的早期移民所组成的社群，所以移民社群的规模与他们融入东道国的速度是非常重要的因素。① 随着（未被同化的）移民社群的规模不断扩大，其吸引力逐渐增强，而如果缺乏有效的控制，移民率将会无限制地增长。当然，这种情况假设，如果有机会的话，大量的人可能会选择移居到发达的自由民主国家。这个假设貌似是有道理的，理由在于，富裕国家与贫穷国家之间存在巨大经济差距，而（至少）需要几十年才能显著缩小这一差距——即便全球经济秩序得到了改革，贫穷国家成功实施了促进经济增长的政策。例如，盖洛普民意调查显示，居住在撒哈拉以南非洲地区的38％的人、居住在中东与北非地区的21％的人更愿意永久性地移民。② 所以，如果我们就移民问题将所有的政策选项（这意味着包括作为一种极端立场的"完全开放边境"的政策方案）都摆到台面上进行一场讨论，那么就必须要允许移民的流动比当前的数量高出好几倍。

在这一点上，值得更进一步研究的是，为什么移民，即便在相当适

---

① P. Collier, *Exodus: Immigration and Multiculturalism in the 21st Century*(London: Allen Lane, 2013), chap. 2.

② N. Esipova, J. Ray, and R. Srinivasan, *The World's Potential Migrants: Who They Are, Where They Want to Go, and Why It Matters*(Gallup, 2010 - 2011). 总体而言，在最贫困的四分之一国家中生活的人里，有40％的人表达了移民的愿望；参见 Collier, *Exodus*, 167。

度的水平上,也可能给接纳移民的社会带来难题。选民把移民问题排在与其相关的政治议题当中的重要位置,寡廉鲜耻的政客则通过承诺更加严厉地限制移民准入(特别是那些非法入境的人)以及限制移民得到各种福利权,而赢得相当大的支持。毫无疑问,这其中的部分回应有一孔之见与诿过于人(prejudice and scapegoating)的嫌疑。但是,为了全面把握当前由移民所带来的问题,有必要简要回顾一下历史,以了解自由国家与移民之间的关系在过去的几个世纪里是如何演变的。在早期,移民就算没有得到积极鼓励,但至少也是被相对听之任之的,而与那个时期进行比较,我们就可以更好地理解我们自己的困境。

如果我们问,在 19 世纪中叶,自由国家的成员一般是如何看待移民的? 其答案将会是,各国被认为拥有接受移民或拒绝移民入境的不受限制的权利,这是国家主权的一个方面,但在实践中,移民的行动往往不受管制。当到来的移民数量变多,或者当新来者因经济、道德或种族(或这些因素的混合)的理由而被视为不受欢迎的人,控制移民才成为一个议题。因而在美国,联邦层面上所实施的第一个重大限制就是 1882 年对中国移民的限制,而此乃出于对中国男性与本国工人竞争工作岗位以及有些中国女性从事娼妓工作的顾虑。[1] 在英国,1906年的《外侨法令》(Aliens Act)主要针对的是来自东欧的犹太移民,尽管中国海员也是其所针对的对象之一。[2] 在这两起案例中,限制移民

---

[1] 参见 D. Reimers, *Unwelcome Strangers : American Identity and the Turn against Immigration*(New York: Columbia University Press, 1998), 11 - 12。

[2] 参见 R. Winder, *Bloody Foreigners : The Story of Immigration to Britain*(London: Little, Brown, 2004), chap. 16。

的支持者都使用了一种谴责所谓劣等种族道德低下的言辞。换言之，移民是可以被接受的——或者在美国的案例中，甚至是受到积极欢迎的——只要他们属于一种对现有公民的道德或经济利益均不构成威胁的类型。不过，他们要自食其力。对于通常在社会最底层挣扎求生的移民的福利，国家不负有任何责任。早在 20 世纪初，接受移民的社会对新来者总体上的态度就被《图学家杂志》(*The Chartist*)记者乔舒亚·哈尼(Joshua Harney)准确概括为："流亡者自由地登上我们的海岸，并自由地在我们狂风暴雨的天空下饿死。"①

5　　国家主权权利的更进一步的含义是，它可以把其所喜好的任何条件强加给那些设法进入的人，至少只要这些没有构成残酷的对待。在 1891 年首次出版的《政治学要义》(*Elements of Politics*)一书中，自由主义哲学家亨利·西季威克(Henry Sidgwick)在关于移民问题的相对简要的讨论中阐述了国家的权利。② 西季威克把这一点视作一条公理，即各国完全有权决定是否接受任何移民，而唯一的限制条件是其境内围有大片闲置土地；因此，它们也必须有权决定准许入境的条件：

> 显然，一个国家必须有权按照自己的条件接纳外国人，有权对入境或过境通行费施加任何条件，并对他们施加其认为合宜的任何法律限制或禁止。一旦已准许他们入境，那就确实不应该毫无预兆地突然对他们施以一种苛刻的差别对待；但是，由于它可

---

① 转引自 Winder，*Bloody Foreigners*，118。

② 参见 1892 年美国最高法院："国际法中一条公认的准则是，每个主权国家都有禁止外国人进入其领土内的权力，或只在它认为可能符合规定的情况和条件下准许他们入境的权力，此乃主权所固有的，也是自我保护所必需的"；转引自 P. Schuck，*Citizens, Strangers, and In-Betweens: Essays on Immigration and Citizenship*(Boulder，CO：Westview Press，1998)，24。

以合法地全然拒绝接纳他们,它就应当有权在给予适当的警告和允许离境的适当时间之后以其所认为的任何合适方式对待他们。①

西季威克还认为,各国有充分的理由有选择性地决定准许谁入境,因为"由于拥有不同道德习俗和宗教传统的外国移民源源不断地涌入,政府很难在促进德育和智育方面发挥作用"②。他总结道,只要移民政策从接受国的民族视角得到评估,那么国家在以下两个方面保持平衡是在道德上可接受的:一方面是,准许具备专门技能的移民入境所可能带来的经济利益;而另一方面是,这些移民对"民族的内在团结"与"成员们足够高质量的文明生活"的维持所可能造成的威胁。换句话说,接受国政府没有责任考虑移民自身的利益。③

西季威克的观点代表了大致是在大规模移民正成为欧洲和北美地区的一个政治议题的那个时期人们关于移民问题的自由主义倾向,我援引他的观点的目的就在于,突显自从他写作以来的一百多年里我们的思考方式所发生的改变。有些改变有助于支持准移民(potential immigrants)的诉求,而其他改变则给他们带来了负担。因此,首先,我们已经看到的是一种国际人权文化的兴起,后者强加给各国在其移民

---

① H. Sidgwick, *The Elements of Politics*, 2nd ed. (London: Macmillan, 1897), 248. 然而,西季威克接着指出,该国应当避免伤害它所接纳的外国人,也不应允许他们受到个人的伤害——换言之,国家有责任保护他们。
② Sidgwick, *Elements*, 308.
③ 然而,西季威克认为,如果人们采用一种世界主义的道德视角,后者允许所有人都获得任何特定领土内的自然优势,那么此问题会看起来完全不同。他说,这"或许是未来的理想"。但是,他总结说:"将移民的自由准入当作一项绝对的国际义务而强加给文明的国家,一般而言,并不真正符合全人类的利益";Sidgwick, *Elements*, 308 - 309。

*6* 对待方面的责任比西季威克时代的哲学家所可能预想到的要大得多。现在，各国被认为有积极的义务去接纳那些其基本权利在其现居地正遭受威胁的人——尤其是难民。即使是那些没有资格获得难民特殊保护的人，各国在挑选准入申请者和遣返那些不具备资格但无论如何都已抵达的人时所运用的程序也受到国际法的限制。当然，这些法律限制并不总会在实践中得到遵守，尽管如此，由于人权公约适用于包括外来移民在内的不论其国籍的全体人类，当各国采取了一些违反这些公约的措施时，他们仍然觉得有必要隐瞒其行为或为之辩解。

接下来，当移民获准进入自由国家时，他们受益于更为广泛的宽容，而此种宽容现在被给予那些其生活方式偏离社会主流的人，并且事实上，他们可以从多元文化政策给予少数民族文化习俗的支持中受益匪浅。换句话说，一个世纪前融入主流文化的巨大压力——至少对于所有那些想走出最初寄居的贫民窟的移民而言——已被鼓励文化百花齐放与设法为少数文化群体成员消除机会障碍的社会规范所取代。在当今的自由民主国家中，没有任何观点要比机会平等的观点更具影响力了。因此，一方面，如果国家决定动用其资源来支持文化或娱乐活动，它就应当做到不偏不倚（例如，如果弦乐四重奏乐队要得到资助，那么钢鼓乐队和墨西哥流浪乐队也应该得到同样的资助）。另一方面，每个人工作与晋升的机会不应该受其个人文化背景的影响。所以，我们现在有了反歧视法，我们的教育制度要么严格世俗化，要么为迎合少数民族宗教信仰的宗教学校腾出空间，如此等等，不一而足。所有这些改变都使得移民们更易于生活在其新的家园里而无须放弃其所继承的文化，并且他们确实经常都被鼓励将这种文化颂赞为多元文化大杂烩的组成部分。

但在政治文化中也有其他同样重要的变化,而这些变化使移民尤其是新来移民的境况变得更为困难。首先是现在对民族的公民身份观念的重视。人们大多在政治上都认同世代相传的民族共同体,这种成员身份被视为终身的:始于出生,终于死亡。那么,新来移民如何融入这幅图景呢?他们是否应被视为会在适当时候全面融入的候选成员,然后完全受到像本土公民那样的同等对待?他们是被视为临时的合伙人,赚够钱就回家的短期居民,还是在自己国家饱受内战蹂躏而寻求庇护的绝望之人?对于崇尚自由—民主原则的社会而言,在其边境之内永久寄居着一类处于次等地位的人将是无法容忍的。因此,所有注定要留下的移民应当被给予机会取得居留权和最终正式公民权,而其他人则应该被规劝在方便或安全的时候离开。国家不可能像 150 年前那样简单地采取一种自由放任(laissez-faire)的态度。再者,对于那些踏上通往公民身份之路的人,对他们的政治教育符合国家的重大利益。成为一个公民,并不只要享有法律代表权、投票权等一套权利就足够了,尽管它们都很重要。它还涉及规定公民应该如何行动的责任与规范。例如,一个公民应该愿意在维护法律、抓捕罪犯方面与警方合作。在一个民主国家中,这包括接受根据适当程序所作出的具有权威性的多数决定,除非这些决定被废除。因此,在成为一个公民的过程中,一个人还必须担负起这样的责任,并准备接受相应的规范。此外,为了履行好公民的职责,一个人还应当使他自己与他现在构成其一部分的政治体系保持一致。为了充分发挥这一作用,他应当尊重其公共的制度,并至少接受那些隐藏于它们背后的信念。

新的公民究竟应当在多大程度上认同接纳他的国家,这是一个很有争议的问题,而所要求的认同的性质也是如此。从承认一套规则和原则的权威的意义上说，正如那些在宪法中所体现的规则和原则，这应该在狭义上是政治性的吗？或者这是否要求更加充分地认同移民已经加入的民族，而这种认同将包括认识和欣然接受该民族的象征，说该民族的语言，接受某个版本的"民族故事"，以及在民族意识范围内承认可能包括某一特定宗教在内的某些文化特征的优越性？这些都是我们在本书后面需要回过头来讨论的问题。实际上，存在一个被广泛共享的假定，即至少应该大力鼓励移民接受比狭义的政治认同更多的东西。这方面的一个征兆就是，公民入籍考试越来越普及，它们要求申请者了解其所加入国家的历史和文化。当然，这些考试本身并不能使移民接受对该社会的任何特定的态度。但是，除了使他们熟悉一些关于该社会如何运行的实践信息之外，它们的基本目标是，发出期望移民在文化、经济和社会上融合的信号。

对于那些从非自由社会中继承了其文化的移民来说，此种期望可能引发内心的冲突。为了接受接纳社会的政治文化，他们可能不得不放弃一些最坚定的信念。对这一挑战的回应，从对新社会的被夸大了的爱国承诺这一端到拒斥和疏离的另一端，可能大相径庭。当接纳社会插手移民原籍地内的冲突时，这个问题或许变得最为突出，自伊拉克战争以来，来自中东地区移民的情形就一直如此。在这种情况下，为了避免被贴上不忠甚或不可信任的标签，新移民可能迫于压力而支持这个国家的政策。这种情况的发生似乎有些奇怪，因为民主社会本应致力于言论自由，并对政府政策展开公开的批判性辩论。但是，这些原则基于这一默许的假定才起作用，即所有那些参与辩论的人都认同这个政治共同体，并把它的最大利益放在心上。移民不能指望在他们的情形中作出此种假定。因此，对于他们而言，批评政府会冒着本土公民所无须冒的风险。

那么,关键的一点在于,获准加入一个国家、社会成为一个准公民,既要付出一定代价,也会获得利益。在早期,正如我所观察到的,移民被放任自流,只要他们不参与非法或反社会的行动。他们对自己所加入的社会的信仰和感受并不特别感兴趣。现代民主国家不可能持有这样的一种放手不管的态度:它想要并需要移民变成善良、正直的公民。要实现这一点,就可能需要鼓励甚或要求他们卸下他们所背负的一些文化包袱。如何在支持文化的多元主义与确保存在一套几乎每个人都认同的核心信念之间取得平衡,正是拥有大量移民共同体的国家所面临的主要问题之一。在后文中,我们将有必要探讨多元文化主义与公民认同之间的冲突所在。

由于大多数现代民主国家也是福利国家(不论他们是否自贴标签),他们都致力于推行社会正义的政策,所以另一组问题又出现了。一方面,它们争取实现机会平等;另一方面,它们又提供收入补贴和一系列的社会服务,想为所有公民提供过上一种体面生活的途径。移民是这些政策的受益者,但他们也被要求为政策的有效实施作出贡献。同时,这一要求可能涉及遵守社会规范——比如,确保男女儿童们都被给予平等的教育和就业机会——而这可能与某些移民的文化或宗教的信仰相冲突。此外,社会正义通常被认为是一种终生的社会合作计划,其中大多数人在其人生的某些时期都是净贡献者(通过纳税),而在另一些时期又是净受益者,比如,当他们生病或达到退休的年龄时。移民通常是在其人生的中途加入此计划的,这就产生了一个问题,即他们是否应该立即有权享受一整套的福利待遇,或者他们是否先要经过一段净贡献的时期之后才能挣得其成员身份。民众对移民的怨恨往往似乎是由这样一种看法所激起的，不管准确与否，即他们是为获得好处才进入的，而事先并没有作出过足够的贡献。① 同样，此问题在早些时候是不可能出现的，那时的国家很少向其国民提供超出基本要求的保护。现在，不仅要把移民视为未来的公民，还要视为一个精心设计的资源分配计划的成员，而该计划依赖于其成员对贡献原则（例如，真正努力找工作）和平等原则（例如，确保工作被给予最胜任的候选人，而不考虑性别、种族或宗教）的遵守。

10　　我在此处的观点并不是移民不能够或不愿意成为该计划中的成员：没有理由那样认为。真正关键的一点是，如果该计划不被这一看法所削弱，即新来者没有发挥自己的作用，那么接纳国就不得不采取积极措施来使他们融合。福利再分配的国家有赖于公民间的信任，每个人都将按照该计划的条款公平地行动，并且诚信地纳税，而不会牟取他们无权得到的利益。不幸的是，有证据表明，随着社会变得越来

---

① 引用英国的某个证据，在摩利调查公司（MORI）的一项调查中，寻求庇护者与近期的移民最有可能被挑选出来作为"在公共服务和国家福利方面不公平地优先于你"的两个群体，关于此报道参见 B. Duffy, "Free Rider Phobia," *Prospect*（February 2004）：16 - 17。更为普遍的主题则出现在国会工党议员（MP）约翰·德纳姆（John Denham）关于民众态度的一项非正式研究中。他发现，他的选民强烈支持一种"公平准则"（fairness code），而这种准则"与你所已经挣得的权利有关，而不仅仅与你今天所需有关。对某个人的需求的评估，应该考虑到他或她在过去或将来已经作出或将要作出的努力与贡献。公共服务应该被提供给有权获得、需要和负责任地使用它们的人"；参见 J. Denham, "The Fairness Code," *Prospect*（June 2004）：29。然而，这些看法，即福利国家运作不公平，也可能在一定程度上是由种族偏见所导致的。关于此主题的讨论，参见 R. Ford, "Prejudice and White Majority Welfare Attitudes in the UK," *Journal of Elections, Public Opinion and Parties* 16（2006）：141 - 156。关于美国人持有相同的信念——即不努力作贡献的人不应该获得福利，而黑人一般被列为不够格的群体——的证据，请参见 M. Gilens, *Why Americans Hate Welfare: Race, Media, and the Politics of Antipoverty Policy*（Chicago: University of Chicago Press, 1999），chap. 3。

越多样化,不管在族群上还是在文化上,信任度往往会下降;①由此,这就更难以赢得对在实践中更有利于某些群体而非其他群体的政策的支持,即便这并非其本意。② 其结果将是,我们可能面临着较高程度的移民与建立或维持一个强式的福利国家之间的权衡,假定后者为我们的目标之一的话。关于这一点的证据往往不容易得到理解。在最近的几十年里,福利开支水平在一段时期因一些独立的理由而有所提高,移居到发达的民主国家的人数相对较多,故问题不在于,移民是否减少了福利支出的绝对值,而在于移民是否减缓了它的增长。一项关于经济合作与发展组织(OECD)内 18 个国家的社会支出的分析得出了如下结论:

> 国际移民似乎确实关系到福利国家的规模。面对不断加快的人口的国际迁徙,虽然没有哪个福利国家真正经济缩水,但一个社会对移民越开放,其增长率就越低。如果典型的工业社会的

---

① 关于族群多样性对社会信任的消极影响的论据,参见,例如,A. Alesina and E. La Ferrara, "Who Trusts Others?," *Journal of Public Economics* 85(2002): 207 - 234; J. Delhey and K. Newton, "Predicting Cross-National Levels of Social Trust: Global Pattern or Nordic Exceptionalism?," *European Sociological Review* 21(2005): 311 - 327; R. Putnam, "*E Pluribus Unum*: Diversity and Community in the Twenty-first Century," *Scandinavian Political Studies* 30(2007): 137 - 174。然而,存在一些反对的声音,包括 M. Crepaz, *Trust beyond Borders: Immigration, the Welfare State, and Identity in Modern Societies* (Ann Arbor: University of Michigan Press, 2008), chap. 3; N. Letki, "Does Diversity Erode Social Cohesion? Social Capital and Race in British Neighbourhoods," *Political Studies* 56(2008): 99 - 126。
② 关于族群的多样性与对福利国家的支持之间的关系的讨论,参见 S. Soroka, R. Johnston, and K. Banting, "Ethnicity, Trust and the Welfare State," in *Cultural Diversity versus Economic Solidarity*, ed. P. Van Parijs (Brussels: De Boeck, 2004)。

外来人口比例保持在 1970 年的水平，那么它们在社会服务方面的支出可能比现在要高出 16%—17%。①

这里所提到的证据是关于过去所已经发生的事情的证据。它并没有排除采取对策来克服移民对福利国家支出的抑制作用。我的观点只是要强调，当大量移民进入一个既定的福利国家时，特别当文化的差异在本土人与新来者之间造成一定程度的互不信任时，有一个问题必须正视。早些时候，我引用了民众对移民问题表示担忧的证据，还提到了批评者的看法，他们认为这些担心是没有根据的。我试图提出的建议是，无论哪一方最终证明自己在争论中占上风，都有一个争论需要解决。一个真正的问题是，移民对接纳社会的影响是什么，成本与收益之间的平衡点何在，以及移民自身的成本与收益如何被纳入这个方程式之中。他们是否应该被给予同等的权重，或者把天平向有利于政治共同体的现有成员倾斜是否合法？

这些都是棘手的问题（不然，就没有写作本书的必要了）。在公共论坛中，关于移民问题的辩论往往是在相当狭隘的经济层面上进行的。参与者们试图评估移民对接纳社会的国内生产总值（GDP）的净影响。一般来说，这种影响被证明是积极的，但是较小。然而，考察移民如何影响社会不同群体所享有的国民收入的相关份额似乎也很重要，并且这里有某个证据表明，由于移民使低技能工人工作的竞争加

---

① S. Soroka, K. Banting, and R. Johnston, "Immigration and Redistribution in a Global Era," in *Globalization and Egalitarian Redistribution*, ed. P. Bardhan, S. Bowles, and M. Wallerstein(Princeton, NJ: Princeton University Press/New York: Russell Sage Foundation, 2006), 278.

剧,往往会导致其收入减少,进而加剧了不平等。① 这种结果当然取决于技能在移民群体之间的分配。一种更为乐观的观点认为,在根据资格挑选移民的地方,比如在许多经合组织国家中,移民的主要影响是,略微提高了不熟练工人的工资,因为高技能工人与低技能工人之间存在互补性。② 在经济学家出现分歧之处,政治哲学家就不应该尝试作出评判。辩论各方一致认为,移民对工资水平的影响相对较小。再者,即便我们将注意力限于移民的经济影响,也有必要考虑对输出社会的影响,不管好坏,其影响可能较大。是否存在这样一种危险,即"人才流失"(brain drain)可能对受过高等教育的移民所离开的社会产生严重的不利后果? 那么,如果是这样,我们应该给予这种影响多大的权重? 后一个问题直接把我们从经济学带进了政治哲学。因为它所产生的问题是,首先,各国在制定政策时,是否有义务平等地权衡全人类的利益,还是说它们有权合法地更加重视本国公民的利益。其次,如果各国确实得到允许优先照顾其本国公民,这种偏颇的限度何在? 如果真有的话,各国会获许对外来者施加何种负担,它们应当更

---

① 关于对美国的分析,参见 G. Borjas, *Heaven's Door : Immigration Policy and the American Economy*(Princeton, NJ: Princeton University Press, 1999), esp. chap. 5; 关于一种反对的观点,参见 D. Card, "Is the New Immigration Really So Bad?," *Economic Journal* 115(2005): 300 – 323。关于英国的分析,参见 S. Nickell and J. Saleheen, "The Impact of Immigration on Occupational Wages: Evidence from Britain," Federal Reserve Bank of Boston Working Papers, No. 08 – 6 (Boston, 2008); C. Dustmann, T. Frattini, and I. Preston, "The Effect of Immigration along the Distribution of Wages," *Review of Economic Studies* 80(2013), 145 – 173。

② 参见 F. Docquier, C. Ozden, and G. Peri, "The Labour Market Effects of Immigration and Emigration in OECD Countries," *Economic Journal* 124(2014): 1106 – 1145。

*12* 加积极地采取何种行动来帮助人权可能遭受威胁的非公民？在我们能够开始形成一种关于移民诉求的融贯性的观点之前，这些非常基本的问题应当得到解答，所以本书的第二章将尝试处理它们。

　　经济学家自身可能也愿意承认，由移民所产生的主要问题并非是狭隘的经济问题。① 对移民问题怀有浓厚兴趣的另一个学科团体则是法律理论家，特别是那些人权律师。因为从表面上看来，当前所实施的移民政策引起了人们对人权的严重关切。想想看一些国家为阻止移民非法进入其领土所采用的物理手段，比如派遣巡逻艇在载有移民的船只靠岸之前将其拦截的惯常做法——即便这些船只往往是不适合航海的。或想想各国试图阻止难民向其申请庇护的各种方法，即阻止航班和其他运输工具把他们运送至边境，否则他们可能在那里提出其庇护诉求。或者最后，想一想非法入境者的处境，由于缺少国家会正常提供的保护，他们发现自己不得不在非常不安全的条件下工作。美联社（Associated Press）的一项调查发现，在美国南部和西部各州，墨西哥工人在工作中丧生的可能性是本土人的四倍。② 在英国，我们记得，曾有 23 名遭受剥削的中国工人在莫克姆湾（Morecambe Bay）拾鸟蛤时被上涨的潮水吞没。③ 因此，如果仅从人权法的视角审视移民问题，我们极有可能得出这样的结论：各国不仅应该接纳更多的移民，还应比现在更认真地承担起保护其人权的责任。对人权的关切或

---

① 参见，例如，Collier, *Exodus*, 60 - 61。

② 参见 http://articles. latimes. com/2004/mar/14/news/adna-dwork14。

③ 参见 http://www. theguardian. com/commentisfree/2014/feb/03/morecambe-bay-cockle-pickers-tragedy。

许并不意味着要取消所有的边境管控，但这是否意味着要向开放边境的方向大幅迈进呢？

关于移民问题的人权视角，就如经济视角一样，对我们的理解也有很大的帮助，我将在本书后面的章节中认真审视由难民的准许入境、挑选性的移民政策、临时移民的方案等方面所引起的关于人权的问题。但是，它仍然是一个片面的视角，因为它没有考虑其他的价值，而后者无疑在移民问题的辩论中发挥着关键作用。这些价值通常是集体主义的（collective），与移民可能设法加入的社会的总体形态和特征——例如，其人口总体规模、年龄分布、居民语言或民族传统文 13 化——相关。这些对于现有公民而言往往是非常重要的事情。① 很少存在一种关于它们的充分共识，但在民主社会中，通过各种观点在媒体和政治论坛上的自由交流，一种集体性的偏好就可能出现。人们想要感觉到自己能够掌控社会的未来形态。政治自决符合他们的利益，而这种自决包括能够决定允许多少移民入境，以及如果申请人数超过此数量应该选择谁，以及对那些获准入境的人又该持何种合理的期望。移民的人权进路不可能顾及这样的一些集体性的价值。一个人权律师可能会争辩说，人权始终是优先的，因而任何一种可接受的移民政策都应当尊重准移民的人权，而不管民主的大多数人的想法如何。不过，正如我们将在后面看到的，事情并非如此简单。我们再次回到了政治哲学的领域——这一次让我们来看一看，如何可以的话，

---

① 关于对语言、宗教和传统的关切在反对大量移民方面所起的作用，请参阅 Iversflaten，"Threatened by Diversity"。

国内民主如何能够与那些身处其边境之外的人的人权相协调。

因此,为了恰当地理解移民问题,我们不得不从政治哲学的一些基本问题出发,但要从一个新的视角审视它们。视角的转换是有必要的,因为自霍布斯时代以来,政治哲学在很大程度上一直关注国家和其公民之间的内部关系。我们通常追问的所有这些问题——国家权威如何得以确立? 公民对国家拥有何种权利? 政府应该是民主制的还是寡头制的? 社会正义要求什么? 如此等等——都有赖于这一假定,即我们都已经知道谁被包含在政治共同体之内了。所有人都平等地服从于国家权威,即便(如妇女)在历史上曾被排除于正式公民身份之外。除了这种以国家为中心的政治哲学的丰富传统,国际政治理论就像细流一般流淌着,并发展出规范各国相互之间的行动的原则,而这条细流最近已经涨成了一股洪流,有关世界主义、全球正义以及相关主题的作品如潮水一般从印刷机中涌出。不过,没有哪一种传统被认为可以轻而易举地应对具体的移民问题。这个主题本身就很少出现在政治哲学的经典文本之中。例如,在密尔(John Stuart Mill)对政府作全面研究的《代议制政府》(*Considerations on Representative Government*)或在黑格尔的同样全面的《法哲学原理》(*Philosophy of Right*)中,它压根儿就没有被提及。我们必须追溯到 19 世纪末,才能发现像西季威克这样的哲学家,在其一本厚厚的书中用了一小部分篇幅讨论了移民问题,然后,正如我们所看到的,他认为各国在接纳或拒绝移民方面,以及决定接纳他们入境的条件方面,拥有几乎不受限制的自由裁量权。

有人声称,这条规则的一个例外情形由康德所提出,他在其 1795 年的《永久和平论》(*Perpetual Peace*)中谈到了"世界主义权利"原则,该原则要求不含敌意地接纳那些到达外国领土的人。① 康德称此要求为"好客的自然权利",而一些评论家已经运用此观念发展出一个更加开放的边境的理由。② 然而,根据康德自己的观点,该权利有一个限定的范围:它基本上相当于尝试与一个国家的本土居民建立一种关系的自由,尤其出于商业的目的,并且与此同时,本土居民拥有打发陌生人离开的权利,"如果可以做到这一点而又不会导致他的死亡的话"③。它显然不是定居的权利,而根据康德的观点,定居需要与当地人签订一份特殊契约。因此,康德并不承认一种普遍的移民权利,尽管他确实利用地球共同所有权的观念来证明这种好客的权利。④

随着时间的推移,在 20 世纪后期写成的极具影响力的政治哲学著作,罗尔斯的《正义论》(*A Theory of Justice*),通过假定其所捍卫的正义原则适用于一个其成员确定的社会,而完全规避了移民问题。⑤ 正如他后来所说的,其理论旨在适用于一个"良序社会",该社会被视为"一个持存的社会,一个自足的人类联合体,就像一个民族-国家那样,控制着一连片的领土……一个封闭的系统;与其他社会之间无重要的联系,并且没有人从外面加入,因为所有人都出生于其中,并在其

---

① I. Kant，*Perpetual Peace：A Philosophical Sketch*，in *Kant's Political Writings*，ed. H. Reiss(Cambridge：Cambridge University Press，1971).
② 参见 S. Benhabib, *The Rights of Others：Aliens，Residents and Citizens*(Cambridge：Cambridge University Press，2004)，esp. chap. 1; I. Valdez, "Perpetual What? Injury, Sovereignty, and a Cosmopolitan View of Immigration," *Political Studies* 60 (2012)：95-114.
③ Kant，*Perpetual Peace*，105-106.
④ 在第三章中,我将考察此观念可否得到发展以证明一种跨越国家边境的普遍权利是正当的。
⑤ J. Rawls, *A Theory of Justice*(Cambridge, MA：Harvard University Press,1971)，尤其是 sec. 2。

中度过完整的一生"①。在他后来的著作《万民法》(*The Law of Peoples*)中，罗尔斯转而考虑规制各国间交往行为的原则，可他继续搁置了移民问题，并认为当今世界上导致大规模移民的因素在一个遵守他所提出的原则的世界中将不复存在："那么，移民问题没有被简单地搁置不论，而是作为现实的乌托邦中的一个严重问题被清除掉了。"②罗尔斯不愿意讨论此主题，这是很容易理解的。他整个的政治哲学都以一种人们之间的社会契约的观念为中心，人们出于共同的利益而彼此合作、平等相待，并设法找出所有人都可能同意遵守的原则。移民并不适用于那幅图景，因为所需回答的第一个问题是，首先，他们是否应该被邀请参与订立社会契约。没有明显的方法可以把应该在"一种旨在促进那些参与其中的人的善的社会合作体系"③之内适用的原则扩展至那些尚不是其成员的人。

罗尔斯是沿着以国家为中心的政治哲学传统写作的。有人可能预料到，那些现在背离此传统而采取一种全球视角的人将会发现，移民问题更容易应对，因为他们很可能把本国人与外国人之间的差异视为在道德上根本就不相关的因素。然而，他们也可能难以理解移民与接纳国之间的特殊关系。因为，移民不仅仅只是一个外国人。某个积极设法加入英国或美国的人与某个目前居住于孟加拉国的人，他们的状况是有所不同的，亦即后者充其量可能是一种由富裕国家的所有公

---

① J. Rawls, "Kantian Constructivism in Moral Theory," in J. Rawls, *Collected Papers*, ed. S. Freeman(Cambridge, MA: Harvard University Press, 1999), 323.

② J. Rawls, *The Law of Peoples* (Cambridge, MA: Harvard University Press, 1999), 9.

③ Rawls, *A Theory of Justice*, 4.

民共同提供援助的普遍责任的受益者。移民一旦到达边境,或者实际上是非法越境,就将自己置身于接受国的摆布之下了。他下一步将如何,在非常大的程度上取决于该国所作出的决定——接受还是拒绝其加入的申请,并且如果其申请不成功,就把他遣返至原籍地或送到第三方国家。因为他让自己在这些方面易受国家权力的影响,所以他也可以据此提出道义上的诉求,而其留在孟加拉国的远亲则不可以。(该假设稍后将在本书中予以证明。)因此,虽然一种世界主义的政治哲学可能会得出支持所有(现有和未来的)移民的诉求的结论,但对那些正在积极尝试移民的人的具体情形或许就没什么可说的了。

约瑟夫·卡伦斯(Joseph Carens)的《移民伦理学》(*The Ethics of Immigration*)阐明了这一点,这本书算是到目前为止从世界主义视角思考移民待遇问题相当全面的一本专著。① 卡伦斯有很多重要的观点,富有洞见地讨论了移民所进入的国家对他们所应负有的对待责 *16*任,但为了这么做,他在该书的大部分内容中抛开了其世界主义立场,并假定各国有正当理由控制其边境、挑选人入境以及向其本国公民提供特殊待遇。他在最后一章转换了视角,并基于世界主义立场提出了开放边境的理由。他非常清楚地说明了他为何要采取这条进路。事实上,在这个世界中,各国都非常谨慎地保卫自己的疆域,而为了对其中的公共政策作出相关的讨论,他认为,人们需要在一套国

① J. Carens,*The Ethics of Immigration*(New York:Oxford University Press,2013).卡伦斯的世界主义视角并不偏激,因为它允许各国在某种程度上优先考虑其本国公民的利益,而非外国人的利益。尽管如此,卡伦斯仍认为,自由迁徙和平等机会的基本的自由主义原则应当在全球范围适用,而这就直接导致不受阻碍的跨国移民。我将在第三章中讨论这些论点。

家主义的框架之内展开讨论。尽管如此，这里仍可能存在一个深层次的矛盾。① 如果一个人的基本承诺的确是世界主义的，那么他就很难认真对待那些经常被用以支持某些政策的正当理由，这些政策包括诸如要求移民参加公民入籍考试，或向其已加入的国家申明忠诚。人们可以评估这些要求有多严苛，并在此基础上判断其可接受性，但打心底里一定会认为所有这些做法都是无正当理由的。试想某个人根本就反对结婚，而他被请求对他一个朋友的婚礼安排提供一些建议。如果他认为整个事情就是一个错误，那么就很难给出在某种程度上不受这一想法所干扰的建议。其建议充其量也只能达到限制损害的程度。

在第二章中，我将世界主义作为移民问题辩论的一个背景而进行了讨论。我在此只想表明，为什么即便一个人对支持移民的基本论点深信不疑，在思考移民的实践时，它可能也不如人们想象的那样有帮助，因为这里所涉及的问题不仅包括"边境应该开放还是关闭"，还包括移民挑选、难民待遇、融合政策等一系列更为广泛的问题。然而，在讨论移民问题时，对世界主义进路的思考是一个很好的方法，可以把重点放在我们应该把什么视为既定的，以及什么是可以改变的这些问题上。我们应该现实一些，还是理想主义一些？ 比如，我们是否应该理所当然地认为，世界首先是由各个独立的国家所组成的？ 我们是否应该假定，全球不平等的程度将大致与现在的一样大？ 另外，现有的

---

① 我已经讨论了与卡伦斯相关的不一致性的问题，参见 D. Miller, "Das Carensproblem," *Political Theory* 43(2015)：387 - 393。

国际秩序如何可能得以改变?

　　在这里,服下相当大剂量的现实主义解药的理由仅仅在于,在一个与我们自己的配置完全不同的世界里,移民问题将会要么完全消失,要么至少变得不那么太紧迫。假设不存在独立的国家,而只存在向某种类型的世界政府负责的行政区,那就不会存在我们所理解的意义上的移民。人们仍会从一个地区迁徙到另一个地区,就像现在他们在一个联邦国家内跨区迁徙一样,并且可能有必要实施阻止或鼓励此类迁徙的政策,但没有人会因为移民而享有根本性的地位改变。或者,假设国家仍然是政治权威的基本来源,但世界"在分配上是正义的",因为各地的生活条件——公民权利和政治权利以及经济生活水平——大致相同。① 在这种情况下,由于人们找到了想要在某一国家而非别的国家中生活的特定理由,所以仍然会出现一定程度的跨国迁徙,但是,(1)可预见到的是,与我们这样一个已经被严重的经济不平等所扭曲的世界相比,迁徙量要小得多;(2)迁徙会是多边的,在很大程度上是互惠的,因为没有普遍的理由(气候或自然美景除外)使人们更喜欢生活在某一国家而非别的国家。如果我们假定有一个完全公正的世界,那么就不会有难民,也不会有人设法从极度贫困中逃离出来。因此,在这个假想的世界里,所有导致移民成为如此备受争议话题的因素都将不复存在。所以,通过规定世界应该变得无国籍之分或分配公正,人们就能够"解决"移民问题,但这会给我们自己的困境带

────────────────

① 我把"分配正义"放在双引号里,原因在于,这不是我自己所理解的全球正义。我所指的是一种关于移民的世界主义观点,它追问的是,如果全球正义在这里以平等主义的方式被理解且占上风的话,我们应该如何看待它。

来多少有用的启示呢？①

　　我所将采取的进路在另一种意义上也是现实主义的。通过表明这是一本政治哲学而非伦理学的著作，我就可以解释这一点。它将询问我们在解决移民问题时应该采取的制度和政策，而非试图告诉每个人应该如何行事。为了理解这一点的重要性，请考虑本章早些时候所提及的关于移民和族群多样性对福利国家的支持所造成的影响的证据。这些影响通常可以用信任水平的下降来解释：人们不太可能信任那些他们认为"与众不同"的人，因此也不太可能支持他们认为这些群体会使用的服务。我们应该如何应对此种证据？一种说法是，它暴露出了偏见。人们对那些来自异国或穿着怪异的人抱有偏见，而这是没有道理的。没有理由认为，那些在外表和行为举止上与我们稍有不同的人因而就是不值得信任的。相反，我们应该把人们视为平等的个体，除非我们有具体证据表明，他们正在意图破坏社会契约的条款。因此，移民在当前给福利国家的存续所带来的任何问题都可以通过颁布一项人们应该遵守的准则来解决，这一准则遵循基本的道德原则。这说明了我所说的用以解决移民问题的伦理进路。相比之下，一条政治的进路更重视有关移民、信任与福利支持的证据。它认识到问题是真实存在的，并需要借助于政策提案或制度变革来共同解决。解决方案可能呈现不同的形式：它可能涉及降低移民率、削减福利，或者找到

18

---

① 我在此假定一种关于政治哲学目的的观点，而我在别处已经为它辩护过。参见 D. Miller, "Political Philosophy for Earthlings," in *Political Theory：Methods and Approaches*, ed. D. Leopold and M. Stears（Oxford：Oxford University Press, 2008），可见于 D. Miller, *Justice for Earthlings：Essays in Political Philosophy* (Cambridge：Cambridge University Press, 2013)。

增强文化多元社会中的人际间信任的有效路径。要强调的一点是,选择第三种解决方案并不意味着简单告诉人们,应该怀有更少的偏见和更加信任陌生人。例如,它可能需要在住房或教育方面采取政策,使包括移民在内的不同文化背景的人们彼此更加亲密地朝夕相处。这些政策能否成功则是另一个层面的经验性问题了。通过政治哲学的视角审视移民问题,就需要追问,根据可获得的最佳证据,包括能在多大程度上改变个人行为以及隐藏在它背后的信念和态度的证据,我们所共同认可的原则和价值观如何能够得到相互一致的奉行。

我这本书的书名在某种程度上就反映了此条进路。① 有些读者已经发现它易于激起争端。为何称移民为"陌生人"(strangers),并且为何假定一个同质的"我们"(us),而身处"我们"中间的他们却正在被另眼相待?尽管如此,我认为,它捕捉到了移民在其定居的社会中经常经历的,至少第一次遭遇的体验,而在该社会中,大多数成员都有这样一种感觉,即他们及其祖先深深扎根于某个地方。② 每个人对一个陌生人的出现会有许多不同的反应,包括积极地接受这种体验和理解

---

① 书名得自我的博士生导师约翰·普拉门纳兹(John Plamenatz)早前所写的一篇文章; J. Plamenatz, "Strangers in Our Midst," *Race* 7(1965):1-16。这是一位敏锐的自由主义哲学家对早期移民(来自英联邦的黑色和棕色人种移民)的到来在民众中引发激烈反应的反思。虽然现在很少人读到它,但仍然富有指导意义。

② 在这一点上,有时会在历史上自认为是移民社会的北美、澳新的"新世界"(New World)与欧洲和其他地方的"旧世界"(Old World)之间形成对比。那么,有人可能会问,是否可能提出一种思考移民问题的方法,而这种方法在这两种情形中都适用。我个人的观点是,一段时间以来,移民社会一直都在发生变化,无论在公共政策方面,还是在公众态度方面,都使它们更接近于旧世界。确实,各国间移民的实际情况差别很大,这也意味着,被视为最紧迫的问题很可能是针对某个具体国家的。虽然我已竭力避免狭隘主义,但读者有权判断,我在本书中所提出的论点在多大程度上受了本书写作时所处的国家的背景的影响。

一种新的生活方式的机会；另一些人则深感不安，并作出更消极的反应。无论何种情形，现有的文化模式都将会遭到某种程度的破坏：新的菜肴、新的服饰、新的语言、新的宗教习俗、新的公共空间的利用方式。这一点所引发的挑战需要反映在我们对跨境迁徙的思考方式上。正如我在本章中所指出的，移民问题不仅关乎经济利益得失的权衡和对人权的保护。它还导致了一些棘手的问题，即我们如何将我们自己理解为具有悠久历史和灿烂文化的政治共同体的成员。但这样说已经是在一场关于政治道德基础的持续争论中"选边站队"了，而这将是第二章所要尝试探讨的话题。

# 第二章 世界主义、同胞偏爱与人权

正如任何经验丰富的旅行者都知道的那样，在抵达国际机场的移民检查处时，很可能会面对两列队伍：一列较短且移动迅速，另一列则要长得多，而且挪动往往缓慢得令人抓狂。较短的队列是为归国公民准备的，他们只需表明其容貌与有效护照一致便可通过；较长的队列则是为公民之外的其他人准备的，他们申请进入这个国家，但必须出示签证和其他相关文件，回答移民机构官员提出的一些不友好的问题，可能还要接受更令人不快的审查，以某种身份（观光者、寻求庇护者、临时工人等）证实自己。在这里，我们看到该国正行使着区别对待各色人等的权利；当我们顺从地加入合适的队伍时，我们就理所当然地认为，国家官员能够以完全不同的方式对待人们，而只是因为有些人是公民，但另一些人不是。被困于外国人队列之中所感到的郁闷，只是一种更为广泛的做法的症状而已，而在这种做法中，各国给本国公民的待遇远高于外国人，不仅让他们顺利通关，还给予他们大量

27

的权利和机会，而这些权利和机会是外国人所不可享有的。这又是我们通常认为理所当然的事情。但是，这如何能够被证明是正当的呢？如果不了解我们在本章所讨论的关于这一更为广泛的问题上的立场，即各国是否以及在何种程度上有正当的理由表现出我所谓的"同胞偏爱"（compatriot partiality）——对待本国公民比外国人更友善，我们就无法真正地思考具体的移民问题。

  我们之所以需要追问这个相当基本的问题，那是因为只有对之作出回答，我们才能评估想要移民的某个人向他意欲加入的国家可以提出的诉求。想想一个人申请加入一个国家，是因为他看到了移居到那里的某种好处：一份新工作、更好的气候，以及一系列不同的文化可能性。一旦获准入境，他将取得在其他地方所无法获得的经济机会，通常还能获得各种福利待遇，例如住房、医疗保健等；过些时候，他可以申请成为一位正式的公民。因此，他的利益在很大程度上受到准许或拒绝他入境的决定的影响。但是，东道国给予这些利益以多大的权重呢？如果它是一个民主国家，那么它的运行将基于这样一种理解，即它应该平等看待它的每个公民的利益。至于移民，它应当也这么做，还是仅仅因他尚不是其成员之一就可以不考虑他的诉求？它是否可以完全不重视他的诉求，并仅仅通过考虑准许他移居入境（immigrate）更可能有益于还是有害于现有成员而作出是否准许其入境的决定？此外，移居出境（emigration）对移民所迁出的国家的影响如何：如果有的话，应该给予这些影响以多大的权重？在第一章中，我提到了"人才流失"的问题，即移民也许会使一些贫困国家极度缺乏发展经济或为医疗保健系统配备职员所需的受过良好教育的人才。但是，这一点为何应该与那些受益于移民的国家相关呢？同样，我们无法回答这个问题,除非在社会和全球正义这一更为广泛的问题上表明立场:政治共同体对它们自己的成员以及属于其他地方的成员分别负有何种义务。

因此,在本章中,我将阐述一种关于各国对同胞的偏爱和对外的义务的立场,以构成后面章节讨论移民问题的一个背景。我所提出的某些论点在其他地方已经得到了更加详尽的阐述;在此,我试着以一种相对简明的方式综述这些主要观点。[1]

正如我们刚才所看到的,各国的行动通常基于这样一种假设,即它们有权将本国公民和外国人区别对待。但是,很多政治哲学家对这一点所暴露出来的同胞偏爱持一种批评的态度。这样的批评家往往 22 将他们自己描绘为世界主义者,并在提出开放边境的理由时诉诸世界主义原则,比如我在第一章中所提到的约瑟夫·卡伦斯。不过,准确地界定成为一个世界主义者到底意味着什么,则是一项艰巨的任务。事实上,有些人认为,这个词是如此模糊,以至于在对全球正义的讨论中它不再发挥任何有用的识别作用。[2] 其模糊性的一个源头是,"世界主义"可以指代一种认同、一种政治建议,或者一种道德立场:在此,我们关注其中的第三种。在第一种情形中,一个世界主义者是这样一个人,即他自称不对特定的地方或文化表示忠诚,却又宣称自己可自由

---

① 参见 D. Miller, *On Nationality* (Oxford: Clarendon Press, 1995), esp. chap. 3; D. Miller, *National Responsibility and Global Justice* (Oxford: Oxford University Press, 2007), esp. chap. 2。

② 尤其参见 M. Blake, "We Are All Cosmopolitans Now," in *Cosmopolitanism versus Non-Cosmopolitanism: Critiques, Defences, Reconceptualizations*, ed. G. Brock (Oxford: Oxford University Press, 2013)。其他人已经注意到了"世界主义"的模糊性,其中包括 C. Beitz, "Cosmopolitanism and Global Justice," *Journal of Ethics* 9 (2005): 11–27; S. Scheffler, "Conceptions of Cosmopolitanism," in *Boundaries and Allegiances* (Oxford: Oxford University Press, 2001), chap. 7。

选择和挑选世界上他能够进入的任何地方所提供的最好的东西。①
他唯一的身份就是身处芸芸众生之中的一个人。相比之下，政治的世
界主义可呈现多种形式。第一种信奉和主张世界政府：认为最高的政
治权威应该被授予一个代表全体人类的单一机构，尽管在这种权威之
下可以存在很多的地区和国家政府的附属形式。另一种则持这一信
念，即在其政治行动中，人们应该将自己视为"世界公民"，他们应追求
正义的事业，而不论其行动的目标碰巧落于何处。因此，如果一个人
正在为消除世界上的酷刑而积极奔走，那么他就应该同等地关注他拥
有合法公民身份的国家的酷刑案件与发生在世界的另一端的酷
刑——除非发生以下情形，即通过针对当地正在发生的酷刑，他可能
更有效地实现其目标。

政治的世界主义常常与第三种观念，即道德的世界主义，联系在
一起，但它们截然不同。道德的世界主义可直接被定义为一种相信全
人类具有平等价值的信念。② 但这一公理本身并没有传递出任何非
常明确的信息，除了表明仅因诸如人们的性别或肤色等一些（在道德

---

① 对于一种被广泛引用的对世界主义作为个人身份形式的辩护，参见 J. Waldron，
"Minority Cultures and the Cosmopolitan Alternative," *University of Michigan
Journal of Law Reform* 25（1991－1992）：751－793，被转载于 *The Rights of
Minority Cultures*, ed. W. Kymlicka(Oxford：Oxford University Press，1995)。

② 涛慕思·博格已给出了一种由三部分组成的更加详尽的定义，该定义被广泛引用：
"第一，个人主义（*individualism*）：所关切的最终单位是人类或个人，而不是家系、部
落、族群、文化或宗教共同体、民族或国家……第二，广泛性（*universality*）：所关切的
最终单位的地位平等地依系于每个活着的人……——并非仅仅依系于诸如男人、贵
族、雅利安人、白人或穆斯林信徒。第三，普遍性（*generality*）：这种特殊地位具有全
球性力量。对于每个人而言——不仅仅对于他们的同胞、宗教同仁或类似的人而
言——个人是所关切的最终单位"；T. Pogge，*World Poverty and Human Rights*
(Cambridge：Polity Press，2002)，169。

上不相关的)特征而以不同的方式尊重和对待他们是不可接受的之外。由于这种歧视往往在实践中司空见惯,故宣称对道德的世界主义的支持绝非微不足道的一步。可是,它到底能带我们走多远呢?根据最有力的解释,这意味着我们对人类同胞负有的基本义务是完全相同的,而不论我们与他们的关系如何。具体来说,我们被要求为他们所做的事情可能有所不同:一个人可能需要我的帮助,而另一个人可能并不需要。但是,除了源自需求、爱好等方面差异的那些个人诉求之外,我应当以完全相同的方式对待他们。任何形式的偏爱,当然也包括一个人对同胞的特殊关切,就此而言,都违反了道德价值平等的世界主义原则。因此,这一原则立即对国家的常规做法产生了疑问,例如本章开头所论及的做法(移民队列),人们仅因国籍的不同而遭受区别对待。

　　但强式的世界主义在多大程度上是有道理的呢?问题是,它所排除的似乎不仅仅是对一个人的同胞的偏爱,还包括任何类型的特殊关切,比如对我们的家人、朋友以及同事的关切。如果承认人类的平等价值排除了对那些与我们关系亲密的人的任何类型的偏爱,那么我们的日常行为就需要发生彻底的改变,而很少有人愿意接受那个结论,因为这似乎意味着,放弃去做可赋予我们生活以价值的很多事情。在决定如何利用我们的时间与资源时,我们与家庭、朋友之间的关系则需要对他们的愿望和需求给予特殊的考虑。当我们是世界主义者时,我们还可以做到那一点吗?

　　我们可以放弃世界主义的强式版本,转而支持一个更为弱式的版本。首先,这就是说,我们应当始终考虑我们的行动对所有那些将承受其后果的人的影响,而不论他们是谁,或他们是否与我们有任何关系；其次，如果人们之间没有相关的差异，我们就应该给予他们平等的考虑。弱式的世界主义可以借助一个简单的例子加以说明。① 假设我在一个偏远的地区徒步旅行，遇到了一个遭受严重困难的人：她严重脱水，而我有多余的水。几乎所有人都会同意，我有理由帮助她，因为她是一个亟须得到帮助的人。转身离去，说她的困难与我无关，那是不道德的。我到底需要在多大程度上履行我的义务，这可能还需进一步讨论，但基本的一点是，我对她负有某种考虑的义务；我绝不可对她坐视不救。这是弱式的世界主义原则的第一部分。为了说明第二部分，现在假设，我碰到了两个被困的旅行者，且境况都不佳。我不可能将我所有的注意力都投在她们当中的一个人身上，仅凭一时之冲动或因喜欢她的样子。我应当给予她们同等的考虑（这可能意味着，也可能不意味着，以完全相同的方式对待她们，比如如果一个人受伤，而另一个人没有受伤的话）。不论相关人员的身份如何，所有这些都适用：我可能正在某个遥远的地方徒步旅行，除了人性本身之外，我与我所遇到的陌生人之间可能没有任何共同之处。

通过提及一个人的道德义务，我已经说明了弱式的世界主义，但这条原则能够以相同的方式适用于一个国家的行动，它在根本上要求，各国应当考虑它们所奉行的政策对那些处于其边境之外的人的影响。即便受到影响的是非公民，它们也不能简单地对这些影响置若罔闻。因此，如果燃烧化石燃料导致地球变暖，而全球变暖继而又导致

---

① 我用这个例子具体解释弱式的世界主义对我们提出的最低要求。我并不是想说，它涵盖了我们可能负于那些不是我们同胞的人的所有东西。确实，在许多情况下，例如由于过去与有关人员的交易，我们所亏欠的将会比我所描述的要多。在本章的后面，我将追问，当陌生人的人权遭遇威胁时，我们对他们所负有的义务会如何变化。

地球上的一些地区不适宜人类生活,国家决策者就不能简单地认为这一后果无关紧要。不过,弱式的世界主义本身并没有告诉我们,应该对可能受到一个国家政策影响的不同群体的利益给予多大的权重,而是说,如果他们得到不平等的权重,那么他们应当被给予某种理由。因此,它与对同胞利益的强烈偏爱相一致。

　　所以,作为一种道德视角,世界主义似乎是极度模糊的。在其强的形式上,它轻易地排除了对同胞的任何偏爱,但同时也排除了其他形式的偏爱,而这些是一种有价值的人类生活所不可或缺的,所以它变得让人难以接受。相反,在其弱的形式上,它缩减为一种广泛的人道主义,而除了视人类生命为草芥的不得人心的意识形态之外,它根本没有排除其他什么东西。有趣的问题是,我们能否找到某种中间观点,它给出拒绝强式的世界主义的理由,但又比弱式的世界主义更能说明我们赋予外国人的义务。为回答这个问题,我们需要更仔细地审视,人们之间的关系如何产生特殊的义务,以及从这一角度来看,哪些关系很重要。

　　关于这个问题,有一种思考方式是强式的世界主义者经常提倡的,他们急于绕开这样的指责,即他们的立场甚至排除了对家人和朋友的特殊关切。这就引入了一种道德劳动分工的观念。它声称,对那些与你有关联的人给予特殊关切,这是与道德平等原则相一致的,只要其他地方的人也同样这么做,以至于每个人最终都负有照顾某个人的特定责任。我特别关心我自己的孩子,而你也特别关心你的孩子;我的国家关心其公民的福祉,而你的国家也一样。通过给予每个主体一套特定的责任,而这些正好是我们的自然情感在任何情况下都使我们倾向于接受的那些责任,从而平等待遇的总体目标就最为有效地得以实现了。①

乍一看，道德分工的观念似乎是一条富有吸引力的路径，它允许我们将我们的道德能量集中于那些跟我们亲密的人身上，与此同时又间接地表现出对全体人类的尊重。不过，它面临着两个问题。第一，它似乎并没有捕捉到我们真正理解自己特殊责任的方式。我们对家人和朋友的忠诚是无条件的——并不是说它没有任何界限，而是说它不以别人也表现出的相同忠诚为条件。当然，我们希望如此：我们希望，每个孩子都将得到至少和我们给予我们自己的孩子一样多的关爱。但是，我们理解自己责任的方式并不取决于情况是否如此。因此，如果分工的进路试图表明，我们既能像善良的世界主义者那样行动，又能承认对我们身边的人负有特殊责任，那么可以说，它就必须在我们的背后进行，关注我们行动的综合效果，而非行动的意图和动机。②

但是第二，非常值得怀疑的是，它是否在任何情况下都可奏效。因为如果目标旨在表明，特殊关切可与强式的世界主义相一致，那么我们就应当假定这样一个世界，即处于其中的每个人都拥有一种得到

---

① 关于此进路的一些例子，参见 R. Goodin, "What Is So Special about Our Fellow Countrymen?" *Ethics* 98 (1987 - 1988): 663 - 686; P. Singer, "Outsiders: Our Obligations to Those beyond Our Borders," in *The Ethics of Assistance*, ed. D. Chatterjee (Cambridge: Cambridge University Press, 2004); L. Ypi, "Statist Cosmopolitanism," *Journal of Political Philosophy* 16(2008): 48 - 71.

② 伯纳德·威廉斯(Bernard Williams)有句名言表达了这一观念，他说，如果一个人选择优先营救他的妻子而非陌生人，并且认为如果每个人都同样偏爱自己的伴侣，那么这个世界在总体上会变得更好，以此来证明该选择的正当性，那他就"想得太多了"。B. Williams, "Persons, Character, and Morality," in *Moral Luck: Philosophical Papers, 1973 - 1980*(Cambridge: Cambridge University Press, 1981), 18。

某个人特殊对待的相同机会。但在现实世界中,情况显然不是这样,不论我们正在思考的是亲密关系,还是政治共同体。某些幸运的人有很多朋友,后者可在他们需要之时向他们提供帮助;但另一些人可能很少有,甚或根本就没有朋友。有些人生活在能为每个人提供大量机会的国度里,而另一些人则远非这么幸运。所以,其结论应当是,只有假定我们已经生活于一个其物质平等程度远远超过我们自己的世界的假想世界里,分工进路才可与(强式的)世界主义相容。在我们所生活的世界里,要求每个地方的人都受到同等对待的世界主义责任,无法以这样一种方式得以履行,即将注意力集中在那些跟我们关系亲密的人身上,而不论是家人还是同胞。

作为世界主义分工的一个替代方案,我们应该从联合义务的概念开始,并探究它们是如何产生的,以及其道德限度何在。连带义务是 *26* 我们仅因与其他人之间的关系而负有的义务,而它们并非作为某套通用方案的部分。① 再以亲密的人际关系为例,有两个因素非常重要。首先,这些关系具有内在的价值:我们的生活正因我们参与其中而变得更好。其次,这些关系不能以其所具有的形式而存在,除非它们被理解为产生特殊的义务:如果我不认为我对朋友负有的义务比对一个萍水相逢的人更多,那么我与他的关系实际上就不是一种朋友关系,而只是其他某种关系。在我看来,相对来说,这些说法是无可争议的。

---

① 关于联合义务的讨论,参见 R. Dworkin, *Law's Empire* (London: Fontana, 1986), 195 - 215; S. Scheffler, "Families, Nations, and Strangers," in Scheffler, *Boundaries and Allegiances*; M. Moore, "Is Patriotism an Associative Duty?," *Journal of Ethics* 13(2009): 383 - 399; S. Lazar, "The Justification of Associative Duties," *Journal of Moral Philosophy* 13(2016): 28 - 55。讨论得最充分的是 J. Seglow, *Defending Associative Duties* (Abingdon, UK: Routledge, 2013)。

更容易产生争议的问题是,它们如何适用于在范围上更为广泛的关系,尤其是如何适用于民族-国家的成员间的那种类型的关系。联合义务也可以在这种情形中出现吗?

回答此问题的一个主要困难是,存在于同胞之间的关系是多维的,而其中的哪些维度对特殊义务的产生至关重要则是不明显的。我们至少能够大致分辨出三个维度。第一,成员们参与一套包容性的合作方案,依据该方案,他们相互提供生活的所有便利,尤其是通过一种分工的方式。存在一个经济系统,它提供商品和服务,还存在一些辅助系统,它们帮助人们抵御各种风险,包括不再能够为生产性经济作出贡献并从中获得互惠性利益的风险。在原则上,此方案对每个人都有利:它使我们享受到一种更高水平的生活,而这在合作缺失的情况下是无法实现的。第二,各成员作为公民而彼此相连,并参与一套精心策划的政治/法律方案,后者一方面要求他们遵守诸多法律,另一方面又赋予他们一系列的法定权利,包括一种允许他们集体地控制和塑造整个方案的政治参与权。第三,他们还作为同胞而彼此相连,共享着一系列大体相同的文化价值和一种对某个特定地区的归属感。他们认为自己是一个有着历史根源的独特共同体,屹立于其他共同体之林。①

一个需要马上加以回答的问题是,第三个维度是否确实是其他两个维度的必要补充。换言之,一个现代国家是否也必须是一个民族-国

---

① 此关系中的第三种维度可能没有扩展至所有公民,但即便那些没有分享民族认同的人也应当认识到,对于他们的同胞而言,这种文化和历史的认同是一种重要(并在道德上有意义)的共同特征。

家,而其成员既共享一种文化认同,又进行经济合作,并以平等的公民 27
身份联合起来? 但暂时撇开这一点不谈,是什么使此种形式的联合具
有内在的价值? 第一,它能够使人们以公平的方式和平共处。通过实
施一套管理所有权、就业、税收以及受教育和医疗保健的机会等方面
的规则,他们就能够确保经济合作的利益与负担在他们中得到公平分
配。第二,他们能够对他们的联合体的未来方向行使某种程度的控制
权:他们可以决定应优先考虑的事情应该是什么;比如,开发还是保护
自然资源,花钱资助体育还是艺术。当然,尽管单独的每个人只行使
一丁点的控制权,但就连那些没有担任过政治职务的人都知道,通过
联合在一起,他们就能够推翻一个政府而建立另一个政府,从而扭转
变化的方向。简言之,在实际的范围内,他们既可以实现分配正义,又
能实现集体的自由。①

　　这些价值足以产生联合义务:遵守现行法律和政策,同时通过投
票和其他方式积极参与,在法律和政策不公正时予以改变,并更广泛
地维护联合的条款。显而易见,除非这些义务得以承认和履行,不然
我所一直描述的现代国家的特征可能不复存在。它们可以被描述为
互惠义务:每个成员对他的公民同胞负有维护他们之间正义的责任,
只要他合理地期望别人同样履行其责任。

　　如果我们将民族认同添入这幅图景,会有什么不同吗? 这会给关

---

① 有些读者可能认为,这幅过于乐观的现代民主国家的图景违反了我在第一章中所提
　出的要求,后者为我们关于移民的思考注入了强烈的现实主义色彩。我承认,我在此
　所确定的善,实际上最多只能由各国部分地实现。但是,我认为,目前存在的妨碍正
　义和自决的障碍并不属于无法得以克服的那类障碍,我们离实现这些理想越近,这种
　联合的价值就越大。

系带来一种额外的价值来源吗？我认为，确实如此，尽管并非所有那些想捍卫公民间联合义务的人都会同意——他们将把共享的民族性简单视为一种被广泛观察到的心理学事实，而后者不具有道德的重要性。[1] 民族认同会带来一种团结，而如果只看经济和政治关系，就会发现这种团结是缺失的。人们在情感上感觉相互依存，那是因为他们共享这种认同。他们感觉他们属于彼此，并且对彼此有责任，而这并非只是现行制度和实践的结果。他们之间的联系越来越深，因为政治共同体认为自身源远流长。这还意味着，其所产生的义务承前启后——它们从过去继承而来，并代代相传。没有哪两个国家是相同的：每一个国家都包含一种独特的文化混合物（blend）或集合体（mixture），而这些都是各个群体为那段悠久的历史所作贡献的结果。此外，民族认同将该共同体与某一特定家园相连，其所独有的特征，不论是奇特的景观、具有历史意义的建筑，还是民族历史上重大事件的发生地，往往对认同本身发挥着重要的作用。因此，如果公民也共享一种民族认同，那么他们的联合体则具有更加明显的特征，而这些特征可解释为何他们归于一体，以及为何他们应该在这个特定的地方行使他们的公民权。

当面对通过脱离、退出（secession）来分裂国家的主张时，我们一下子就能明白民族认同是至关重要的。如果国内的关系纯粹是经济合作的关系和公民身份的关系，那么就没有显见的理由反对分裂了。这

---

[1] 关于对民族性能否充当联合义务的一个独立理由的怀疑，参见 A. Mason, "Special Obligations to Compatriots," *Ethics* 107(1997)：427 – 447；Moore, "Is Patriotism an Associative Duty?"；S. Lazar, "A Liberal Defence of(Some) Duties to Compatriots," *Journal of Applied Philosophy* 27(2010)：246 – 257。

些关系将在每个单元之内以较小的规模发生改变(出于效率的理由也许支持或反对分裂,但没有原则性的理由抵制分裂,因为与经济合作和公民身份相关联的价值在任何情况下都会得以维持)。相反,如果人们还作为同胞而发生联系,那么他们将反对分裂,因为他们赋予全民自决以重要价值:他们想建立一个独立的单元,以尽可能地掌管其自身的命运。① 再者,一个同时也是民族-国家的国家,由于其成员间彼此认同的方式,就会具有更为突出的共同体主义的特征,从而更易于采取的政策是有利于较不富裕者的,尤其是那些为生产性经济贡献甚微或根本没有贡献的人。诚然,用确凿的经验证据证明这一点并非易事。② 不过,其公民非常乐意促进社会正义的平等主义形式的这些国家,如斯堪的纳维亚的社会民主国家,似乎也是民族认同极为强烈的国家。

民族认同的价值要比公民身份的价值更具争议性。其批评者们对它提出了几项指控。一是,虽然某一地方的公民没有特定的理由声称,他们的联合体优先于别的地方的其他公民团体,但民族认同更容易导致对民族优越感和自卑感的断言,并因而间接地导致统治甚或吞并敌对民族的企图。这样的结果似乎并非是不可避免的:很多民族和平共处、睦邻友好。尽管如此,民族主义的历史记录仍被前一种的黑暗经历所抹黑了。第二个相关的理由是,民族性(nationality)的领土

---

① 在这里,我考虑的是所有或至少大多数公民共享一种单一的民族认同的简单情形。当国家也为少数民族群体提供住房时,事情将变得更加复杂,因为那样就会有民族认同的理由将事情朝向两个方向推进——维护国家统一与分裂。

② 参见 D. Miller and S. Ali, "Testing the National Identity Argument," *European Political Science Review* 6(2014): 237-259,其中我们调查了迄今为止所搜集到的证据。

维度，在某个方面成为力量的一个源泉，而每当在关于应于何处划定祖国（national homelands）边界的问题上出现争端时，它也可能转化为冲突的一个源泉。最后，常常有人认为，民族认同在一个重要的意义上是虚构的，因为其依赖于创造一种单一的叙事来解释属于这个或那个民族意味着什么——一个民族故事——这至少是高度选择性的，并且在最坏的情况下，与历史事实大相径庭。有人认为，这种充满神话色彩的特征表明，民族认同很少或根本不具有内在价值，即便它们通过促使共享它们的公民更有效地合作以及通过激励他们支持社会正义，从而证明其具有工具性价值。

因此，关于民族认同的价值，争论双方都可提出理由。鉴于在现有世界中，可持续国家（viable states）的公民似乎到处都拥有这样的身份认同，那么我们是否承认它们的价值又有什么关系呢？尤其当我们正在思考移民问题时，这一点就举足轻重了。一般而言，由于移民还没有在民族的层面上认同他们所加入的政治共同体，所以这必然会影响我们对准许入境问题和移民融合问题的思考。维持和可能增强现有公民的民族认同在多大程度上是公共政策的一个合法的目标？这种认同为适应所入境移民的文化价值观应在多大程度上作出改变？只有当我们假定民族认同是值得维持的东西，这一问题才有意义。相比之下，倘若我们认为，经济合作与公民身份结合在一起就足以构成一个正常运行的国家，那么认同问题在本质上就应算作不允许影响这场讨论的私事而可被搁置在一旁。最为重要的是，移民应该能够在经济和政治上与共同体的现有公民相融合，在制定公共政策时，应该遵守在文化问题上保持中立的规则。

我将在本书的后面再回到此问题。眼下要注意的一点是，对同胞的联合义务可通过几种不同的方式进行辩护,而这取决于同胞间关系 <sup>30</sup> 的哪个方面得到了强调。现在有相当多的政治哲学文献关注分配正义的范围——这些文献的作者试图确定公民之间关系的特征,正是这些特征使公民彼此之间负有正义的责任,但他们对其他地方的人则不承担这样的责任。① 这很可能证明,对任何一个这样的特征的探求一直都是误入歧途的,而一条更好的进路是,承认这些关系的多维特征,也就是说,承认社会正义的复杂性——其所包含的原则不止一条——正是因为它建立在同样复杂的关系之上。② 由于社会正义的本质并不是我们在此所要立即关注的问题,所以就没有必要深究这些文献了。更为重要的是,追踪联合义务的限度,而不管它们究竟是如何被推导出来的。它们作为独立的道德义务的存在否定了强式的世界主义,尤其表明,正义允许我们为想要移民的人做的事情少于要求我们为公民做的事情。但做得少,并非什么都不做。假定弱式的世界主义以全人类的平等道德价值为前提,那么其所产生的跨越国界的义务是

---

① 重要的贡献包括 M. Blake, "Distributive Justice, State Coercion, and Autonomy," *Philosophy and Public Affairs* 30(2001): 257 - 296; T. Nagel, "The Problem of Global Justice," *Philosophy and Public Affairs* 33 (2005): 113 - 147; A. Sangiovanni, "Global Justice, Reciprocity and the State." *Philosophy and Public Affairs* 35 (2007): 3 - 39; A. Abizadeh, "Cooperation, Pervasive Impact, and Coercion: On the Scope(Not the Site) of Distributive Justice," *Philosophy and Public Affairs* 35(2007): 318 - 358. 关于一种从世界主义视角出发的批评性概述,参见 C. Barry and L. Valentini, "Egalitarian Challenges to Global Egalitarianism: ACritique," *Review of International Studies* 35(2009): 485 - 512。

② 我已在以下文章中为此进路作了辩护, "Justice and Boundaries," *Politics, Philosophy and Economics* 8(2009): 291 - 309, 被转载于 D. Miller, *Justice for Earthlings: Essays in Political Philosophy* (Cambridge: Cambridge University Press, 2013)。另参见 M. Risse, *On Global Justice* (Princeton, NJ: Princeton University Press, 2012), chaps. 1 - 3。

什么呢？公民应当为那些不是他们同胞的人做些什么呢？

这些国际义务可被分为两类：对每个个体所负的义务；对其他政治共同体所负的义务。第二类义务可大体被描述为公平的义务。各国以多种方式相互交往，有时是为了获得通过单独行动而无法取得的利益，有时则是为了分担在解决气候变化等全球性问题上所不得不付出的成本。当它们以这些方式相互交往时，正义就要求它们公平地分配成本和利益。应当如何共享从交换中产生的收益呢？为了防止全球变暖，每个国家应当牺牲多大幅度的经济增长？不论人们是否采取我在本章开头所确立的强式的世界主义立场，都会出现这些重要问题。然而，就当前的目标而言，它们不如国家对非公民个体所承担的义务那么重要，而这些最好首先被理解为尊重人权的义务。[①]

说各国在其对外交往中一定要尊重外来者的人权，这种说法会得到广泛认同。尊重他们的人权，似乎就是承认全人类的平等道德价值的一种简单明了的方式。然而，当我们追问，人权应如何得以确定，以及尊重它们到底意味着什么时，分歧可能就出现了。我们不能假定存在某一份完整可靠的人权清单可供参照。当然，也有一些重要的文件，比如 1948 年由联合国（UN）正式通过的《世界人权宣言》（Universal Declaration of Human Rights）以及其后的《公民权利和政治权利国际公约》（International Covenant on Civil and Political Rights）和《经济、社会及文化权利国际公约》（International Covenant on

---

① 然而，当我们考虑如何分配接纳难民的责任时，关于各国间的公平问题确实会出现。我将在第五章讨论这些问题。

Economic, Social and Cultural Rights)。[1] 就我们对人权的理解而言，它们都是有价值的，但非决定性的，尤其是因为，甚至连这些文件中正式宣布的权利也需要大量的解释。同样重要的是要注意到，这些文件主要旨在设定所有国家在国内所要达到的标准；直到最近，人权才逐渐在外交政策中发挥了重要的作用，并且就此目标而言，可能有必要对这些权利作一种有些不同的理解。

为了理解人权可如何得以证成，我们可能始于对这一事实的观察，即如果世界各地的人们要过上体面的人类生活，他们就需要满足一些要求。[2] 这些要求所呈现的具体形式可能因地而异，但这并非是一件麻烦的事情。例如，有一项要求是有合乎需要的衣物，但这可能意味着在世界上的某个地方要穿毛皮外套，而在另一个地方要穿棉布衬衫。在这两种情形中，基本需求都一样。一个更为重要的对比是，考虑到当地的期望和习俗，任何地方过上体面生活所必需的条件与某

---

① 这些文件作为附录被转载于 J. Nickel, *Making Sense of Human Rights* (Malden, MA: Blackwell, 2007)。

② 我在此处提出了我所偏好的理解人权的看法，即人权以全人类所共享的基本需求为基础；关于更充分的陈述，参见 D. Miller, "Grounding Human Rights," *Critical Review of International Social and Political Philosophy* 15(2012): 407–427。其他被广泛引用的对人权的解释则诉诸人的利益(human interests)或人的能动性(human agency)。关于人类利益，可参见 Nickel, *Making Sense of Human Rights*, chap. 4; J. Tasioulas, "On the Foundations of Human Rights," in *Philosophical Foundations of Human Rights*, ed. R. Cruft, M. Liao, and M. Renzo (Oxford: Oxford University Press, 2015)。关于人类能动性，参见 J. Griffin, *On Human Rights* (Oxford: Oxford University Press, 2008)，尤其是第二章这些在哲学上相反的进路容易产生重叠但不相同的权利清单。关于我已讨论过的我和格里芬的观点之间的区别，参见 D. Miller, "Personhood versus Human Needs as Grounds for Human Rights," in *Griffin on Human Rights*, ed. R. Crisp (Oxford: Oxford University Press, 2014)。

一特定社会过上体面生活所必需的条件之间的对比。这种对比使我们能在严格意义上的人权,与最好被称为社会权利或公民权利的权利之间作出区分。人权是确保人们有机会满足他们的基本需求而应当享有的权利;公民权利则是提供人们可充分参与其所属社会的社会与政治生活的条件的权利。第二组权利基于第一组权利,并且是第一组权利的延伸,但我们需要把它们区分开来,因为人权潜在地产生国际义务,而公民权利则不会。保护某一特定社会中每个人的公民权利,算作一个国内政治问题;别的国家不得阻挠这一进程,除此之外不必涉入其中。然而,当人权遭受威胁时,一个国家在此方面未履行好职责,这就可能迫使其他国家采取行动,比如提供援助或更为直接地干预,从而保护权利。这种责任应当如何分配,是我们需要马上回来讨论的一个问题。

我们是否真的可以确定"在任何地方过上体面人类生活的条件"或者我所称的人类基本需求,这一点可能并不明显。我假设,我们可以做到这一点,因为存在这样一种作为人类生活形式的东西,并且我们可把它视为一条贯穿古今诸种不同人类文化的共同线索。① 在这种多样性的背后,行动与实践是无所不在的,除非它们一直遭受故意的压制或缺乏参与它们所需的物质手段。人类富有成效地工作、娱乐、供养家庭、演奏音乐、参加宗教仪式等,为了做这些事情,必须满足

---

① 我在此不会参与人权理论家们关于人权必须在整个历史过程中都被归于人类还是其范围应该限于现代社会居民的讨论。相反的观点参见 Griffin, *On Human Rights*,尤其是第二章和第七章; J. Tasioulas, "The Moral Reality of Human Rights," in *Freedom from Poverty as a Human Right*, ed. T. Pogge (Oxford: Oxford University Press, 2007); C. Beitz, *The Idea of Human Rights* (Oxford: Oxford University Press, 2009), chaps. 2 - 3。

某些先决的条件。那么,我们可以将人类需求定义为:如果人们要能够过上最低限度的体面生活,并且如果他们如此选择的话,参与构成人类生活方式的清单上的各项活动必须满足的一些需求。相应地,人权就是那些使人们能够满足这些需求的权利,它们保障人们免受各种潜在的威胁,不论这些威胁是来自自然力量、他人,还是来自国家本身。

更具体地说,如果我们认为人权以此种方式建立在人类基本需要的基础上,那么什么应当被包含于人权清单内?泛泛地说,它们将被分为四类。第一,旨在确保人们拥有过上一种最低限度的体面生活的物质手段的权利,比如获得食物、住所和医疗的权利。第二,诸如言论自由、职业自由等特定形式的自由的权利,使人们能够根据自己的喜好和能力从事人类核心活动。第三,使人们能够与他人建立社会关系的权利,例如结社自由、结婚养家的权利。第四,并不如此直接对应于人类需求但又旨在为人们享有上述三类权利提供保障的其他权利。法律面前人人平等的权利、获得公正审判的权利、政治参与的权利都包括在内:没有这些权利,人们将容易遭受各种形式的政治压迫,从而威胁到他们更基本的权利。

在前面几段中,我已简要概括了人权,但还需对之作更为详尽的阐释。要重点强调的一点是,人权的目的在于,确定一道不可逾越的门槛,而不是描绘一种社会的理想。人类所渴求的很多东西都远远超出了基本权利的范围:一个社会如果只保障这些权利而不为其成员做任何其他事情,它将会是一个让人感觉单调乏味的地方。为何把门槛设置得如此之低呢?事实上,与当今数百万人的实际生活条件相比,它并不算低:不仅那些生活在专制政权之下的人,还有那些生活在物质贫困条件下而缺乏足够的营养和医疗的人，其人权都正在遭受侵害。但关键是，人权应该以这样的一种方式得到理解和界定，即人权可以对权利持有人产生义务，即使是那些与权利持有者先前毫无关系的人。请回想一下，在本章中，我把我所谓的弱式的世界主义前提视为理所当然的，即我们必须平等待人，而这首先被理解为，我们在决定如何行动时不能简单地忽视他们的利益。虽然这个前提很重要，但一般而言，它并不意味着，我们对他们负有义务，尤其是在原则上第三方可迫使我们履行的正义义务。如果我们抽掉我们与其他人的所有具体关系，那么仅当他们向我们所提出的诉求变得紧迫时——当不履行这些义务很可能导致重大伤害时——才会产生这样的义务。① 以我所提议的方式得到理解的人权之所以在那种意义上是紧迫的诉求，恰恰是因为它们有利于满足全人类所共享的需求，而不管他们的文化或社会关系如何。它们不是奢侈品；它们构成了一块道德的基石。为履行好这一角色，它们应当在最低限度上得到理解，即为过上一种体面的人类生活提供条件，但仅此而已。

从个人的和集体的角度来看，我们对他人的人权负有什么义务呢？在此问题上，哲学的观点存在分歧。一方面，一些人认为，相关的义务应该仅仅被理解为消极的义务，亦即不可通过积极干涉而侵犯他

---

① 但即便如此，它们会产生吗？有人可能对此持怀疑态度，认为义务总是产生于具体的社会实践情境之中而非在其之外。在这里，我们只能诉诸我们的道德直觉。请回顾前面介绍过的脱水的徒步旅行者的例子。除非我将我的水分一些给她，不然她将会有死亡的危险。当然，这并不足以说明，我有理由给她一口水喝；我应当给予她一些我的水。如果我拒绝这么做，她或者某个路过的其他人，可以迫使我这么做。诚然，这是一个极端的情形。但是，它所表明的是，这一观念并不存在什么荒谬之处，即义务直接产生于一个人的诉求的紧迫性，即便除了我有能力对之作出反应之外，没有任何东西将我与那个人联系起来。

人的人权的义务。当我攻击他人(侵犯人身安全的权利)时,当我阻止 他们践行他们的信仰(侵犯宗教自由的权利)时,或当我污染了他们赖 以生存的水源(侵犯他们生存的权利)时,我就违背了一种消极的义 务。依照此观点,我就没有义务采取积极的措施,向人们提供他们可 行使其权利所需的资源——我当然可以这么做,但不需要积极地提 供。相反,另一些哲学家认为,(依具体情况而定)人权所施加的责任 可以为积极的,也可以为消极的,还可以两者兼而有之。他们争辩道, 坚持这一看法是不通情理的,虽然我可能不会通过破坏一个人的水井 来剥夺他饮水的权利,但当水井还没有被挖好并且需要水时,我并没 有义务帮助挖出这口水井——因为这两种情形都涉及相同的生存权。

支持"仅负消极义务"立场的主要论点是,人权如其他类型的权利 一样,应当对应于被分配给特定行动主体的明确义务,而消极义务满 足此条件,因为它们无一例外地落在每个人身上,而其所要求的只是 我们不应干涉他人享有和行使他们的权利。① 打个比方,如果每个人 待在家里而不去打扰他人,那么这些义务就能得以履行。但对于积极 义务,其分配就远非那么明确了:什么情况下因供应不足而无法实现 人权,由谁承担相应的义务,以及为履行义务必须付出多少? 我要为 谁挖水井,然后还要再挖几口水井?

在有些情况下,保护人权的义务直接落在个人身上,但更为常见 的是,责任由集体所承担,尤其由各国所承担。每个国家都要承担的 首要义务是,保护和实现其本国公民的人权。尽管一个国家拥有必要

---

① 参见,例如 O. O'Neill, *Towards Justice and Virtue* (Cambridge:Cambridge University Press,1996), chap. 5. 奥尼尔的主张是,诸如福利权等积极权利只能在已 经被譬如一个国家制度化时才存在。

的资源，但若没有做到这一点，它就是一个不合法的国家（illegitimate state）。那么，在这里，由谁承担与人权相对应的积极和消极义务是毫不含糊的。但是，要是一个国家没有能力或不愿意在国内保护这些权利呢？于是，义务就落在所有有能力这么做的行动主体身上，主要是其他国家。根据具体情况，这种义务的履行可以采取各种形式。比方说，在人权遭受饥荒威胁的情况下，可能要求提供物质援助；这可能意味着，需要对其政策正侵害其公民权利的国家施加压力或实施制裁；在极端的情况下，可能需要强制实施人道主义干预，乃至促使政权更迭；最后，这可能意味着，允许那些其权利遭受威胁的人越过国界，迁移到一个安全的地方。所有这些措施很可能都要付出巨大的成本。因此所产生的问题是，应该要求哪个或者哪些国家承担这些义务？我们的出发点是这一假设：每个有能力这么做的国家都有责任保护人权。但是，如何将其转化为每个国家所应尽的具体义务呢？

在此，我们有必要区分两种情形，即责任不可被分割以至于由单个主体承担的情形与责任可在一些主体之间得以分配的情形。在前一种情形中，我们可尝试找出一个与人权不足国家有着某种特殊联系的国家。① 此种联系可能呈现出不同的形式。它可能源于地理位置上的邻近、历史上的联系（如殖民政权与其前殖民地之间的联系）、文化上的联系（如语言或宗教上的联系）或有关国家的特殊能力。这些联系本身可能在很大程度上缺乏道德意义。但问题是，一个国家需要承担义务，因而我们需要找出一些特殊因素，后者使得义务的履行对于

---

① 我在此概述一个立场，而此立场得到了详尽阐述，参见 D. Miller, "Distributing Responsibilities," *Journal of Political Philosophy* 9(2001): 453 - 471，并且还得到了修订，参见 *National Responsibility and Global Justice*, chap. 4。

某一特定国家而言显得尤为重要。另一方面,正是因为相关联系可能较弱,而且有些争议,故而在这种情况下很难证明强制执行保护人权的义务是正当合理的。

也许更为常见的是,义务可以被更为广泛地分担,因而我们需要找到公平分配义务的原则。其中一条原则是平等分担成本;每个国家都应依据其人口规模或国内生产总值相应地分担权利保护的成本,这反映出了一个事实,即国家变得越富裕,其所分担的实际成本就越少(这一原则在现行的规范中可被看到,即各国应该拿出 GDP 的 0.7% 作为对外援助)。或者可以采用一个更为复杂的公式,其结果也许能反映各国为特定的人权行动作贡献的不同能力,或它们对造成侵犯人权行为的情形或多或少负有责任。在后文中,我们有必要更详细地探讨这些可能性,尤其是关于各国接纳难民入境的责任。在此,我想简要比较一下人们对国家保护境外人士人权的义务所可能持有的两种广泛的立场。

第一种立场认为,义务是无条件的与无终止点的。虽然按照上一 *36* 段所描述的联系来分担责任可能更符合实际目标,但归根结底,任何有能力保护人权的国家都有义务这么做,甚至凭一己之力,如果有必要的话。这是一个正义的问题。表述这一立场的一种方式是,为人权遭到侵犯的受害者伸张正义应当始终高于各国之间的公平。一个必须承担起比在公平分配责任的情况下更多责任的国家,肯定对不遵守规定的国家怀有抱怨,尽管如此,它仍然需要采取行动。

与之相比,第二种立场认为,保护人权的义务仅限于做一种公平的责任分配所要求的事情;或就正义而言,至少做一个国家所能被要求去做的所有事情。它可能选择做得更多,但这会是一种人道主义关切，并非为正义所强制要求的。① 为何这种对比很重要呢？如果我们不接受强式的世界主义，转而允许给予同胞合法的偏爱，那么它就很重要。作为其公民的代理机构，各国因而负有一种增进他们特定利益的特殊义务。那种义务受到尊重和保护外国人的人权这一相反义务的限制。最为显而易见的是，没有任何国家可以为了满足其成员利益而不管不顾地伤害外国人。但是，如果保护人权的义务具有如第二种立场所表明的受到限制的形式，那么一个国家打算做比公平所要求的更多的事情，它就需获得其公民的明确同意。因为它准备将本来被用于促进国内社会正义的资源投入国外的人权保护事业中，尽管它已经为此事业贡献了相当大的份额。

是时候总结一下了。我在本章中所一直探究的问题是，世界主义作为一种道德观的局限性。假定全人类的道德价值是平等的，那么政治共同体在多大程度上被允许对自己的成员表现出特别的关心呢？我已指出，如何利用存在于同胞间的关系来为共同体内部的联合义务奠定基础。但政治共同体也有对外的责任，最为明显的是尊重和帮助保护外国人的人权的责任。我一直在探讨的是，这种责任应该如何得到最好的理解。但现在，我想追问的最后问题是，考虑到我认为理所当然的弱式的世界主义前提，那些处于该国以外的人能够向该国公民所提出的全部要求，是否只是尊重他们的人权？

37

---

① 我已经捍卫了第二种立场，参见"Taking Up the Slack? Responsibility and Justice in Situations of Partial Compliance," in *Responsibility and Distributive Justice*, ed. C. Knight and Z. Stemplowska（Oxford：Oxford University Press，2010），被转载于 Miller, *Justice for Earthlings*。

暂且回到沙漠中陷入困境的徒步旅行者急需水的例子。由于她的情况危及她的人权,而唯有我才能提供补救,如果我有多余的水,我就有义务给予她所需要的水。但现在,在需要水喝的需求得到满足之后,她又问我是否可以将我放在包里的一本书给她,因为她没有书可读了。在此情形中,没有任何人权问题,而我也没有义务送给她一本书。不过,我认为,我应当至少考虑一下她的请求,并且如果我确定真的没有书可供她分享,那么我就应该解释其原因。换言之,我对她负有一定的考虑的义务:这是一个完全合理的请求,而我应该用我自己的理由来回应。如果我拒绝,我不一定要向她证明我自己的正当性,但我需要说些什么。

如果这听起来很有道理,我就可以得出一个更为广泛的结论。在人权没有遭到威胁的情况下,弱式的世界主义所要求的是,如果有人对我们提出诉求——对符合其利益的东西提出诉求,我们应该始终认真地考虑,并在必要时准备给出拒绝的理由。如果答应该请求确实几无代价,那么我们应该始终接受它。西塞罗(Cicero)曾举过这样一个例子,有人问他是否可以从他所生的火上借光。[①] 更通俗一些说,不考虑这样的一个请求就等于不尊重;如此对待提出请求之人,便表达出他们好像根本就不重要的信息。

当我们开始处理移民准入这一具体问题时,此结论将变得很重要。因为移民显然是看到了获准入境有相当大好处的人。所以,如果准备拒绝一个人的移民请求,我们就应当给予其适当的考虑,并给出

---

[①] Cicero, *On Duties*, ed. M. Griffin and E. Atkins(Cambridge: Cambridge University Press, 1991), 22.

拒绝的理由。但是，这些可能是什么类型的理由呢？让某些人入境，是否就如允许他们从你的火上借光一样——是一种无成本的利益给予？或者我们有时能为申请人提供充分的拒绝理由吗？这些都是接下来的章节所要讨论的问题。

# 第三章　开放的边境

在第一章开头,我引用了民众对不受控制的移民怀有敌意的某个 38
论据。人们可能欢迎某种程度的移居,可能对个别移民持相当积极的
看法,但他们往往又对自己的国家失去对其边境的控制的前景感到担
忧。例如,在我提到的英国民意调查中,在欧盟立法批准成员国之间
人员自由流动的背景下,80％的受访者赞成英国政府应该对谁应被允
许进入英国拥有最终的发言权,而64％的受访者表示,政府应该无视
如果没有遵守欧盟的规则就将被采取法律行动和罚款的威胁。因此,
这一观念,即跨越国家边境的流动应该在原则上不受限制,在普通民
众中鲜有市场。然而,很多政治哲学家都倾向于此种观念。他们不会
说,在任何情况下边境都应该完全开放:他们会承认,如果移民的规模
有引起社会秩序崩溃的风险,或者如果设法入境的特定移民是危险人
物(比如,他们是潜在的恐怖分子),那可能需要施加一些限制。但是,
接受国有责任表明,为何这样的限制会被证明是正当的。这些哲学家

声称,自由迁徙是其默认的立场,而通过诉诸基本的道德原则,这一点便可得以证明。

在本章中,我要探讨一直被用于证明开放边境观点的正当性的主要论点。我的目标并非无所不包——例如,我将不会讨论诉诸经济效益的论点(比如这一论断:自由迁徙会创造一个更大、因而更具完全竞争性的劳动力和资本市场)。通过运用上一章所确立的总体框架,我从依赖于强式的世界主义前提的论点转向那些仅仅诉诸弱式的世界主义前提的论点。具体来说,我将考虑(1)基于地球共同所有权观念而开放边境的论点;(2)诉诸全球机会平等的论点;(3)假定一种支持人类移民权利的论点。

那么,我首先提出的观点是,地球作为一个整体,是栖居于此的全体人类的共有财产,有些人由此得出如下推论,即拒绝任何人进入他们对之享有所有权的地方是错误的。例如,如果边境管制阻止一个尼日尔居民进入法国,这是不公平的,因为虽然这个尼日尔人可能在其祖国的某个地方拥有个人财产,但他还可以跟别人一样,对这块现在被标示为法国领土的土地提出一种诉求。这种共同所有权观念有着悠久的历史。它可以在古典文献中找到,但在现代早期的政治哲学中尤为突出,特别是在雨果·格劳秀斯(Hugo Grotius)及那些受其影响的人的作品中,也包括在康德的作品中。[1] 但是,说人类是他们所栖居之地球的共同所有者,这究竟是什么意思呢?

存在几种可能的解释。如果考察格劳秀斯的作品,我们会发现,

---

[1] 格劳秀斯的共同所有权观念与康德的共同所有权观念之间的关系并不是简单明了的。有关分析参见 K. Flikschuh, *Kant and Modern Political Philosophy* (Cambridge: Cambridge University Press, 2000), chap. 5。

他的出发点是上帝已经将这个世界作为一种共有遗产赠予人类,这就意味着,每个人都有权取走他维持自己生存所需的自然资源,前提是这不会损害任何人。① 从广泛的意义上说,此种安排可被描述为共同所有,但格劳秀斯清楚地指出,它并非为我们所通常理解的共有财产,因为后者意味着,人类集体有权控制其任何成员对地球果实的取得,而这一点正是格劳秀斯所明确否定的。然后,他解释了私有或共享的财产是如何随着人们开始发展农业并生产出可被储存起来的产品而出现的,但原始的共有权利始终对这些私有财产施加着某些限制。第一个也是最重要的限制是紧急避险权(the right of necessity)——亦即,一个人拿走任何一种维持其生命所需之物的权 *40* 利,即便这意味着使用其他某个人的财产。② 起初,格劳秀斯引用了与食物、水和海上求生有关的例子,但他又在这些例子中增加了一项那些因参与正义战争而遭遇威胁的人进入一个社会并至少临时居留的权利。其他的权利也被保留:这便是格劳秀斯所称的"无害得利的权利"(the right of innocent profit),或者在不会给其所有者产生任何伤害的情况下获取并使用物品的权利,比如在溪中饮水或西塞罗从某个人生的火上借光的例子;出于和平的目的跨越领土的通行权;占用目前的荒废之地的权利。③ 因此,依据格劳秀斯的观点,当土地归

---

① H. Grotius, *The Rights of War and Peace*, ed. R. Tuck(Indianapolis:Liberty Fund, 2005), bk. 2, chap. 2, sec. 2. 关于对格劳秀斯的有关讨论,参见 M. Risse, *On Global Justice*(Princeton, NJ:Princeton University Press, 2012), chap. 5; J. Salter, "Hugo Grotius:Property and Consent," *Political Theory* 29(2001), 537-555; S. Buckle, *Natural Law and the Theory of Property:Grotius to Hume*(Oxford: Clarendon Press,1991), chap. 1。
② Grotius, *Rights of War and Peace*, 2, 434-437.
③ Grotius, *Rights of War and Peace*, 2, 438-449.

私人所有或归国家管辖时，以这种方式获取的权利始终受到来自原初的共同所有权的某些限制：符合上述规定条件之一的非所有者（non-owners）有权进入。

格劳秀斯的学说与移民问题有何关系？它显然没有宣布一种不受限制的移民权利，亦即一种每个人都享有的自由跨越国界的权利。相反，它授予符合一个或多个相关标准的人以一种有限的入境权利。某些迫不得已的人可以要求进入领土以满足自己的需求，比如一个在外国海岸遭遇海难的人，或者一个从他面临挨饿的土地越过边境的人。这同样适用于一个其生命遭到他人的暴力或压迫威胁的人——我们现在会称之为难民，我将在第五章更全面充分地探讨难民一词的含义。但是，必要性也为这些权利设定了限度——在大多数情况下，这些权利并非永久居留权。当遭遇海难的水手从他们的苦难中恢复过来时，他们可以被要求乘船返回他们的祖国；一旦饥荒结束，挨饿的移民就可以被要求回国。正如我们将在第五章中看到的，可能存在授予他们永久居留权的其他理由，但我们在此只是考虑直接从格劳秀斯式的共同所有观念所得出的结论。

其标题本身就清楚地表明，通行权并不能产生一种完整全面的移民权，包括永久留在你所经过的领土内。但"无害得利的权利"又如何呢？准许某个移民入境，似乎类似于允许某个人从你的蜡烛上借光，假定该移民无伤害之意的话：因此，他拥有源自原初的共同所有权的弱式的剩余索取权（residual claim）就足够了。但是，这里可能有一个合成谬误（a fallacy of composition）在作祟：在考虑移民问题时，我们不能只考虑允许一个人入境所带来的影响。由于无害得利的权利属于每个人，我们必须认真思考至少相当数量的人行使这项权利所产生的后果。这可能对他们要求行使该项权利的那个社会是有利的还是有害的,则要视情况而定(正如我在第一章中所讨论的),但它绝不能被视为不产生任何影响。再者,似乎没有任何一种普遍的移民权利能以这种方式获得,因为接受国社会也许能够理所当然地宣称,其成员的利益正因有陌生人的出现而受到不利影响。

最后,还有荒废之地的情形。格劳秀斯承认,这样的土地将始终处于已对之宣称拥有主权的国家的管辖之下,但他坚持认为,如果陌生人为使用它而请求定居于此,那么其请求应该得到批准。(后来的哲学家也提出了类似的观点,包括西季威克和沃尔泽(Michael Walzer)。①)话虽如此,但问题在于什么情况下土地应被算作"荒废的或贫瘠的"。出于环境或休闲娱乐的理由而保持无人居住状态的土地,比如国家公园,该如何看待? 或出于美观的理由而保持原状的土地,比如山岳景观,又该如何处理? 这些问题都与领土管辖权有关,我们不久将讨论其正当理由。然而,如果我们遵从格劳秀斯的观念,假定管辖权可"整体"(in the Lump)确立,正如他所言,包括"河流、湖泊、池塘、森林以及未开垦的山地",②那么,那些拥有该片领土的人似乎有权决定它的任何一部分是否应该被视为荒废之地。因此,为了占用看似贫瘠之地而移民入境的问题将由接受国自行决定。

然而,除了格劳秀斯的方式之外,还存在理解世界共同所有权的其他方式。马赛厄斯·里塞(Matthias Risse)对"共同所有权"(Common

---

① H. Sidgwick, *The Elements of Politics*, 2nd ed. (London: Macmillan, 1897), 255; M. Walzer, *Spheres of Justice* (Oxford: Martin Robertson, 1983), 46-47.

② Grotius, *Rights of War and Peace*, 2, 432-433.

Ownership)、"联合所有权"（Joint Ownership）与"平等分配"（Equal Division)进行了有益的区分,而格劳秀斯的观点对应于其中的第一种。① 那么,地球的联合所有是什么意思呢？ 在这里,人类被设想为一个集合体,它行使所有权的方式与平民（commoners)对一块公地（a common)行使权利的方式一样:他们有权共同决定公地的使用,尤其是允许任何成员在多大程度上开采可能会变得稀缺的资源。在我们考察这一概念在应用于整个世界时是否合理之前,我们应该确定它在移民问题上将意味着什么。从联合所有到开放边境的论点是,正如一个平民群体不可隔出公共区域的一部分并阻止其他人进入一样,如果一个领土意识强的国家继而拒绝接纳非本国公民的话,它就不能宣称对地球的一部分享有管辖权——除非该国得到全人类的授权这么做。因为我们可以设想,想要成为移民的人将对拒绝接纳他们的做法提出异议,所以如果任何有限的管辖权要成为一种合法的权利,边境就应当保持开放。

这种观点的踪迹可在康德的著作中被找到,他的这一论断,即"所有国家最初都处于一个土地共同体之中",意味着只有遵守了"世界主义权利"原则,一个国家才能证明其对某块特定领土的管辖权。② 这并不要求,它要获得其他国家公民的实际同意。尽管如此,这确实意味着给予他们某些权利,尤其是建立商业关系以及为此目的旅行的权

---

① M. Risse, *On Global Justice* (Princeton, NJ: Princeton University Press, 2012), chap. 6.
② I. Kant, *The Metaphysics of Morals*, ed. M. Gregor (Cambridge: Cambridge University Press, 1996), 121.

利。然而,正如我在第一章所论及的,这绝不意味着一种永久的居留权;甚至也不意味着一种严格的入境权利,因为康德准许接受国公民将陌生人打发走,只要他们对他不抱有敌意。因此,从这一观点来看,管辖权仅以一种允许外国人出于商业目的而建立联系的总体意愿为条件。至少在康德看来,从世界的联合所有转化而来的要求远不如边境应该保持完全开放这一要求。

我们还可能想知道,对世界所有的第二种解读,经过更为仔细的观察,在多大程度上是明白易懂的。[①]与公地所有权的类比表明,必须有某些集体手段来确定每个成员有权对公地资源进行何种使用——否则,我们将真的要目睹一场"公地悲剧",过度的使用会损毁联合所有的对象。如果没有一套决定合法使用以及执行所作决定的机制,联合所有就会退回到共同所有,而每个人都被允许合理拥有判断自己可拿走什么东西的权利。目前实际上不存在这样的机制——不存在一个全球性的机构来规范领土管辖权以及跨境迁徙。 43

这就留下了兑现世界是人类共有财产这一观念的另一种可能的路径,亦即里塞称之为"平等分配"的观点。它是这样一种主张,即在任何时刻活着的 $n$ 个人中,每个人都可要求得到地球资源的 $1/n$ 的份

---

① 对联合所有权,还存在其他反对意见,我在此不予考虑。正如里塞所说,"真正的麻烦在于,如果每个人都必须被问及集体财产的任何使用,那么他也必须被问及任何此类使用。因此,其他人可以否决满足基本需求的使用";Risse, *On Global Justice*, 121。这一点与洛克的指控相呼应,他说,如果我从自然界中获取"橡实或苹果"需要得到所有其他人的同意,那么"尽管上帝给了人们大量的东西,人类也早已经饿死了";J. Locke, *Two Treatises of Government*, ed. P. Laslett(Cambridge: Cambridge University Press,1988), bk. 2, sec. 28, p. 288。

额，以作为他们的私有财产。[1] 在深入探究这个观点之前，同样值得一
问的是，在移民问题上，它可能会把我们引向何方。其相关的推论是，
一个想要关闭其边境的国家，不论全部关闭还是部分关闭，都应当表
明，它并不拒绝接纳任何目前所拥有的份额少于 $1/n$ 的个人，因而这
些人对由那个国家所管辖的某些资源有一种显见的诉求。这里的复
杂因素将会是，在该国范围之内，有一些公民所享有的份额很可能远
超过 $1/n$，而其他人的则少得多，即便加在一起，$m$ 个公民所持有的份
额也超过了全球总量的 $m/n$。因此，未来移民（the prospective
incomer）的诉求特别针对那些持有更多资源的人，而实际上，那些持有
份额不足 $1/n$ 的现有公民的诉求也一样。对于世界主义者而言，其所
要解决的一个有趣的问题为，后者为了提高他们自己获得全球资源的
公平份额的机会是否会抵制前者的进入。然而，由于下一段所述的理
由，我将对它不作处理。

即便有人认为，"全球资源平等"是理解人类应当被视为平等主体
这一强式的世界主义诉求的最佳路径，但在赋予它具体含义时却存在
一个严重的问题。考虑到土地本身的异质性以及可被人类使用的程
度，在物理上将地球表面分割成大小相等的区域没有任何意义。所

---

[1] 在最近的一段时间里，此立场的主要捍卫者是希勒尔·施蒂纳(Hillel Steiner)。参见
H. Steiner, "Liberty and Equality," *Political Studies* 29(1981): 555 - 569; H.
Steiner, "Slavery, Socialism, and Private Property," in *Nomos XXII : Property*, ed.
J. R. Pennock and J. W. Chapman(New York: New York University Press, 1980);
H. Steiner, "Capitalism, Justice and Equal Starts," *Social Philosophy and Policy* 5
(1987), 49-71; H. Steiner, *An Essay on Rights*(Oxford: Blackwell, 1994), chaps.
7-8; H. Steiner, "Territorial Justice and Global Redistribution," in *The Political
Philosophy of Cosmopolitanism*, ed. G. Brock and H. Brighouse (Cambridge:
Cambridge University Press, 2005)。

以,支持平等分配的哲学家们很快就转向这一观点,即每个人都有权获得平等价值的资源:曼哈顿1平方米的土地价值可能与澳大利亚内陆1英亩①的土地价值相等。② 但两个困难马上随之而来。一个是,要找到一种衡量价值的"中立"或"客观"的方法。③ 在刚才所举的例子中,我们的直觉很可能由对那两个地方的购买价格或租赁价值的考虑所驱动。但是,我们能否假定,由经济市场所决定的土地价值就应该很重要? 例如,为什么不使用生物多样性指数来代替呢? 不同的人和不同的文化会倾向于采用衡量土地价值的各种替代方式中的一种或另一种。第二个困难是,即使我们将我们自己限定于传统的经济价值衡量标准,也不可能将土地的"未改善"(unimproved)的价值与它因过去和现在的人类活动而已经取得的价值区分开来。曼哈顿不仅有摩天大楼林立,还有成群的人渴望从事复杂的金融交易,最为重要的是,这也解释了那儿的房地产具有很高的经济价值的原因。相比而言,世界所有权指的是原初的所有权——在人类历史上对地球进行改善或现在愿意以某些方式对其加以利用之前,对地球本身的所有权。

在这个关键时刻,某个倾向于支持开放边境的人可能会指出,即使在大都市中的土地的经济价值几乎完全是人类活动的产物,但居住在该地区的公民仍然可以直接获得价值远高于马里(Mali)当地人的资源,而这种"出生的偶然性"(accident of birth)是可以通过允许马里

---

① 1英亩约合 4047 平方米。——译者注

② 参见,例如 Steiner, "Territorial Justice and Global Re distribution," 35 - 36。

③ 我已详细地讨论了该问题,参见 *National Responsibility and Global Justice* (Oxford: Oxford University Press, 2007), chap. 3, sec. 2,并专门提到施蒂纳,参见"Property and Territory: Locke, Kant, and Steiner," *Journal of Political Philosophy* 19 (2011): 90 - 109。

人选择迁徙至纽约或其他类似地方而得到纠正的。然而，该论点不再直接诉诸共同所有，而最好被理解为一种关于机会平等的诉求，此乃下一个将被考虑的原则。最后，我不反对地球在某种意义上由人类所共同拥有这一观念。相反，我已经考察的是，是否存在一个理解此观念的方式，它既切实可行，同时又为开放边境提供一个正当的理由。我的结论是，最佳的解读实际上是最开始由格劳秀斯所提出的方式，但这只产生利用地球资源的剩余权利（在某些情形下意味着为寻求这些资源而迁徙的权利），而远不如一种跨越领土边界的普遍权利那么强有力。

因此，现在让我们接着讨论关于机会平等的论点，它没有区分源自人类实践的机会和源自占有自然资源的机会。它只与这一事实相关，即出生于富裕社会的人通常有机会接受教育、进入职场和赚钱，而出生于贫穷社会的人则没有这些机会。有人声称，这种不平等是不公平的，开放边境至少是一种局部的补救，因为虽然仍可能有其他障碍阻止来自贫穷社会的人利用可从别处获得的机会，但至少一种障碍——移民控制——已经被移除了。

对于很多人而言，此论点似乎很有说服力。① 然而，它往往从极度贫困的例子入手从而获得情绪化的力量——例子所涉及的人很少能享受到教育或医疗保健服务，他们任何类型的就业机会都受到限制，预期寿命也相应较低。这些例子足够真实，但打动我们的是它们所描述的机会之绝对匮乏，而非与生活在其他社会之中的人相比较的机会

① J. Carens, *The Ethics of Immigration*(New York：Oxford University Press, 2013)，227 - 228, 233 - 236.

之匮乏。有充分的理由认为，每个地方的人都有权获得过上一种最低限度的体面生活所需的条件，并且倘若在他们生活的地方一直无法获得这些条件，那么就应该允许他们移民。但是，机会平等的论点远不止于此。它所关涉的是人们的比较性前景，无论他们的社会是绝对富裕还是绝对贫穷。它应该同样适用于目前生活于斯洛文尼亚共和国的人和现在生活于孟加拉国的人。它所包含的原则在自由民主国家中已得到了广泛应用，并在全球层面得以扩展。该原则声明，一个人获得教育、就业以及其他有价值的职位的机会，应该只取决于他们的才能、动力和选择，而非譬如他们的家庭背景或性别等一些与所谋求的职位无内在关联的因素。它的全球扩展表明，一个人在一个社会而非另一个社会中长大，也应该不会对其机会产生任何影响。

　　该原则在适用于国内时有赖于两个假设。一是，我们有一些方法来衡量一个人所拥有的机会。由于人们在生活中所作的具体选择会有所不同，所以我们只能验明机会是平等的还是不平等的，如果我们可以对之加以估量的话。让我用一个简单的例子来说明。假定有一个白人学生，其能力和动机可被我们测量出来，他申请了谢菲尔德大学并被录取了，而与他动机和能力相当的另一个黑人学生申请了曼彻斯特大学，但被拒绝了。这是否说明机会平等失败了呢？如果我们能够证明，这两所大学在未来的学生中享有大体同等的学术地位与受欢迎度，因此在其中任何一所就读的价值都大致相等，那就说明机会平等失败了。如果不借助于这样的一种尺度，我们就不能应用这条原则。第二个假设是，决定机会的因素容易受到政治控制的影响——换言之，政府可以制定法律和政策，例如禁止在就业市场中出现歧视，并确保国内不同地区的高中水平相当。没有哪个国家能完全实现这些

46

目标,但机会平等作为一个规制性的理想是有意义的,因为至少有可能通过政治行动而实现这些目标。

在我看来,这两个假设在全球层面是否仍然有效则是值得怀疑的。社会之间的文化差异使得准确的比较变得非常困难;如果由两个国家所提供的机会集存在这样的差异,即没有哪个集包含另一个集,那么我们就无法判断随机选择的第一个国家中的公民比第二个国家中的公民拥有更大还是更小的机会。并不存在可被用于集的排序并获得一致同意的度量标准(metric),因为如何比较某些特定的机会将取决于当地的文化。如果一个国家向其公民提供充裕的担任宗教职务的机会,但管理大型企业的机会相对较少,而第二个国家恰恰相反,那么我们如何能够判断哪个国家在总体上提供了更大的机会?①

有人回应说,我们至少可以在一个更为基本的层面上作出比较性的判断,比如,利用森(Sen)关于基本能力的思想,即实现所有社会都认为有价值的人类功能的机会,诸如享有良好的健康、富有成效地工作。② 通过将这些能力组合为一个通用的指标,我们就可以比较任何两个社会的总体生活水平,并可以得出这样一种结论,即在生活水平较高的社会中,其机会就较大。然而,森始终认为,能力观念本身不能

---

① 参见 B. Boxhill, "Global Equality of Opportunity and National Integrity," *Social Philosophy and Policy* 5(1987)：143 - 168。

② 关于这种回应,参见 S. Caney, "Cosmopolitan Justice and Equalizing Opportunities," *Metaphilosophy* 32(2001)：113 - 134。森在很多作品中已开发了这种能力进路,包括 A. Sen, *Commodities and Capabilities* (Amsterdam：North-Holland, 1985)；A. Sen, *Inequality Reexamined* (Oxford：Clarendon Press, 1992)；A. Sen, "Capability and Well-Being," in *The Quality of Life*, ed. M. Nussbaum and A. Sen(Oxford：Clarendon Press, 1993)；A. Sen, *Development as Freedom* (Oxford：Oxford University Press, 1999)。

解决指标的问题。① 如果在第一个社会中健康的机会较大，而在第二个社会中从事生产性工作的机会较大，那么我们就不能对他们生活的相对水平作出判断，除非引入一种价值判断。② 森设想，这种评估将通过政治审议的方式进行。但为何期望，在公共文化迥然不同的政治共同体内，结果一定要相同呢？

不可否认，我们仍可以说，根据所建议的标准，一个向其所有成员提供了一整套基本能力的国家所提供的机会的范围要比一个任其某些成员受到剥夺的国家的更大。但这使我们回到先前所提出的一点，即关于要求所有人都享有足够机会与平等机会之间的区别。平等机会原则需要适用于已经全面越过基本能力门槛的国家，也适用于仍处于这道门槛之下的国家，否则它实际上就不是一条平等原则，而是现在常说的充分性（*sufficiency*）原则。在这个修订后的形式中，该原则意味着，只有生活在低于生存门槛的国家的人们有权申请移居到拥有更多机会的地方。

因此，"全球机会平等"的一个问题是，如何比较性地衡量机会集。

---

① 参见，例如 Sen, *Inequality Reexamined*, chap. 3。
② 这个问题已经在关于能力进路的文献中被广泛地认识到，但还没有找到从内部加以解决的方法。这一点是该进路的若干问题之一，而关于该进路的一个批判性评价，参见 T. Pogge, "A Critique of the Capability Approach," in *Measuring Justice：Primary Goods and Capabilities*, ed. H. Brig house and I. Robeyns（Cambridge：Cambridge University Press，2010）。其主要的辩护者之一，努斯鲍姆（Martha Nussbaum），已经将基本能力不能同时全部得以实现的情形描述为涉及"悲剧性选择"（tragic choices）的情形；参见 M. Nussbaum, *Creating Capabilities：The Human Development Approach*（Cambridge, MA：Harvard University Press，2011），chap. 2。关于讨论的现状的一个充分概述，参见 I. Robeyns, "The Capability Approach（and Social Justice），" in *The Routledge Companion to Social and Political Philosophy*, ed. G. Gaus and F. D'Agostino（New York：Routledge，2013）。

另一个问题则是，考虑到在任何特定的地方都可获得的机会将在很大程度上取决于当地所作出的关于诸如经济增长率和公共服务供应的决定，该原则是否具有实践意义？由于缺少一个能够确保每个人都可获得类似的机会集的最高权威机构，只有在拥有平等资源的国家就其未来的优先事项作出相同的决定的幸运情况下，机会平等才得以维持。

但是可以说，这恰恰揭示了开放边境的重要性所在。假设在一个多元文化的世界中，各国确实会向其成员提供各式各样且无从比较的机会集，那么通过开放所有边境，允许人们利用所有地方的机会，平等就实现了——或至少消除了由机会属于一个而非另一个社会的事实所直接导致的不平等。因此，我们现在必须追问，为何这种类型的全球平等对于我们而言是非常重要的，而同时我们要牢记拥有足够机会与拥有平等机会之间的区别。在国内情境中，机会平等之所以重要，是因为机会将取决于一个国家为其全体公民所作出的公共政策决策（例如，关于教育的提供）。如果国家在有能力纠正的情况下，仍然允许机会变得极度不平等，那么它对待他们就是不公正的。然而，在国际上，不存在对机会的创造负有责任的单一机构，取而代之的是许许多多独立的国家（如果成立一个世界政府，情况就不一样了）。所以，虽然一个斯洛文尼亚公民在某些方面可能比一个挪威公民拥有更少的机会（先不管刚才所讨论的度量的问题），但这并不是因为他们受到了任何制度的不平等对待。让我们假定，斯洛文尼亚平等地对待其公民，挪威政府也是如此。由此产生的两类具有代表性的人之间的机会平等仅仅是他们国家彼此独立的一个副产品。挪威并没有义务降低其公民的生活水平以使斯洛文尼亚的公民也享有与挪威公民相等的机会,但它也没有义务通过向斯洛文尼亚人开放其边境来增加他们的机会。

因此,尚不清楚的是,全球层面的正义是否要求在不同国家成长的人应该始终享有相同的机会集。但即便确实如此,同样不清楚的是,开放边境是否是实现这一目标的最佳途径。这将取决于谁能够利用以此种方式创造出来的额外机会。我们可以合理地假定,更多的人将试图从贫困国家迁徙至富裕国家,而非以相反的方向进行迁徙。但是,那些拥有能使自己做到这一点所需的资源——积蓄和教育——的人,将是在其原籍社会已具有相对优势的人。一般来说,他们将是当地的精英阶层或其后代。因此,虽然横亘于这些移民与在发达国家中成长的人之间的机会差距将缩小,但他们与其昔日同胞之间的机会差距将会扩大。甚至结果可能是,那些留下的人的机会在绝对值上减少了,如果那些离开的人是原本会在其祖国从事教育、医疗保健或行政管理工作的熟练的专业人员的话(在后文中,我将讨论"人才流失"这一有争议的议题)。换言之,仅仅把注意力集中于那些有能力移民的人身上来判断机会平等与否是错误的。人们需要在更广泛的意义上考虑移民所带来的影响,以便判断开放边境会使我们接近还是偏离这一目标,而无论是在国内的层面还是在全球的层面。

所以,平等机会原则的全球版本并不能给我们一个放弃移民控制的充分理由。一方面,由于人们对机会集的价值的理解在文化上存在分歧,所以它也许不适用;另一方面,正义要求国内层面的机会平等的理由在超出那个层面时也就不再有效了。当然,人们几乎总是从拥有更多的机会中获益,故如果要证明边境控制是正当的,就必须给出实施控制的理由——被拒绝入境的人有权被告知原因。提供那些理由 <sup>49</sup>

是下一章的任务。最后一个问题是，移民是否有人权：如果有，那么在没有压倒性的相反理由的情况下，边境必须保持开放。①

一种人权的论点绝不呼求人们因生活于不同的国家而遭受不平等对待。相反，它声称，全人类都有权享有一系列的自由、机会和资源，这些足以让他们过上体面的生活。很多满足此种条件的具体权利，都已被编入官方文件，例如 1948 年《世界人权宣言》或 1966 年《公民权利和政治权利国际公约》。这些文件都明确承认一个人离开任何国家的权利和重新加入自己国家的权利，但并未提及一种普遍的移民权利。因此，对这种权利的论证应当在形式上是哲学的：它不可诉诸现行的国际法，但应当转而试图表明，证成其他人权的各种类型的正当理由也支持一种跨越边境的权利。

在着手考察这些理由之前，我们应该注意到，如果打算证明开放边境是正当合理的，人类移民的权利意味着什么。它应当被理解为全人类的一种权利，无论人们的境况如何，他们都可向所有国家提出进入并在其领土内定居的要求。它既重视一个想要定居于德国的富有的加拿大人，也同样重视一个试图跨越边境进入肯尼亚的绝望的索马里人。在本书的后面部分，我们将考察难民权利（为免于迫害而寻求庇护的权利在《世界人权宣言》中得到承认）的特殊情况。然而，它应

---

① 人类移民权利的捍卫者包括 Carens，*Ethics of Immigration*，chap. 1111；K. Oberman，"Immigration as a Human Right," in *Migration in Political Theory : The Ethics of Movement and Membership*，ed. S. Fine and L. Ypi (Oxford: Oxford University Press, 2016)。迈克尔·达米特(Michael Dummett)并不主张存在一种强式的移民权利，因为一种真正的强加义务的权利应当是无条件的（然而，他承认，在某些情形中，各国可以合理地限制移民），但他在一种"更弱式的、有条件的意义上"捍卫这样的一种权利；参见 M. Dummett，*On Immigration and Refugees* (London: Routledge, 2001)，chap. 3。

当被理解为一种不被边境控制阻止进入的权利,而不是一种通过从一个国家迁徙到另一个国家而得到援助的权利。即便人类移民的权利得到承认,很多人也将面临担负物质性和其他类型的成本,而这些成本会阻碍他们移居到他们最想加入的国家。

我们可以运用三种策略尝试证明这一权利的正当性。第一,直接策略,即我们考察在总体上证明人权正当的理由,然后尝试表明,这些理由同样支持移民权。第二,工具性策略,即我们尝试证明,除非移民权这一额外权利得到承认,否则我们已接受的其他人权,比如生存的权利,将不会得到可靠的保护。第三,我称之为悬臂式策略(cantilever strategy),即我们尝试表明,这种新的权利是现有权利的逻辑延伸,因此承认后者而不承认移民权利将会是武断的。① 在与我们相关的情形中,悬臂式策略始于在一个社会之内可自由迁徙的人权,并且主张,在已经接受这一前提之后,一致性要求我们承认一种在各个社会之间自由迁徙的更为广泛的权利。

让我们逐一思考这些策略。为了使直接策略生效,我们应当首先了解在总体上支持人权的理由。在前一章中,我概述了将人权与人类的基本需求联系起来的人权情况。其他的流行理论则把人类的不同特征确立为赋予他们人权的基础——例如,"人类根本利益"或"规范的能动性"(normative agency)。② 然而,这些理论所具有的共同点在

① 卡伦斯采用这种方式来描述其基于权利的开放边境的论点,参见 Carens, *Ethics of Immigration*, chap. 11, esp. 237 - 245。当然,悬臂式策略所依赖的假设是,悬挑伸出来的权利是正当的,但它的优势在于,我们无须在开始悬臂论证之前就其正当性的理由达成一致。

② 在接下来的内容中,我试图做到普世一致(ecumenical),因为如果移民人权的捍卫者选择采用直接策略,那么他们可能会以不同的方式解释这项权利的依据。

于这样一种想法,即人们无法过上我们所承认的体面或完整的生活,除非他们受到保护以免遭各种形式的压迫和剥夺,并且这种必要的保护是由一系列人权所提供的。重要的是,构成这个系列的各种权利在大体上相互一致,这样我们便不会将某些权利包括在内,因为行使这些权利会妨碍到我们想要承认的其他权利;因此,我们有时不得不限制一项权利的范围以保护另一项权利(正如我们为保护隐私权而限制言论自由权一样)。所以,如果要直接证明移民权利是正当的,我们就必须证明,享有这样的一种权利不仅对于人们过上体面生活而言是必要的,而且承认它不会与我们认为同等甚或更为重要的其他权利相冲突。

对于人类而言,移民权如何能够具有如此大的重要性,以至于值得被称为一种人权呢?毋庸置疑,存在着一些需要跨越国界的生活方式,从传统的游牧式的生活方式,到那种四海为家式的辗转不定的生活方式,而后者导致自由社会中的一些年轻人设想了一种不断穿梭于不同文化环境之间的生活方式。但是,这些生活方式相当具体:证明一种人权的正当性需要表明,它对人类所通常享有的利益或需求作出反应,而游牧式生活或其现代对等形式就没有这样的基础了。如果对某一特定生活方式的重视足以产生过上此种生活所必需的人权,那么权利的名册将会无限扩大。如果想要为人类移民的权利辩护,那么我们需要转而找到那些被广泛享有并且不进行国际移民就难以满足的重要利益。

对人类移民权利的直接论证正始于这样的一些利益。一般来说,行动自由显然是具有价值的,因为如果一个人被限制在一个狭小的空间内,他就不能从事许许多多的活动:找工作、结识伴侣、信仰宗教、享受大自然、参加体育运动等——这就解释了为什么行动自由确实是一项人权。但是,如何理解该权利的范围呢?在国际层面上扩展它的理由是,这些相关活动可能无法在一个人的祖国之内开展起来,至少无法以其所看重的特定形式开展起来。因此,为人类移民权利辩护的基兰·奥伯曼(Kieran Oberman)指出,一个人可能对"生活选择"有浓厚兴趣,比如与居住在另一个国家的恋人长相厮守、信奉一种在其祖国内没有信徒的宗教,或者为了实现政治目的而需要出国进行研究或思想交流。他认为,如果人类没有移民的权利,这些利益就有受挫的危险。①

然而,请注意,这里所讨论的只是一般性利益的一种具体形式。人类在能够建立亲密、友爱的关系方面有着一种普遍性利益,只要某个人拥有足够的迁徙自由来结识一大批潜在的伙伴,这一点就可以得到满足。只有在与某个特定的人建立关系方面的利益才可能被边境限制所阻碍(当然,那个人可能是一个人一生的挚爱,唉)。另请注意,实现这样的具体利益还会遇到其他障碍:我也许买不起机票飞往新西兰去见我的挚爱,并且她自己也可能不想回报我的热恋之情。我到西藏参加经乘②修行(Sutrayana practices)的愿望可能受阻,因为藏族僧侣不愿意为满足一个无知的西方人而浪费他们的时间。要引以为戒的是,人类有一系列其有权追求的一般性利益,但在决定这些利益所应呈现的具体形式时,他们应当考虑到什么是可行的。例如,信奉宗教意味着要找到一种自己可以信奉的宗教,但也意味着要找到一个信

① 参见 Oberman,"Immigration as a Human Right"。
② 也称为显宗、因乘,佛教宗派之一。——译者注

52 徒团体——教堂、清真寺，等等，而考虑到实际的时间、金钱与距离的限制，这个团体是他所能真正加入的。人权的目的在于保护一般性利益，而非保护特定个人可能采取的具体形式。①

其结果是，当人们生活于一个提供一系列生活选项的社会之中，并且这些选项足以让他们满足我们认为是体面人类生活组成部分的需求和利益时，他们的人权就得到了实现。他们很可能有某些特定的偏好，只能通过迁徙到另一个国家来满足，但这并不足以证明移民权是一项普遍的人权。不过，要是他们的社会无法或不愿意向他们提供一系列的足够机会——例如，只要仍然留在原来的社会，他们就无法获得适当的教育或医疗保健，那又该如何呢？这个问题使我们转到一种支持移民权的工具性论点：它是保护其他更基本权利的必要手段，就像在法庭上获得法律代表权是保护各种个人自由权利的必要手段一样。有人认为，对许多人来说，确保他们的其他权利得到保护的唯一现实途径是，享有一种迁徙到一个不同的社会的普遍权利，而在那个社会里，他们的自由将得到保护，或他们的其他基本需求将得到满足。

正如我之前已提到过的，国际法已承认离开（exit）居住国是一项人权，而证明此种权利的道德正当性理由恰恰是，它提供了一种逃离迫害和苦难的途径。退出的权利和进入的权利似乎就是同一个硬币

----

① 在这里，一个可能的回应是，有关的一般性利益是自由本身的利益。但是，不受限制的自由——对一个人所可能采取的行动不加任何限制——似乎不能合理地充当人权的基础，尤其是因为一个人的不受限制的自由不可避免地会与其他每个人的平等自由发生冲突。

的两面,但事实并非如此。① 如果要使退出的权利生效,其享有者必须能够进入其他某个国家(因为地球上没有适合居住且无人认领的领土),但这比进入一个人选择的任何国家的权利要求要低得多。在此需要的是一种国际制度,让每个想要行使人类退出权利的人至少拥有一个其他地方可以迁徙过去。这可能呈现为不同的形式:在同意接纳彼此公民的各国之间所达成的一系列双边协议,或一个负责监管、协调移民的国际机构,正如联合国难民事务高级专员当前在特定的难民问题上所做的那样。虽然享有一种不受限制的移民权利或许被认为向其他人权提供了最佳保护,但这里重要的是要确保足够的保护水平。一般而言,此限定是人权的一个特征:在法庭上获得法律代表权并不意味着获得该国薪酬最高或最能言善辩的辩护律师的服务,而只意味着可以接触到有能力为你辩护的人。

　　还有必要提出一个关于工具性论证的更进一步的问题:如果不受限制的移民权利的正当理由是为了保护人们,使他们不必留在他们的其他人权遭到威胁的地方,那么我们就应当考虑那些因其他理由(例如,缺少资源)而不能迁移的人的处境。即便在边境通常远未开放的现行移民制度下,一些非常贫困的国家也因移民而失去了很大一部分受过专业训练的成员,包括医生、护士。(海地是一个极端的例子,据

①  关于第一种权利包含第二种权利的论点,参见 P. Cole, *Philosophies of Exclusion : Liberal Political Theory and Immigration* (Edinburgh:Edinburgh University Press, 2000), chap. 3; A. Dummett, "The Transnational Migration of People Seen from within a Natural Law Perspective," in *Free Movement : Ethical Issues in the Transnational Migration of People and of Money*, ed. B. Barry and R. Goodin (Hemel Hempstead, UK:Harvester Wheatsheaf, 1992)。

说其大约 85% 的受过训练的人员就是这样流失的。）①这种向外移民的成本表现为获得医疗和其他服务的机会的减少，而这些成本则由那些别无选择而只能留下来的人所承担。我将在第六章中更加详细地探讨这些有关人才流失的情形，但在此要强调的一点是，不受限制的移民权利会使事情变得更糟，因为它不再允许富裕国家向那些从贫穷国家离开的专业人员关闭其边境，而这些专业人员的服务是贫穷国家所急需的。换句话说，考虑到每个人的人权，承认人类移民的权利并没有为其他人权提供最佳的保护，如果它的影响之一是促使更多的人才从贫穷国家流失的话。

如果对于人类移民的权利而言，直接论证和工具性论证都不具说服力，那么悬臂式论证又如何呢？正如我在前面所提到的，这一点始于这样一个前提，即存在一种在每个国家边境之内自由迁徙的人权，并认为这种自由迁徙的国际权利不过是这一权利的逻辑上的延伸。正如卡伦斯所说："如果人们在一个国家之内自由迁徙的权利如此重要，那么他们跨国迁徙的权利不也同样重要吗？"②现在，我们应该注意到，在国家边界之内的迁徙自由并非是不受限制的：它不仅最为明显地受到广泛的私有财产权利的限制，还受到规制公共空间中的迁徙的普通规则的限制，比如交通法规。虽然人们可能对现行法律是否太过严格的问题存在争论（例如，是否应该有权在未被开垦的土地上行走，即便这块土地归私人所有？），但很少人会说，这些法律侵犯了人权。

---

① P. Collier, *Exodus：Immigration and Multiculturalism in the 21st Century*（London：Allen Lane，2013），199 - 200.

② Carens, *Ethics of Immigration*，239.

因此所出现的问题是,为何这种国内自由迁徙的权利在范围上与我 54
们通常所认为的一样广泛。举例来说,既然每个州的选择都足以让
人们过上体面的生活,为什么美国禁止人们从一个州迁徙到另一个
州,就会侵犯自由迁徙权呢? 因此,悬臂式论证试图将其反对者置于
两难境地:要么他们不得不承认,禁止人们从俄勒冈州迁徙到华盛顿
州并没有侵犯自由迁徙的权利;要么他们不得不解释,为何这项权利
与华盛顿州和不列颠哥伦比亚省①之间的国际边境管制是相容的,而
与华盛顿州和俄勒冈州之间的国家边界管制是不相容的。

　　存在否定悬臂式论证的两个理由——这两个理由说明国内迁徙
自由与国际迁徙自由之间的类比是站不住脚的。首先,在国内情况
下,不受限制的自由迁徙所可能产生的成本更小、更易于控制。② 请回
想一下,前文提到必须对人权进行界定,以使它们形成一个内在一致
的集合,这意味着任何候选权利都必须经过审查,以确保承认它不会
对其他人权造成可预见的侵犯。换言之,只要实施一项拟议的人权所
要付出的成本对其他人权产生影响,就必须考虑到这些成本。当人们
迁徙并定居下来时,他们会占用空间、住房、工作岗位以及病床等,这
就可能会挤走其他人,或者会抬高后者为获得这些商品而必须支付的
价格。至于国内迁徙自由,各国都有自己的手段在不构成对权利本身
的侵犯的条件下鼓励或抑制国内迁徙。一方面,它们可以在国家的层

---

① 加拿大西部的一个省。——译者注
② 如果我们考虑发达的民主国家,情况肯定就是这样。对于诸如巴西和中国等快速发
　展的社会而言,情况可能并非完全如此,而在这些社会中,城乡之间的严重不平等会
　激励大量移民移居到城市。

面上实施一套统一的税收与社会服务供应制度，从而消除人们为了降低税赋或进入更好的学校和医院而在这个国家之内迁徙的积极动力。另一方面，当出现太多的人沿着某一特定的方向迁徙时，它们可通过在人们所离开的地方创造就业机会而扭转这种流动——它们可以把政府机构迁移到区域性城市，或向意欲在那里开办业务的公司提供税收减免。也就是说，因为控制着迁徙路线的两端，各国能够在不受法律限制的情况下消除国内迁徙所产生的任何不利影响。

55 　　在国际层面上，似乎情况就大不同了。在这里，从一个国家迁徙到另一个国家的动机可能非常强烈，而且至少从短期来看，一个国家几乎无法改变输出国的条件。一个正在经历大量移民入境的国家可以采取某些措施以使它自己成为一个不那么吸引移民的目的地——例如，它可以在移民到达后的一段时间内限制他们取得某些福利待遇——但如果它是一个自由国家，那它就不可能在不违反其基本原则的条件下沿此方向走得很远（正如我在第一章所论及的，自由国家现在致力于维护平等对待其境内所有居民的相当苛刻的标准）。在原籍国播放的劝阻消息不太可能产生多大效果。① 所以，边境控制可能是一个国家防止不受欢迎的移民影响其本国公民权利的唯

---

① 2013年初，由于担心一旦欧盟在2014年初放宽自由迁徙规则，可能会导致移居到英国的罗马尼亚人和保加利亚人的人数激增，据广泛报道，英国政府考虑以广告宣传的方式强调英国生活的消极方面：多雨天气、街头秩序混乱、就业岗位紧缺，等等。然而，由于更为明智的建议占了上风，政府最终决定干脆收紧所有欧洲移民所享受的社会保障和其他福利的资格要求。

一武器。

　　拒绝悬臂式论证的第二个理由是,除了为公民创造行使他们的其他人权的机会之外,国内自由迁徙的人权还发挥着非常重要的保护作用。[①] 请再回到那个假想的情形,即美国政府禁止人们在各州之间进行迁徙。为何我们会认为这是令人反感的呢? 限制国内迁徙自由的权力使国家能够控制和针对其所讨厌的或想要歧视的个人和群体。我们可以通过考察某些群体在地理上受到了限制的历史案例来了解这一点——比如,南非的种族隔离制度为白人和非白人建立了独立的居住区,这也意味着那些被限制在黑人或有色人种社区内的人所获得的教育、医疗服务和娱乐设施等质量较低。更早的时候,在欧洲城市中建立起了犹太人聚居区(Jewish ghettos),不仅强制实施宗教隔离,而且使受到限制的群体遭受经济剥夺和社会污名化(social stigmatization)。[②] 或者想想苏联于 20 世纪三四十年代主要在西伯利亚实施的强制重新安置计划,有数百万人因其民族或社会阶级的理由被判定为政治上不可靠的人,他们被要求要么住在劳改营(古拉格集中营),要么住在特殊的安置点,只有在得到指挥官许可之后才能离开那里。[③] 这些例子说明了为什么自由迁徙的权利是对国家统治少数 *56*

---

① 我在这里强调的是自由迁徙权在抵御来自国家的潜在威胁方面所发挥的消极作用,但可能也有人会强调它在建立一个运行良好的民主制度方面所发挥的积极作用。关于此种论点,参见 A. Hosein, "Immigration and Freedom of Movement," *Ethics and Global Politics* 6(2013):25 - 37。

② 例如,关于威尼斯贫民区的记述,参见 R. Sennett, *Flesh and Stone:The Body and the City in Western Civilization*(London:Penguin, 2002), chap. 7。

③ 关于此特殊安置点,参见 L. Viola, *The Unknown Gulag:The Lost World of Stalin's Special Settlements*(New York:Oxford University Press, 2007)。

群体的重要制约，这一权利有助于保护他们的其他人权。①

对国际迁徙自由也可以这么说吗？国家控制边境的权力并不允许它支配任何特定群体。它当然可以通过拒绝入境的方式歧视它所不喜欢的群体，而此种拒绝可能构成一种非正义，正如我们将在后文中所看到的。但是，通过这么做，它并没有阻止相关群体在其他地方设法行使其人权；该群体并不像国内少数群体那样可能陷入困境。因此，国内和国际的迁徙自由之间的类比同样站不住脚。我们有特殊的理由坚持一种国内自由迁徙的权利，这种权利应被理解为一种不受阻碍地进入一个国家内任何特定地区的权利，而它不适用于其所相对的国际层面。

以上就是我关于开放边境的积极理由之讨论。我已经考察了支持这一诉求的三个论点，即为了正义起见，必须取消边境管制。我认为，对地球的共同所有权或许给予我们一种在必要之时跨越国界的权利，但并不给予我们移民的普遍权利。我质疑了全球平等机会的相关性，并认为不仅度量问题会导致这条原则失灵，而且在一个政治共同体内强制应用这条原则的理由在全球层面上不再成立。最后，我断定，可被用来为移民人权辩护的三种策略都不成功。话虽这么说，但始终存在保持边境开放的某个理由，这依然是事实。更多的自由总比

---

① 有人可能会问，我所举的例子都涉及对已经处于弱势的群体的压迫，如何能够解释为什么自由迁徙的权利可以扩展至想迁往纽约的富裕的加州人。但人权是代表本国所有公民（首先）向国家所提出的普遍诉求。有些人可能不需要由某些特定权利所提供的保护——一个非常富有的人可能不需要投票权也行，因为他利用其他方式就足以保护他的利益——这并不意味着我们应该缩减这些权利的普遍性。作为基本的保障，它们必须提供给每个人，不论当前是否被需要。

更少的自由要好,包括在各国间移民的自由。所以,为了表明各国在决定其移民政策方面仍拥有广泛的自由裁量权,我们需要扭转论证的方向,并追问是什么让移民控制合法化。是什么赋予了各个国家选择让谁入境和不让谁入境的权利呢?

# 第四章　关闭的边境

57　　当各国向移民关闭其边境时，严重的后果往往随之而来。那些被拒绝入境的人可能会不顾一切地试图进入，从而导致人道主义悲剧的发生。例如一些墨西哥人在试图穿越亚利桑那州南部沙漠时，死于低体温症；还有一些来自北非和叙利亚冲突地区的难民，在搭乘拥挤不堪的船只前往欧洲南部的途中，因沉船而溺水身亡。非法移民的死亡是最极端的情况，但由于各国都竭尽全力地采取各种措施以确保这样的一些人无法进入其领土，许多其他人的人权不可避免地会遭到侵犯。① 秉持人道主义价值观的人可能会质疑，即便如第三章所主张的那样，移民没有进入某国的人权，不让移民入境的代价是否能够被合理化。因此，国家关闭其边境的权利需要得到强有力的辩护，而本章的目标就是要探讨，提供这样一种辩护在多大程度上是可能的。

---

① 关于对边境如何在实践中得到保护的生动描绘，参见 J. Harding, *Border Vigils: Keeping Migrants Out of the Rich World*（London：Verso, 2012）。

我并不打算制定任何特定的移民政策作为民主国家所要推行的适当政策，当然也并不主张边境应该始终保持开放。这些都是由各国内部的民主手段决定的问题。相反，我在这里的目标是要表明，选择一些移民而拒绝另一些移民的政策是合法的，为此我将概述一些可以证明其合理性的理由，并回应开放边境的倡导者所可能提出的一些反对意见。我在此不考虑这样一些情形，即移民有获准入境的迫切诉求，而这些诉求的重要性超过了国家拒绝接纳他们的权利，并且我也暂不区分挑选移民所依据的正义与非正义的理由——这些问题将被推迟到后面的章节讨论。我想要表明的仅仅是，限制移民的理由可能非常充分，足以抵消强制执行这些限制的确定无疑的成本。

在流行的政治话语中，人们常常断言，对边境的控制直接关系到国家主权。各国拥有主权，也就是说：它们拥有绝对权利来决定在其合法控制的领土内所发生之事，而对跨越边境的管理就是其中的一个方面。提出此种论点的人暗指，我们要么选择拥有国家以及人们通常理解的国家所拥有的一系列权力，要么选择发明某种新的（且未经试验的）政治组织形式。假设是第一种选择，那就没有必要特意证明控制边境的权利是正当的了，就如没有必要证明国家拥有军队或发行本国货币的权利是正当的一样。

然而，这种对主权的诉求来得太急切了。它首先把主权国家当作理所当然的最佳政府形式，这意味着存在一个对一片领土拥有最终和绝对权力的机构，[1]从而排除了对任何可能的替代方案的优点的争

---

[1] 紧随其后的分析参见 F. H. Hinsley, *Sovereignty*, 2nd ed. (Cambridge: Cambridge University Press, 1986), chap. 1; A. James, "The Practice of Sovereign Statehood in Contemporary International Society," *Political Studies* 47(1999): 457–473。

论,而这些方案涉及在较高和较低级别的机构(如联邦体系或欧盟)之间分散权利。它进一步假设,把支持对国内社会行使主权的论点扩展为对尚未成为相关社会成员的人行使权力是没有问题的。即便你同意霍布斯的观点,即除非最高统治者被授予不受限制的权利来统治那些立约建立社会秩序的人,社会秩序才不至崩溃,但这并不意味着他们可以对外国人行使同样的权利——或至少在没有进一步论证的情况下不行。因此,就算我们今天的政治惯例确实将控制边境的权利仅仅视为一个主权事件,但我们仍需更深入地挖掘,以弄清这种做法是否正当合理。

一条更具前景的进路并不诉诸国家主权,而是诉诸领土管辖权的概念。此处的论断是,对特定领土拥有管辖权意味着拥有控制人们迁入那片领土和从中迁出的权利,如此一来,如果一个国家可以合法地行使管辖权,它也就有权遂其所愿地拒绝接纳移民。我们需要对该论断加以一定的剖析:首先,我们有必要确定管辖权是什么以及它是如何产生的,然后我们必须考察它与边境控制之间的内在联系。

对一片领土拥有管辖权意味着主权国家拥有并能行使在该领土上制定和执行法律的权利,这些法律适用于实际生活在该领土内的每个人。正如通常所理解的,这意味着主要的法律文件在整个地区都统一适用,尽管在行使管辖权的国家授权下设立的附属机构有可能制定地方规章制度。其结果是,每当人们在领土上进行交往互动时,不论是人与人之间互动还是凭借他们所拥有的财产进行互动,他们都知道他们的交易将由一套同样适用于所有人的规则所规制,这是正义的必要条件,但不是充分条件。从这个意义上讲,居民受管辖的好处应该是显而易见的,而无须加以详细说明。① 但是,一个国家在何种条件下可正当地宣称拥有领土管辖权呢? 毕竟,世界上的陆地总量是有限的,通过提出这样的主张,国家阻止了其他可能的竞争者在同一个地方建立政治共同体。最值得注意的是,正如上一章所讨论的,那些被地球共同所有权观念吸引的人可能想知道,某一特定机构如何能够宣称拥有管理该空间的某一特定部分的垄断权——尤其是,如果它继而对其已占有的部分的进入情况予以控制的话。

　　我认为,一个国家要合法地宣称拥有对一块领土的管辖权,必须满足三个条件。第一,它必须在相当高的程度上维持社会秩序,并充分保护居民的人权。② 在应用此条件时,标准到底应被设于何处是很难确定的,因为除了其他事项之外,没有哪个国家已经成功清除其领土内的所有犯罪活动。但我们凭直觉可以区分两种情形:一种是运行良好的法律制度提供了一个环境,在这个环境中,大多数居民能够在不遭受个人暴行、偷盗、赤贫等威胁的情况下过上自己的生活;另一种情形则恰恰相反。第二,国家必须代表生活于该领土内的居民。这一

① 我对这些优点作了稍微详细的阐释,参见 *National Responsibility and Global Justice* (Oxford: Oxford University Press, 2007), chap. 8。

② 在这一点上我支持西季威克,他说:"把领土分拨给各国政府的一个主要的正当理由为,防止人类在使用它时相互伤害,要不然这一点都无法得到足够保证";H. Sidgwick, *the Elements of Politics*, 2nd ed. (London: Macmillan, 2007), 252. 关于人权对政治合法性的要求的更为全面的探讨,参见 A. Buchanan, *Justice, Legitimacy, and Self-Determination*(Oxford: Oxford University Press, 2004), pt. 2。另参见 A. Altman and C. Wellman, *A Liberal Theory of International Justice* (Oxford: Oxford University Press, 2009), chap. 1。

要求需要进一步讨论。其基本观念是，民众应该认同国家对他们拥

*60* 有合法的权威，这是为了排除仅仅通过威逼他们就范来建立社会秩序的情况，不论这种情形出自军事独裁者还是入侵的部队，此两者均未获得居民的同意。满足这一条件的一种途径是建立一个民选的政府，从而在很大程度上代表人民。但是，民主并不总是必要的。合法性可通过其他方式授予，比如民众世代效忠于统治家族，或者承认宗教领袖的最高权威。第三个也是最后一个条件是，国家所代表的人民自身应该享有居住在相关领土内的权利。这尤其意味着，一个国家不可通过驱逐一个地区的大部分合法居民，并用本国公民取而代之的方式来确立领土权，即便在人口转移后，它可以宣称代表了大多数现有的居民。

合法的居住权如何得以确立呢？最简单的情形是，有一群人在一片无人居住的陆地上定居下来，然后一直居住在那里：他们的土地所有权似乎是无可置辩的。[①] 但更常见的情况是，在历史进程中，人口的流动和融合引发了关于有权在任何地区确立管辖权的"人民"身份的争论（我们看到这种情况正在发生，尤其是在分离主义运动兴起时）。在这里，政治哲学家们对可以提出领土诉求的基础存有分歧，有些理论援引个人财产权利，而另一些理论则视居住为一种集体权利，但在使一个群体有资格提出正当的居住诉求的特征方面，各种理论又各不

---

① 我能想到的挑战的唯一来源，将会是一种对地球共同所有权的诉求，但在前面一章中，我考虑并摈弃了可能被用于发起一个挑战的那个版本的观念（联合所有权与平等所有权）。

相同。① 在其他地方,我曾为一种民族主义的观点辩护,这种观点主要将居住权赋予那些拥有共同民族身份的群体,而随着时间的推移,这些群体已经改造了所涉及的土地,并通常赋予其物质性与象征性的价值。② 我将很快回来讨论民族认同在对移民问题的思考中所发挥的作用,但就当前目标而言,关于居住权来源的讨论还不如居住权与管辖权之间的联系那么重要。如果某个群体享有在某一地区居住的权利,那么一个代表该群体并满足管辖权的首要条件——维持社会秩序与保护人权——的国家,就有权行使这种管辖权。

　　按照传统的理解,领土管辖权至少带来了两种更进一步的权利:控制和使用领土所包含的资源的权利,以及控制货物和人员跨境流动 *61* 的权利。这三种权利被捆绑在一起作为"领土权利",并归属于国家。但捆绑的理由可能并不明显:这三种权利必须由一个单一的机构集中拥有,这是没有逻辑必然性的。例如,将领土内的资源管理权移交给一个国际机构,而法律管辖权仍然属于相关国家,这一想法并没有什

---

① 对这一问题的讨论作出过重要贡献的包括 A. Kolers, *Land*, *Conflict and Justice* (Cambridge: Cambridge University Press, 2009); T. Meisels, *Territorial Rights*, 2nd ed. (Dordrecht: Springer, 2009); M. Moore, *A Political theory of Territory* (Oxford: Oxford University Press, 2015); C. Nine, *Global Justice and Territory* (Oxford: Oxford University Press, 2012); A. J. Simmons, "On the Territorial Rights of States," *Philosophical Issues* 11 (2001): 300 - 326; H. Steiner, "Territorial Justice and Global Redistribution," in the *Political Philosophy of Cosmopolitanism*, ed. G. Brock and H. Brig house (Cambridge: Cambridge University Press, 2005); A. Stilz, "Why Do States Have Territorial Rights?," *International Theory* 1(2009): 185 - 213. 关于对此讨论的概述,参见 D. Miller and M. Moore, "Territorial Rights," in *Global Political Theory*, ed. D. Held and P. Maffetone(Cambridge: Polity Press, forthcoming)。
② 最充分的讨论可见于 D. Miller, "Territorial Rights: Concept and Justification," *Political Studies* 60(2012): 252 - 268。

么明显的错误。这样的一个建议可能面临着严重的实际困难，但这些困难需要详细说明。同样的情形也适用于边境限制：管辖权也要求对入境进行控制，而这并不是不证自明的。一个公园可能有一套园内行为管理规定，公园管理员可强制执行这些规定，但也不能对谁进入而谁不进入公园实施任何控制。那么，领土管辖权又有何不同呢？

至少存有争议的是，任何名副其实的法律制度都要求其所辖人口满足一定程度的稳定性。为了指控罪犯、传唤证人、委任陪审团等，大多数人必须住在已知的居住地。然而，这一要求只对移居的程度施加了一个在实践中不太可能被逾越的弱约束。为了找到一个更强的约束，我们必须超越单纯的法律制度的观念，考虑由一个现代民主国家所承担的全部社会责任。换句话说，我们必须考虑就业、住房、教育、医疗保健、社会保障等。所有这些都是国家管辖范围内的事项，而这产生一些法定权利，以确保其享有者获得有关的服务。其中的某些权利还称得上是人权。① 因为如前所述，国家的合法性正取决于它保护所有在其领土内的人的人权的能力，故这一责任也应当延伸至移民的权利。② 一个国家可能被允许扣下新近抵达的移民的某些关于就业、医疗保健和其他福利的权利——该问题将在后文中加以详细讨论——而不能剥夺那些足以算得上人权的基本权利。因此，如果有一

---

① 正如我在第二章中所解释的，在此情境中，我们可将人权视为公民权利的一个子域。

② 布莱克（Michael Blake）已经诉诸此观念而提出一个被用以证明国家拥有拒绝接纳移民的权利的论点，而该权利又取决于拒绝承担不想要之义务的权利，亦即那些在满足移民的基本权利时所产生的义务。参见 M. Blake, "Immigration, Jurisdiction, and Exclusion," *Philosophy and Public Affairs* 41(2013)：103-130。

位移民在交通事故中严重受伤,或者遭歹徒袭击,那么公共卫生服务
机构(或同等机构)必须为其治疗。同样地,作为管辖权的一个方面, *62*
国家必须提供足够的就业、教育等机会,以保护其所接纳的移民的权
利。正如我在第一章中所论及的,这是现代自由社会区别于在其之前
的 19 世纪社会的主要特征之一,而在后一种社会中,除了享有法律所
提供的基本保护之外,移民只得自谋生计。

那么我们是否就能由此推导出,管辖权应当包含控制人口流入的
权利?从最严格意义上讲,并不包含,因为一个国家可以选择预先投
入资源,以满足所有可能希望进入的人的权利——让我们注意,这可
能是一个非常苛刻的决定。因此,为了充分证明关闭边境的权利为正
当的,关于管辖权的论证需要由关于自决权的论证来补充。① 我在此
处所说的自决权,是指一群民主的公众在人权所规定的范围内作出一
系列广泛的政策选择的权利。其中,最重要的选择正是那些涉及住房、

---

① 韦尔曼(Kit Wellman)提出一个稍有不同的论点,该论点也支持诉诸自决的关闭边境
的权利。韦尔曼的策略是,论证自决必然要承认人们享有联合自由的权利,包括不与
不受欢迎的人联合的自由。然而,在解释不联合的自由为何在国家以及更小、更亲密
的共同体的层面上非常重要时,他诉诸我在此所给出的某些相同的因素——例如,新
来者所可能引起的不受欢迎的文化改变。因此,我们的论点有一些共同点,尽管韦尔
曼 的 出 发 点 有 所 不 同。参见 C. Wellman, "Immigration and Freedom of
Association," *Ethics* 119(2008 - 2009): 109 - 141; C. Wellman and P. Cole,
*Debating the Ethics of Immigration: Is there a Right to Exclude?* (New York:
Oxford University Press, 2011), chap. 1. 关于对韦尔曼的挑战,参见 S. Fine,
"Freedom of Association Is Not the Answer," *Ethics* 120(2009 - 2010): 338 - 356;
M. Blake, "Immigration, Association, and Anti-Discrimination," *Ethics* 122(2011 -
2012): 748 - 762; S. Fine and A. Sangiovanni, "Immigration," in *The Routledge
Handbook of Global Ethics*, ed. D. Moellendorf and H. Widdows(Abingdon:
Routledge, 2014). 我自己拒绝韦尔曼进路的理由可见于 *National Responsibility
and Global Justice*, 210 - 211.

学校、医院等方面的公共支出水平的选择(我稍后会回来考虑文化的选择)。基于刚才所给的理由,既然移民率与移民的个体特征(比如,他们可能的教育与健康的需求)将会影响所有这些措施,那么移民控制就是掌握在民众手里的一根必不可少的杠杆。如果失去那根杠杆,它就会失去对那些支出的控制,除非它决定放弃自由原则,剥夺移民的这些基本的服务。[①] 为了避免产生误解,这里所提出的观点并不是说一个自决的政治共同体必须关闭其边境,而是它必须拥有控制其边境的权利,以便在不侵害它选择准许入境的人的人权的前提下,保留一系列有意义的政策选择。

在这一点上,批评者可能会争辩说,自决权的价值不足以证明关闭边境为正当的,如果考虑到这么做的人力成本的话。在本章的第二部分,当我考虑针对关闭边境的理由所提出的挑战时,会考察这一论断。现在,我将假定自决权,尤其在它采取民主形式时,具有相当大的价值,并进一步考虑可能要求实施边境控制的一些方式。接下来所要注意的是,当移民被准许入境时,他们的出现将随着时间的推移而改变公民团体的构成,或换言之,改变"自决"中的"自我"。和前面一样,我在这里假定,所有成为永久居民的移民在一段适当的时间过后都应该有资格申请公民身份,除非因严重犯罪而丧失了资格。同样合理的假设是,他们的参与将极大地改变民众所作出的决定,因为移民不会简单地复制土著居民的信仰、价值观、利益以及文化偏好等。当前,自决权通常被

63

---

① 但是,有人会说,移民所产生的应税收入足以为他们所需的公共服务买单。这种情况确实可能会发生,但也可能不会。在这里,请记住,我们正在考虑的并非是一种精心制定的移民政策,这种政策根据移民的未来就业前景来挑选一定数量的移民,而是由一个现代自由国家所实施的一种开放边境政策可能带来的后果。

理解为包含控制决策团体的成员资格的权利,但须符合通常的人权限制条款。理解这一点的一种方法是,想象一个想要与其邻国合并的国家:我们通常会假定,第二个国家拥有拒绝的权利——这是自决权所要求的。它不能被要求将其公民团体与其邻国的公民团体融合在一起。但是,自决权为何一开始就很重要呢? 其主要的价值在于,它让我们作为公民,在一定程度上控制我们的政治共同体将来所要发生之事。我们可以制定长远的计划,比如建立濒危动植物物种保护区,或者投资建设主要造福子孙后代的基础设施。但是,如果公民团体构成发生改变,就意味着这些决定将在以后被推翻,那么这种规划将会受挫。

批评者在此可能会再次提出反对意见,即没有哪个自决的公民团体可完全保护它自身免受导致其现有决定被撤销的变化的影响。当前多数派的一些成员可能只是改变了他们的想法。代际更替多半会产生一群新的民众,他们的价值观和优先考虑的事项可能是不同于其前辈的。既然我们无法剥夺我们子孙的权利,也就无法确保他们一定不会改弦易辙。[1] 但请注意,作为一个可观察到的事实,教育与社会化的正常进程将意味着,在我们的思想与他们的思想之间存在着很大程度的连续性,除非创伤性事件(traumaticevents)(比如,大屠杀与纳粹主义的挫败)导致一种公共文化的代际断裂。[2] 移民的情况则不同。

---

[1] 这一点得到了强调,可见于 S. Scheffler, "Immigration and the Significance of Culture," *Philosophy and Public Affairs* 35(2007): 93 – 125, repr., S. Scheffler, *Equality and Tradition*(New York: Oxford University Press, 2010)。谢弗勒(S. Scheffler)将我们的后代称为"未来的移民"。

[2] 关于一种强调"有持续重大影响的制度与惯例"所起作用的文化传播的解释,参见 A. Patten, *Equal Recognition: The Moral Foundations of Minority Rights*(Princeton, NJ: Princeton University Press, 2014), chap. 2。

当然，他们将受到文化的压力，从而采纳接受国社会的某些规范，并且
这一进程可受助于正式的公民教育，后者本身就是取得公民身份的前
奏。但是，正如我在第一章中所论及的，在现代自由社会中有这样一
个假定，即这种影响不会扩展到所有文化领域。与此相反，移民被鼓
励既要保留又要颂扬他们带来的一些文化特征——他们的服饰风格、
音乐、宗教节日以及语言等。公民团体现在包含少数群体，后者可非
64 常正当地要求政策转变，以适应他们的文化需求，比如公共补助或者
改变工作周的模式。从大多数土著居民的视角来看，这些需求可能是
受欢迎的，也可能是不受欢迎的——这要依情况而定。移民往往可以
给一种以往单调的民族文化增添些趣味。显而易见的是，自由选择
的范围已受到限制，因为公民团体中增加了新的成员，如果要遵守平
等对待和尊重少数群体利益的基本自由原则，就必须满足新成员的
要求。移民的数量越大，移民的文化背景越多样化，这些限制就会越
严格。

准许移民入境还可能以另一种截然不同的方式影响着民主的自
决权。有证据表明，政治共同体成员之间的文化分歧可能降低人际间
的信任和对政治制度的信任。这种降低绝不意味着民主的终结，但它
可能改变民主制度的运行方式。① 这些制度变得不太可能以这样一

---

① 关于普遍信任的出现或缺失如何影响民主运行的讨论与论据，参见 R. Putnam, *Making Democracy Work：Civic Traditions in Modern Italy*（Princeton，NJ：Princeton University Press，1993）；T. Tyler，"Trust and Democratic Governance," in *Trust and Governance*，ed. M. Levi and V. Braithwaite(New York：Russell Sage Foundation，1998)；M. Warren，"Democratic Theory and Trust," in *Democracy and Trust*，ed. M. Warren(Cambridge：Cambridge University Press，1999)；P. Lenard，*Trust，Democracy，and Multicultural Challenges*（University Park：Pennsylvania State University Press，2012），尤其是第二章。

种协商的方式运行,即参与者以公平对待所有受到影响之各方的总体原则为指导,试图达成一种关于应该做什么的共识。协商要求确信的是,你在寻求达成一种协议时所愿意作出的让步将会得到其他参与者的回报,并且参与者真诚地给出支持其要求的理由,如此等等。如果信任缺失,协商很可能被每个群体的基于自利的讨价还价所取代,而其结果也只能反映他们之间权力的均衡。这有很多副作用。一个是社会提供公共益品的可能性变小了,因为充满猜疑的群体代表宁愿讨价还价,争取只由他们自己的成员享用的益品。① 另一个是,涉及有利于穷人的经济再分配的政策变得难以获得支持,这同样是因为社会正义的总体原则被群体特定的要求所取代。

因此,信任对于运行良好的民主社会而言非常重要,但这与移民问题有什么关系呢? 移民的影响通常是增加东道国社会的族群与宗教多样性,正如我们在第一章所看到的,大多数社会科学家认为,其进一步的影响是减少人际信任。② 然而,这种关联并不简单。一个可变因素是,社会随着新来的少数群体在城市聚居区内不断集聚而变得隔离的程度——或者另一方面,通过参与超越族群和宗教分歧的志愿协会和政治运动而实现融合的程度。③ 另一个可变因素则是,是否存在

---

① 关于族群多样化对公共益品供应的影响的论据,参见 A. Alesina, R. Baqir, and W. Easterly, "Public Goods and Ethnic Divisions," *Quarterly Journal of Economics* 114 (1999): 1243 – 1284。

② 参见本书第 13 页注释 1 所引述的资料来源。

③ 参见 M. Marschall and D. Stolle, "Race in the City: Neighbourhood Context and the Development of Generalised Trust," *Political Behavior* 26(2004): 125 – 153。关于(在美国)公民参与度下降对社会信任的影响,目前的经典研究有 R. Putnam, *Bowling Alone: The Collapse and Revival of American Community* (New York: Simon and Schuster, 2000)。

一种包容性的民族认同，这种认同可以提供一种超越宗派认同的纽带。因此，通过鼓励融合与促进共同的身份认同（我在第八章中更加详细地讨论了这一点），公共政策可被用于抵消移民对信任可能产生的破坏性影响。我们应该得出的结论不是立即停止移民入境，而是应该将信任度的下降及其接踵而至的政治后果纳入其可能的成本之中——要不就纳入确保融合成功的必要措施所付出的成本之中。正如我在第一章中所指出的，当计算成本与收益时，对移民的经济评估往往把这些因素排除于方程式之外。一种关于移民群体的规模与构成的民主决策需要将之包含在内。

让我们用各国可能据以控制移民潮的另一个理由来结束本部分的讨论：其人口的总规模。① 作为一个有待民主决定的公共政策问题，人口规模的重要性是不言而喻的，不论接受国是一个想要通过垦殖新土地来发展其农业基础的人口不足的国家，还是一个试图限制其住房存量或纾解交通系统压力的人口过剩的国家。到目前为止，这只是一个国内政治优先事项的问题，其将欢迎还是阻止移民则要视情况而定。但是，一个更大的问题在于全球的人口规模。现在似乎明确的是，除了采取其他措施以遏制全球变暖和资源枯竭之外，当前的主要任务之一是防止人口规模增长超过目前的 70 亿。事实上，我们有理由认为，地球环境足可支撑的人口规模要远远少于 70 亿，所以目标应该是，逐渐减少现有人口数量，直到达到这个点。当然，移民并不直接

---

① 关于对移民控制与人口规模之间关系的一种广泛得多的论点，参见 P. Cafaro, *How Many Is Too Many? The Progressive Argument for Reducing Immigration into the United States* (Chicago and London：University of Chicago Press, 2015)。

影响全球人口规模。但是,只有各国同意根据国际条约的条款限制其国内的碳排放,全球变暖问题才可得到有效遏制,因此,只有每个国家都为它本国的人口规模设定一个目标(因为某些国家会发现难以阻止人口进一步增长,所以其他国家应该以缩减它们的人口规模为目标),人口增长才会停止。如果边境保持开放,这样的一种政策无法真正得以推行,尤其是一个社会为限制其人口数量而尝试采取类似于中国独生子女政策(现已被废除)的严格措施的话:倘若移民同时又可以随心所欲地自由进入,甚至连此种政策的一个不那么严苛的版本也必然会被公民拒绝。

　　针对这些观点,人们有时会争论说,如果人们从贫穷国家移居到富裕国家,他们就很可能生育更少的孩子,因为他们将适应新环境的社会规范(这可能不会立即发生,但让我们假定,随着时间的推移终会发生)。然而,如果人口增长问题主要因为其对全球变暖和资源枯竭的影响而显得事关重大,那么采用西方生活方式的移民将因其对能源的需求而消耗得更多,并产生更多的碳排放:因此,即便家庭规模缩小,移民对环境的净影响也可能是负面的。当然,有人可能认为,真正的解决方法是,改变每个人的生活方式,使其不再具有当今富裕国家模式所导致的全球灾难性的影响,但在那种情况发生之前,移民很可能对于整个地球而言就是坏消息,尽管它确实减少了移民组建大家庭的动力。正如我之前所说,限制人口增长的政策、减少温室气体排放的政策以及确保自然资源可持续利用的政策,并不是彼此的替代品,而是必不可少的互补品。各国需要协同推进所有这三项政策,如果要有效地做到这一点,移民控制就是它们必须自行掌管的工具之一。

66

93

　　到目前为止，我在本章中已经阐述了授予国家控制边境权利的主要的积极理由；在余下的部分中，我想通过思考针对我刚才概述过理由的三个挑战来进一步扩展这一论点。第一个挑战认为，关于民众文化构成的论点错误地假定，如果没有移民，我们将会有一个文化上同质的公民团体——而事实上，自由社会已经表现出高度的文化多样性。① 第二个挑战坚称，即使移民限制了自决权的范围（如前所述），政治自决的价值也没有重要到足以超过移民可能提出的迫切诉求。②

67　　第三个挑战是，拒绝接纳移民是一种胁迫，任何国家都没有理由在未经外来者同意的情况下胁迫他们。③ 为了回应这些挑战，我希望支持基于民族自决的理由而采取可能具有限制性的移民政策。

　　第一个挑战指出了这一事实，即自由民主社会几乎无一例外地是多元社会，它们不仅在历史上被分成亚区域（甚或在某些情况下为亚国家），而且它们在既未分崩离析，也没有丧失其民主资格的前提下已

---

① 这种挑战不仅由开放边境的提倡者所发起，还由某些认为移民控制是正当的人所发起，包括布莱克（Michael Blake）和佩夫尼克（Ryan Pevnick）；M. Blake, "Immigration," in *A Companion to Applied Ethics* ed. R. Frey and C. Wellman (Oxford：Blackwell, 2003), 232 - 234；R. Pevnick, *Immigration and the Constraints of Justice* (Cambridge：Cambridge University Press, 2011), chap. 6。两位作者也都认为，援用文化为限制的一个理由，冒有贬低不构成主流文化的现有公民的风险。关于此讨论，可见于 J. Carens, *The Ethics of Immigration* (New York：Oxford University Press, 2013), chap. 12。

② 关于此种挑战的不同版本，参见 S. Fine, "The Ethics of Immigration：Self-Determination and the Right to Exclude," *Philosophy Compass* 8(2013), 262 - 264；Fine and Sangiovanni, "Immigration," 199；J. Hidalgo, "Freedom, Immigration, and Adequate Options," *Critical Review of International Social and Political Philosophy* 17(2014)：212 - 234。

③ 这一挑战特别由阿比扎德（Arash Abizadeh）所提出，可见于 A. Abizadeh, "Democratic Theory and Border Coercion：No Right to Unilaterally Control Your Own Borders," *Political Theory* 36(2008)：37 - 65。

经成功吸纳了来自广泛文化背景的大量移民。因此,即便有理由支持
文化同质,也没有机会实现它。再者,只要几乎每个人都愿意遵守民
主的游戏规则,在必须作出非此即彼的选择时都愿意接受大多数人的
决定,多样性为何会成为一个问题呢?

为了回应这一挑战,就移民问题讨论的意义而言,我们需要更仔
细地审视"文化"的含义:这个词本身就有多重歧义。一个重要的区别
存在于私人文化与公共文化之间。我所说的"私人文化"是指一个人
对自己生活中有价值的东西的信念:应如何着装,应吃什么食物,应如
何处理人际关系,应信奉何种宗教,何种形式的艺术或音乐值得体验,
等等。相比之下,我所说的"公共文化"是指关于更广泛的社会所应体
现和追求的价值的一套共同的(重叠而非完全相同的)信念:人们应如
何在公共场合中行事,这个社会应引以为傲或引以为耻的是什么,它
应拥有何种政治制度,社会的未来目标应是什么,等等。显然,这两种
形式的文化并非是相互隔绝的。一个人的私人价值观很可能影响到
她的公共态度。但这种区分很重要,因为各种不同形式的私人文化平
常可以相安无事,而公共文化则需要高度趋同,如果社会要在不出现
严重冲突的情况下正常运行的话。简单地说,一个人可能生活在由人
数大致相等的肉食者和素食者所构成的国家之中,①但这个国家不可
能由人数大致相等的民主主义者和神权主义者所构成。因此,问题不
仅在于文化多样性的程度,还在于所涉及的多样性的类型。

另一个区别也值得注意。人们可以从内容上审视一种文化,正如
我在前一段中所做的那样。但是,人们也可以把文化看作身份认同的 68

---

① 也就是说,只要没有任何一方希望将自己的信念强加于另一方。

来源。当一种私人文化被很多人共享时，正如经常发生的那样，以此种方式形成的文化群体是否变得具有排他性和独立于其他群体，这一点很重要。这里担心的是通常所谓的"平行社会"（parallel societies）的形成，该社会中的少数群体退回到飞地（enclaves），与自己共同体以外的人鲜有接触。① 比如，由于语言或宗教的差异，这种情形可能会发生。然后，两种后果可能随之而来。一种是，这样的一些群体可能不再参与他们社会所共享的公共文化，仅仅是因为他们与之很少接触。他们信息和价值的来源是不同的；他们认为没有必要与自己圈子以外的人开展任何形式的政治交往。另一种是，群体间的信任度下降，因为当人们与那些被认为属于一个封闭的文化群体的人没有很多接触时，很容易对该群体形成负面的刻板印象。

这对移民有何种影响？关键的问题是，移民将带来的文化多样性的类型与规模。移民有多大可能形成独立于社会其他部分的自给自足的群体？如果他们这么做，对公共文化又有何种影响？移民的数量在这里非常重要，因为移民数量越大，形成文化飞地的机会就越大，为使移民融入公共文化而设立的机构需要做的工作就越多。因此，问题不在于多样性本身。我们可能同意这样一种观点，一个社会拥有更多

---

① "平行社会"这个词是由托马斯·迈耶（Thomas Meyer）所普及开来的，可见于 T. Meyer, "Parallelgesellschaft und Demokratie," in *Die Bürgergesellschaft : Perspektiven fur Bürgerbeteiligung und Bürgerkommunikation*, ed. T. Meyer and R. Weil（Bonn：Dietz，2002）。对于移民导致平行社会形成的可能性究竟有多大，我在这里不持任何立场。关于北美与西欧地区移民居住隔离政策的富有帮助的概述（它揭示了各共同体间存在相当大的差异），参见 R. Alba and N. Foner, *Strangers No More : Immigration and the Challenges of Integration in North America and Western Europe*（Princeton，NJ：Princeton University Press，2015），chap. 4。

样化的私人文化肯定是一件好事，当然不会是有害的。真正的问题存在于私人文化与公共文化的交叉区域——在此区域中，在公共事务上达成一致变得更加困难，因为人们在处理这些事务时是基于相互冲突和私下持有的信念和价值观——以及带有独特、排他性的文化认同所可能导致的疏离效应。

隐藏在这些担忧背后的是一些关于一个民主社会应如何正常运作的假设，通过思考针对关闭边境的第二个挑战，即对政治自决权之价值的质疑，这些假设就能得以阐明。

在当前的语境中，"自决权"是什么意思呢？我们不应该把它与民主混同起来，认为它是一种制定政治决策的制度机制，即便以这一方式得到理解的民主将通常是实现自决的最佳手段。自决权假定存在一个群体——"自我"。它具有足够的凝聚力，以至于人们可赋予它一系列的目标和价值观，这些目标和价值观被成员视为其集体认同的组成部分，即便没有哪个成员可能赞同它们全部。这个群体是自决的，能够依照这些共同的目标与价值来组织其活动、塑造其环境：其成员可以感觉到，他们掌管着自己的命运。为何总体上自决权是有价值的，这一点并非为不可理解之事。请设想有一家剧团，其成员想要创作某一特定类型的实验戏剧。如果达到这一程度，即他们能够决定上演哪出戏、在哪里表演、谁饰演哪些角色等，那么他们就能感觉到，他们正在追求其所信奉的价值。如果这些事情都由一个掌管经济大权的经理来决定，但他并不能以相同的方式理解该群体的目标，那么他们的抱负将会受挫。当我们上升到国家层面，考虑为何自决权对于现代国家的公民非常重要时，尤其当他们作为个体影响社会未来方向的机会远远小于每个演员决定剧团应如何发展的机会时，真正的问题在于，相同的情况是否也同样适用。

首先要注意的是，它实际上确实很重要。约翰·斯图亚特·密尔曾经说："可能证明任何东西是值得拥有的唯一证据是人们确实渴望得到它。"①这可能言过其实了，但在思考民族自决的价值时，观察人们为了得到自决权而愿意去做的事情肯定具有相关的参考性。请考虑去殖民化的现象：为何人们一直如此渴望摆脱殖民统治，并渴望由那些被他们视作同胞的人来统治，即便鲜有证据表明他们的统治水平会因而真正有所提高？如果你认为，最好由和你有共同目标与价值观的人来统治，就算他们在实施统治时并不特别有效果，这样的一种渴望就是有意义的。至少你能认同其所作的决定，而不论其结果如何。或请考虑民主国家内的分离主义运动：比如，加泰罗尼亚人、苏格兰人、魁北克人所提出的自治诉求。我们或许不认为这些诉求是完全合理的，但我们不难理解它们。当魁北克的民族主义者声称，他们想要成为"我们的主人"（Maître Chez Nous）时，这个愿望是完全可以理解的：我们是我们自己的人民，我们想拥有决定这里发生什么的权利。如果我们最终认定，这些民族没有理由提出一种完全独立的正当诉求，这并不是因为它们对自决权的渴望是非理性的，而是因为它们已经在这种表达中对自我持有一种太过狭隘的看法，没有承认其与一个同样拥有合理的自决诉求的更大民族之间深厚的历史联系。

尽管有大量令人印象深刻的证据表明了自决的主观重要性，但批

---

① J. S. Mill, *Utilitarianism*, in *Utilitarianism*: *On Liberty*; *Representative Government*, ed. H. B. Acton(London: Dent, 1972), 32.

评者可能争辩道,在民族层面上,它在很大程度上是虚幻的。他们会说,即使政治制度是民主的,所作的决定也至多反映大多数人的看法,而非整个民族的看法。但这低估了一个运行良好的民主社会所能实现的目标。正如我所认为的,它可以以协商为目标,听取和考虑少数群体的意见,并尽可能以共同立场为基础作出决定。当然,就此而言,共同立场的范围需相当广泛才行,这就是为何协商形式的民主在很大程度上依赖于在公共文化背景下所达成的高度一致性。现代民主应当主要通过代议制的方式得以实现(尽管凭借公民陪审团、协商性民意调查和其他征求知情公众意见的手段,有越来越多的机会通过直接参与来对此进行补充)。就这些情况下的自决权而言,非常重要的是,所作决定的背后理由应公之于众,以便那些不直接参与决策的人能够理解,并在最好的情况下接受这些决定。

虽然我认为,人们在属于一个自治的政治共同体方面有着重要的利益,但我并没有说共同体实际存在一种自决的权利。我就此打住,不再继续往前迈一步,因为任何特定的人能够在多大程度上享有她所寻求的集体自决将依环境而定——包括她所认同的群体是否承认她是其中一员,而假若它承认了,自决在事实上能否成为一个可行的选择(它可能缺少必要的资源,或不可避免地受到某个更大群体的支配)。谈论权利显示出比这里可能具有的更大的确定性。但是,如果 71 自决是一种利益而非一种权利,那么在冲突的情况下(例如,因我在上文中所详细讨论的理由,一个自治的共同体想要拒绝接纳一些移民),为何它应当要比那些想要移民的人的竞争性利益更为重要呢?不论现有公民多么重视控制其共同体的未来形态和规模,为何这一点要比一个移民在移居到一个他能够享有对他而言最重要机会的地方所可能具有的重要利益更为重要呢？①

然而，请注意提出此问题的视角。它隐含地假定了一种强式的世界主义承诺，即当利益发生冲突时，不管它们是谁的利益，都会受到同等的重视。与此相反，如果我们认为我们对自己的同胞负有特殊的义务，那么我们所需要做的就是根据第二章所捍卫的弱式的世界主义原则，对未来的移民的诉求给予适当的考虑。我们没有必要将她的诉求与同胞的诉求等而视之（她当然将向她自己的同胞提出特殊的诉求）。② 毫无疑问，她的诉求的强度会有所不同。一个极端的情形是，她可能只是有兴趣搬到一个更合乎心意的文化环境中。另一个极端的情形是，她的人权可能面临着威胁，只能通过移民才能解决；或者，另一种不同的情形是，她可能有权根据已经达成一致的政策入境。在后面这些情形中，她的诉求很可能强烈到足以超过现有公民的更为常规的利益，譬如他们希望避免太过拥挤。这是一个需要在政治共同体内部加以讨论和决定的问题。正义所要求的是，某一特定移民（或移民群体）在入境方面的利益与公民在自决方面的利益应得到适当评估和权衡，但在权衡过程中，一定程度上的同胞偏袒是允许的。

在得出此结论时，我一直假定的是，一个拒绝准许移民入境的国家只是扣下了一种它可能本该给予的利益。但是，这种描述情况的方

---

① 法恩(Fine)强调了竞争性利益的问题，可见于 Fine, "Ethics of Immigration"；Fine and Sangiovanni, "Immigration"。

② 这一点在伊达尔戈对该问题的其他敏锐的讨论中被忽略了，见 Hidalgo, "Freedom, Immigration, and Adequate Options"。伊达尔戈承认，各国拥有一种拒绝接纳入境移民的权利，但他认为，他们被准许入境所产生的利益表明，拒绝接纳他们在道德上是错误的。这就假定，这些利益对于接受国的公民而言应当非常重要。（伊达尔戈还假定，对移民的拒绝接纳是一种强迫行为，这将在本章的后面予以讨论。）

式受到了阿拉什·阿比扎德(Arash Abizadeh)的质疑,他认为,当一个国家实施边境控制时,它强迫了所有那些可能被准许入境的人——不仅包括那些实际上尝试进入的人,甚至还包括那些没有特定意愿这么做的人。① 他主张,由于边境控制是强迫性的,所以必须得到一个包括本国人和外国人都在内的团体的民主表决,因为只有在这种情况下强迫才是合法的。其结果是,没有哪个国家有权单方面关闭其边境。正如阿比扎德所说的:"控制制度最终必须对本国人和外国人证明其合理性。因此,倘若存在世界性的民主制度,而在此制度下,边境具有针对公民和外国人的真正的正当理由,一个国家的边境控制制度才获得合法性。"②

阿比扎德的观点在此依赖于两个主要的前提:要使强制行为合法化,它就必须在包括所有受其强迫的人在内的民主论坛上证明其正当性;并且当国家拒绝准移民的入境请求时,它就在强迫他们了。我要说的大部分内容都与第二个前提有关,但有必要花一点时间来讨论第一个前提。暂且假定对强迫某个人的含义存在一种直观性理解,那么强迫似乎并不总是需要民主的正当理由。事实上,我们也清楚强迫行为并不需要事先的正当性证明:强迫往往仅根据其后果被证明为正当的。如果我遇到某个人正在殴打一个小孩,并且我使用强制力使他停

---

① 我在此主要关注阿比扎德,但移民控制是强迫性的这一观点已经被很多作者接受,包括一些想要为边境限制作辩护的人。参见,例如 M. Blake, "Distributive Justice, State Coercion and Autonomy," *Philosophy and Public Affairs* 30(2001): 257 - 296; Blake, "Immigration, Jurisdiction, and Exclusion"; T. Nagel, "The Problem of Global Justice," *Philosophy and Public Affairs* 33(2005): 113 - 146,尤其是 129 - 130.

② Abizadeh, "Democratic Theory and Border Coercion," 48.

下来，那么就没有必要特意向任何人证明我的行为是正当的，尤其是向殴打小孩的人。如果我的朋友晚上喝得酩酊大醉，还说要开车回家，这种情形同样适用。当我没收他的车钥匙并把他塞进我的车后座时，我甚至无须征得他的同意，更不用说得到某个民主团体的同意了。①

那么，我们为何认为，当国家将其法律制度强加于我们时，它所实施的强迫需要通过民主的手段来合法化呢？② 此处的两个关键方面是，首先，强迫的威胁无处不在，因为国家通过其所施加的约束和要求来安排我们的整个存在。于是，国家威胁要主宰我们：使我们按照它的而非我们自己的生活方式去生活。其次，究竟是否需要任何特定的监管，或者如果需要的话，应该采取何种形式，这一点往往是有争议的。我在上一段中所举的例子简单明了。没有人能够怀疑在我所描述的案例中采用强迫手段是正当的。但是，当国家要求我们纳税、接受教育或参加战争时，立场就不那么明确了。甚至连那些承认这些总体目标是合法的人，也可能对在特定情形下追求这些目标的方式持有强烈异议。民主，假定它是有效的话，通过要求公民自己表达其赞成的态度，将强制力的使用限定于那些它真正被需要用来维护正义和促进公民福利的情形中。

因此，强迫需要民主合法化这一论点只在特定的条件下才站得住

---

① 有时人们认为，在这样的情形中，醉酒的人已默许在所述情况下被强迫，但我不明白为何一定要这么假定。我不顾我的酩酊大醉的朋友的意愿而开车将他送回家，肯定足以避免一场潜在的灾难。

② 出于论证的目的，我同意这一点，尽管我怀疑它是否正确。在本章早些时候，我概述了一种关于合法国家管辖权的观点，此权利并不要求民主是其组成部分之一，提出的是一种较为弱式的要求，即国家应当代表人民行使其管辖权。

脚,其典型地体现于国家与其公民的互动中。那么,国家与外国人的关系如何呢?如果国家对外国人实施强制,它就应当准许他们进入民主论坛吗?似乎并不存在这样的普遍要求。当国家以武力击退一支入侵的军队时,肯定涉及诸多强迫行为,故它就不必与入侵者进行民主协商以证明其所做的是正当的。如果现有居民有权在这片领土内居住,而国家是经其授权的代表,那么入侵者就无权破坏既定的政治秩序,事情就此结束。当国家拒绝接纳一个被它合理视作对其公民构成威胁的个人时,这一点也同样适用。但是,移民的情形或许有所不同,一般来说,他们不构成此类威胁。我已经说过,如果他们的入境要求被拒绝,他们有权获得对此拒绝的解释。这必须包括建立一个民主论坛来讨论国家的移民政策吗?

在这里,我们有必要考察阿比扎德所依赖的第二个前提,即移民控制必然是强迫性的。① 通过关注各国用以对付试图规避移民规则限制的人而强制执行移民规则的手段,我们很容易得出这个结论,因为这些手段往往确实涉及强迫。当有人被戴上手铐、送上飞机,并被遣返到他们的原籍地,或者他们所乘坐的船只被强制掉头返回到船籍港口时,这些都可以被正确地描述为强迫性措施。但问题是,拒绝接纳本身,而非被用于强制执行它的手段,是否是强迫性的。不妨在此设想一个多半为假想的情形,即一个国家沿其边界直接竖起一道不可

---

① 在接下来的内容中,我借鉴了我在以下文章中更加详细的讨论,见 D. Miller, "Why Immigration Controls Are Not Coercive: A Reply to Arash Abizadeh," *Political Theory* 38（2010）：111 - 120。阿比扎德对此的回应见 A. Abizadeh, "DemocraticLegitimacy and State Coercion: A Reply to David Miller," *Political Theory* 38(2010)：121 - 130。

逾越的屏障,以使未经许可而设法进入的人发现他们的去路被封锁了。当他们只得折返时,他们是否被强迫了呢?为了回答这个问题,我们需要理解强迫的含义是什么,以及为何对它的运用需要特殊的正当理由。

74 　　强迫的主要情形是,行为人 A 迫使行为人 B 去做一些他本不会做的事情,威胁 B 如果他不服从,就会造成一些不良的后果;而所涉及的事情是 A 希望完成的事情。① 因此,一个抢劫犯持刀威胁他的受害者,强迫她交出钱包,而这是她本不愿意做的。当强迫成立时,A 就将其意志强加于 B;B 的行为不再是她自己的行为,而是只能按照 A 的命令去做的行为。由于我们一般认为人们应该具有自主性,而强迫只要持续下去就会剥夺他们的自主权,所以存在一个反对强迫的强有力的推论——然而,此推论有时可能被推翻,正如我在殴打小孩者和喝醉的朋友的例子中所表明的那样。

　　强迫需要与预防/阻止(prevention)区分开来。当我强迫某个人时,我就将她的选项缩减至我想要她做的一件事——比如,交出钱包。当我阻止/预防(prevent)某人做某事时,我就从现有选项中移除一个,但还留有其他可供选择的选项。如果我阻止一个陌生人进入我的住宅,他仍有许多可供选择的住处。因此,一般而言,相对于强迫,预防所需的正当性理由要少得多。它需要多少,则可能取决于正被阻止的

---

① 强迫是一个很难精确定义的概念,因此本具体说明只作为一个粗略描述。为了更彻底地分析它,可参见 R. Nozick, "Coercion," in *Philosophy*, *Politics and Society*, ed. P. Laslett, W. G. Runciman, and Q. Skinner, 4th ser. (Oxford, UK: Blackwell, 1972); M. Bayles, "A Concept of Coercion," in *Nomos XIV: Coercion*, ed. J. R. Pennock and J. W. Chapman (Chicago: Aldine Atherton, 1972); A. Wertheimer, *Coercion* (Princeton, NJ: Princeton University Press, 1987), pt. 2。

行为对主体来说所具有的价值。还请注意,纯粹的强迫和预防的情形位于一个谱系的相反的两端,而在两者之间还存在这样的情形,即一种干预排除了有关人员的很多选项,但也留下了相同数量的可获得的选项。我们如何对这些情形进行分类,可能取决于那些被排除和保留的选项分别有多大价值。

有了合适的概念工具,我们现在就可以探讨移民控制是否必然为强迫性的这一问题了。我认为,它们不是。移民被阻止去做一些他可能非常想做的事情——比如进入美国,但是他并没有被迫做任何其他特定的事情。他还拥有在其祖国可用的所有选项,以及其他愿意接纳他的国家的开放性选项。① 美国当局并不试图指导他的生活,即便将他排除在外可能使他的愿望受挫。如果移民非法入境,他可能会遭受强迫性手段的驱赶,正如我可能不得不叫来警察以赶走一个擅自进入我家的不受欢迎的闯入者——但这并不意味着,无论在何种情形中,最初拒绝入境本身就是强迫性的。

如果边境控制确实是强迫性的,从这个词的恰当意义上讲,它们 75 会难以被证明是正当的。我在本章的前半部分所给出的限制移民的理由——对自决、民主制度的运行以及人口规模的关注——虽然有足

---

① 如果事实证明没有其他国家会允许他入境呢? 拒绝入境仍然并非是强迫的一种情形,因为拒绝入境的国家并不打算将有关人员限制在其本国。尽管如此,有人仍然会说,在这些情形中禁止入境与强迫一样糟糕,因为不论哪一种情况,其实际的结果都一样。这表明,阻止也需要正当理由,尤其当阻止某人将会产生极其严重的后果时。正如我们在第五章中将看到的,可能存在一种准许移民入境的义务,那些移民在现有的国家居住时其人权受到威胁。但这并非是混淆强迫与阻止的理由,也不是假定拒绝接纳总要得到被拒绝接纳之人的民主同意的理由。

够的权重,但似乎仍不足以拒绝接纳没有对居民造成直接威胁的移民,如果拒绝接纳是强迫的一种形式的话。或许有必要遵从阿比扎德的指引,创建有准移民代表参加的民主论坛,虽然阿比扎德自己也承认,将原则转化为实践会是一件复杂的事情。① 相比之下,一旦我们看到关闭边境被正确理解为预防性的(preventative),我们就可以更有成效地将讨论的重点引向另外两个问题:相对而言,不同类别的移民所能提出的入境诉求有多强? 针对那些无视国家法律的入境者,何种形式的强迫可以和不可以被无可非议地使用? 换言之,就是要追问,一旦我们承认各国拥有关闭其边的权利,它们对未来移民负有何种责任? 这个问题将在接下来的章节中讨论。

---

① 参见 Abizadeh,"Democratic theory and Border Coercion,"54 - 56。

# 第五章　难　民

当未来的移民提交他们的申请表，或者未打招呼就突然出现在国际边境时，他们正在提出进入并加入边境对面的政治共同体的诉求。但是，他们可提出何种类型的诉求呢？到目前为止，我已经论证，各国并没有义务向每个想要进入的人保持其边境开放（因此，并不存在一种进入的权利）；还有，如果某个人确实要申请进入，其寻求进入的理由应当得到认真考虑。于是，有两个问题需要加以处理。第一个是移民诉求的程度。是否为永久地进入，并在适当的时候成为接受国社会的正式公民？还是先进入一段时期，然后在培训完成或母国社会的条件有了足够的改善，回国成为一个合理的选择后再返回？第二个则是提出此种诉求所依赖的基础。在并非每个人都将自动获准进入的情况下，申请人可提出何种理由来证明她应该被准许入境？

这两个问题似乎是有关联的：人们为获许入境所给出的理由将有助于决定他们获准入境的条件。然而，在审视这些理由时，我们很快

77 发现,它们有两个独立的维度:第一,促使移民提出其诉求的需求或利益的类型;第二,存在于移民与接受国之间的先在关系(如果有的话)。在第一个维度上,我们很熟悉难民与经济移民之间的区别,难民是那些以留在现居国对其人权造成威胁为由提出诉求的人,①经济移民是所有那些希望移居到新社会的人,不论是为了学习、找工作还是追求某种个人计划,但他们不能以对其人权的威胁作为准许入境的理由。② 在第二个维度上,存在那些有资格成为我所谓的"特殊诉求者"的人,也有些人不具有此种资格。特殊诉求者是指那些声称某个特定国家因过去所发生的事情而对他们负有准入义务的人。一个明显的例子是,一群人被引导认为,他们享有一种移民的权利,倘若他们的情况需要这一权利的话。③ 另一个例子是,那些为国家提供过某种服务的人,现在声称被允许移民是适当的补偿形式。④ 特殊诉求者也可能是难民或经济移民,但将他们区分开来(和证明我给他们贴上这个相当尴尬的标签是有道理)的一点是,特殊诉求者的诉求针对的是某一

---

① 我马上将更为详细地考察,什么使某个人有资格被算作一个难民。

② 因此,"经济"在此必须在广义上被理解为包括因个人理由而迁徙的人,但这些理由并非是狭义上的经济理由,比如找到一份更加赚钱的工作。可能用"自愿移民"作为第二个群体的总称会更好,但"经济移民"已经成为公认的用法。

③ 例如,持有英国护照的乌干达亚裔,他们的移民权突然被1971年的《移民法案》所剥夺。当伊迪·阿明(Idi Amin)掌权并威胁随时驱逐他们时,英国政府承认其义务,并允许他们入境。关于这一事件的描述,可见于 R. Winder, *Bloody Foreigners : the Story of Immigration to Britain*(London:Little Brown, 2004), chap. 22。

④ 请考虑尼泊尔廓尔喀人的情形,他们在英国军队服役之后寻求退休后在英国定居的权利。2008年,高等法院的一项决定授予了他们这项权利。根据领导这场运动的女演员乔安娜·林莉(Joanna Lumley)的说法,"整个运动都一直基于这一信念,即那些为我们国家战斗、奋不顾身的人都应该有权居住在我们的国家";http://www.gurkhajustice. org. uk。

特定的国家,而难民和经济移民,尽管他们选择在某个地方申请,但他们可能在很多情况下都发现,通过在别处获准入境,他们的需求或利益也同样得到了很好的满足。

　　本章所探究的是,难民申请入境所依据的理由,以及他们寻求庇护的国家所承担义务的范围。所有提出申请的难民都应当被接纳吗?他们应当被授予永久居留权吗?或者可以在他们所逃离的威胁消失后要求他们返回吗?何时将难民转移到一个愿意接纳他们的第三方国家是可接受的呢?回答这些问题的第一步,就是要更加准确地界定,成为一个难民意味着什么。这可能听起来像是一个学究式的问题,但实际上,我们无法理解难民所提出的诉求的本质,除非我们理解什么赋予她提出诉求的权利——换言之,她的处境必须是怎样的,才能证明将自己描述为难民是有道理的。同样地,从政治上讲,我们时常听到有人对难民表示怀疑,这是因为他们认为很多声称拥有这种身份的人都是"假的"(bogus)——他们只是设法提高其获准入境机会的经济移民。为了消除这样的怀疑,一个清晰的定义是极其重要的。① 78然而,正如我们将看到的,事实已证明,给出这样一个定义是有一定争议的。

　　无可争议的是,与一般移民相比,各国对难民负有更为严格的义务。并不是说,难民有权自动获准进入其最先请求的国家——这是一个需要在适当的时候加以解决的问题——我们至少可以说,国家负有照顾他们的义务,包括根据不驱回原则(the principle of non-

---

① 我也在纠正自己对定义问题的相当随意的处理,可见于 *National Responsibility and Global Justice*(Oxford：Oxford University Press,2007)，chap. 8。

refoulement)，不将他们送回他们已逃离的危险之地。① 我们所给的定义应该反映这种特殊身份，因为那正是设置一个单独的难民类别的关键所在。因此在朝着这个方向努力时，我们既需要考虑难民自身的客观境况——其人权遭受威胁的方式，又需要考虑对接受国施加的义务的合理程度。② 这与在紧急情况下由个人所承担的救援责任相类似。要使之生效，一方面必须有一名或多名面临死亡或严重受伤之威胁的潜在受害者，但另一方面施救者必须能够在不招致严重风险的情况下进行干预，并有权寻求其他行动方案，比如联系有关当局，如果有时间这么做的话。换句话说，并不存在不受限制和无条件的实施救助的义务：所施加的义务旨在保护受害者的迫切利益，而同时又不会给施救者带来不可接受的负担。

关于难民身份的大部分讨论始于 1951 年《日内瓦公约》（Geneva Convention）的表述，根据该公约，难民是指这样的人：

> 由于有充分理由担心因种族、宗教、国籍、某个特定社会群体的成员身份或政治见解而遭受迫害，因而身处其国籍国境外，并且出于这样的担心不能或不愿接受该国的保护。③

---

① "不驱回原则大体规定，不应该将任何难民遣返到任何一个他或她很可能在其中面临迫害、其他虐待或酷刑的国家"；G. Goodwin-Gill and J. McAdam, *the Refugee in International Law*, 3rd ed. (Oxford: Oxford University Press, 2007), 201. 在国际法中，关于此原则的解释很复杂。参见 J. Hathaway, *The Rights of Refugees under International Law*(Cambridge: Cambridge University Press, 2005), 307 - 370。

② 我在这里借鉴了李斯特的讨论，见 M. Lister, "Who Are Refugees?," *Law and Philosophy* 32(2013): 645 - 671。

③ 引自 Hathaway, *Rights of Refugees*, 96 - 97。另一项条款将移民身份扩展至处于相同境况的无国籍的人身上。

这个相当狭窄的定义与一些作者所支持的更广泛的定义形成了
鲜明的对比,根据他们的观点,重要的是一个人的人权是否因留在其
原籍国而面临严重的风险,不管他是否因《公约》中所规定的理由而受
到迫害,或他是否已经离开了那个国家。例如,迈克尔·达米特 79
(Michael Dummett)声称:"《公约》所规定的有权申请庇护的限定条件
太过严格:所有剥夺某人过上一种最低限度的人类体面生活之能力的
条件,都应成为其在某个地方诉求庇护的理由。"①那么,我们能说出何
种理由来支持《日内瓦公约》所阐述的更为狭义的定义呢?②

首先请注意,这在很大程度上取决于"迫害"的含义。它立即使人
联想到这些情形,即一个国家用死亡、监禁或流放至偏远的边疆来威
胁一个人或一个群体。但是,它可以被给予一种更广泛的解释,例如,
它包括歧视性就业的惯常做法,即剥夺受压制的群体成员找到任何有
偿工作的机会,而这确实是民主社会中被要求裁决难民诉求的法院在
对"迫害"进行解释时所越来越常用的方式。类似的解释有时也适用
于获得医疗保健服务和教育机会的不平等情形。因此,对那些被视为
人权的社会与经济权利以及公民与政治权利的积极剥夺,都可被归于

--------

① M. Dummett, *On Immigration and Refugees*(London:Routledge,2001),37.
② 我将不讨论这一条件,即难民应当已经"客居他国"。一个人当前是否正在尝试逃离
她的国家,是否已经到达别国的边境,或者是否已经越过边境,这些对我来说似乎并
不重要。重要的是,她面临的威胁是留下还是被遣返。正如苏特所言:"如果庇护根
本上就是代为保护(surrogate protection),那么正是难民在其原籍国内缺少保护,而
非他们越过边境这一事实本身,构成了他们获得庇护的道德资格。"J. Souter,
"Towards a theory of Asylum as Reparation for Past Injustice," *Political Studies* 62
(2014):328。

迫害的范畴。①

《公约》定义比它最初所可能呈现的范围更为广泛的另一个方面是，它并不要求那些令人担心的迫害必须是由国家直接发起的。② 难民身份可被授予某个遭受暴戾的警察或当地民兵威胁的人，只要国家有能力提供保护却未能做到，从而公开或默许了这种迫害。关键的一点是，这个申请难民身份的人无法求助于自己的国家以维护其人权，要么是因为该国对像她这样的人充满敌意，要么是因为它愿意允许其他代理人在其支持下侵犯她的人权。

即便如此，在如下两类情形之间作出区分似乎仍可能是武断的：一类情形为，一个人的人权因受迫害而面临危险（无论在多么广泛的意义上解释）；另一类情形为，他的权利因自然灾害或其居住国无法加以矫正的持续贫困而得不到实现。③ 这一观点促使安德鲁·沙克诺夫（Andrew Shacknove）给难民下了一个颇具影响力的定义，即难民是"其基本需求得不到原籍国保护的人，除了为他们的需求寻求国际补偿之外，没有其他的求助途径，而他们的此般处境使国际援助成为可能"④。正如达米特对《公约》定义所作的评论一样，这个更为广泛的定义似乎强调了该强调的地方，从道德上讲，亦即强调了难民的脆弱处

---

① 关于对该主题的一个全面的处理，参见 M. Foster，*International Refugee Law and Socio-Economic Rights*（Cambridge：Cambridge University Press，2007）。

② 参见 Goodwin-Gill and McAdam，*Refugee in International Law*，98 - 100。

③ 马修·普莱斯（Matthew Price）提出了支持将庇护与迫害联系起来的有力证据，见 M. Price，*Rethinking Asylum：History，Purpose and Limits*（Cambridge：Cambridge University Press，2009）。普莱斯对庇护和更加广泛的难民身份进行了区分，并认为给予庇护不仅有保护的目的，也有表达的目的：它标志着对迫害国行径的谴责。

④ A. Shacknove，"Who Is a Refugee?，"*Ethics* 95（1984 - 1985），277.

境,而非其脆弱性的特定原因。卡伦斯评论道:"从道德角度来看,最为重要的是对基本人权的威胁的严重程度和风险程度,而非威胁的来源或性质。"①

如果接受沙克诺夫的定义或者类似的定义,势必会使全世界有资格获得难民身份的人数远远超过当前公认的近 2000 万,②因为它会包括很多(即便不是全部的)生活在联合国所划定的每天 2 美元贫困线以下的人,其人数估计超过 20 亿。但是,这本身并不是拒绝它的一个很好的理由。一个更为相关的理由是,它没能解释为何避难(refuge)——迁徙至另一个社会——是对它所描述的困境的恰当反应,而非旨在改善其所适用人群的境况的干预。沙克诺夫的定义中并没有任何内容表明,有关的国家必定故意而为之或串通一气不去满足基本的需求。不论怎样,它可能只是无法提供足够的食物、水或医疗救护,而在这种情况下,它可能欢迎外部援助提供这些资源。相反,《公约》定义清楚地表明,离开此社会是摆脱脆弱性的唯一途径,因为国家自身就是问题所在:由于它要么是迫害的直接行动者,要么是听任他人施加迫害的袖手旁观者,而不仅仅是没有履行好提供益品或服务的职责的供应者,故导致了难民与本国政府之间的关系发生破裂,这就产生了一种庇护的诉求以及一种由其他国家提供庇护的义务。

我们可以合理地假设,认真对待人权义务的国家,通常会更愿意

---

① J. Carens, *The Ethics of Immigration*(New York: Oxford University Press, 2013), 201.
② 这是由联合国难民事务高级专员办事处(UNHCR)对 2015 年度难民人数所作的估算,但根据我在前面的讨论,应该还要包括 3850 万"境内流离失所者",他们已经从战争或迫害中逃离出来,但还没有跨过国际边界线,这就使总人数接近于 6000 万。参见 http://www.unhcr.org/558193896.Html。

通过提供外部援助来履行这些义务，而非通过接纳那些权利受到威胁的人来履责。那么，这就是将难民身份限定于那些不被接纳就得不到帮助的人的理由。但是，这并没有完全解决在何处划出这条界线的问题。比如，一个根基牢固但腐败成性的政府阻止援助或发展基金到达需要它的人的手里，而它这么做不是出于恶或敌意，只是出于贪婪，那么我们对此又该怎么说呢？那些尝试离开的人并不是在逃避迫害，但他们可以辩称，留下来同样危及了他们的人权，并且这种状况在可预见的未来是不会改变的。更极端一点，我们可以考虑那些领土变得不适宜居住的人的境况，无论这种境况是自然灾害带来的暂时性结果①，还是气候变化造成的永久性后果——这种类别的人现在通常可被称为"环境难民"。我们是否应该更广泛地使用这一概念，使其适用于每一个迫不得已离开其原籍国的人？

那些认为我们应该坚持更为狭义的、基于《公约》的定义的人指出，这种定义挑出了一类人，即就他们而言，一个人与其所在的政治共同体之间的正常纽带已经发生断裂。普莱斯如此说道：

> 当人们遭受迫害时……他们不仅面临着对其身体的完整性或自由的威胁；还在事实上被驱出其政治共同体。他们不仅是受害者，也是流亡者。庇护不仅照顾到受害者对保护的需求，还通过扩展他们在一个新的政治共同体中的成员身份，满足了他们对政治地位的需求。②

---

① 例如蒙特塞拉特岛上的人民，在 1995 年火山爆发后（这导致这座岛屿南部地区被摧毁），其中三分之二的人口被迫离开该岛屿。
② Price, *Rethinking Asylum*, 248.

普莱斯的论点是,获得庇护的人——严格意义上的难民——也应该迅速获得接收社会的正式和永久的成员身份,而那些因其他原因而被迫离开的人可以获得临时居留权,并根据有关母国条件的证据定期延长有效期。但这是基于这样一个假设:造成迫害的原因使难民绝不可能安全返回,不论是因为这些原因本身持续存在,还是因为这种经历已对他造成精神上的创伤,而被迫返回会让其经受心理上的痛苦。① 正如我将在第七章中所论述的,有充分的理由给予所有那些已经在新社会中生活了足够长时间的移民永久居留的权利以及取得公民身份的权利。但是,单独挑出那些逃离迫害的人,并立即给予其永久居留权,理由是他们抵达后都会选择在政治上认同那个接纳他们的社会,这似乎是错误的。

总之,我们需要区分其人权在现居地得不到保护的三类人:

(a) 那些因《日内瓦公约》所述理由之一而遭受实际或预期迫害且不逃离这个国家就无法避免迫害的人,不论该国是积极参与迫害,还是仅仅对迫害坐视不管。

(b) 那些其人权遭受自然灾害或国家无法阻止的私人暴力行为的威胁且只能通过移居来避免威胁的人。

---

① 关于自愿或强制遣返难民的正当条件的深入讨论,参见 M. Bradley, *Refugee Repatriation*: *Justice*, *Responsibility and Redress* (Cambridge: Cambridge University Press, 2013), chaps. 2 - 3. 布拉德利强调,有必要为流离失所的物质和精神上的成本提供补偿,此乃一个必要的条件。

(c)那些其人权目前遭受威胁但可以通过移居或是通过这样或那样的外部干预(救援、投资或建立安全区等)得到帮助的人。

依我看来,在思考移民问题时,我们不应该把那些属于(c)类的人算作难民,即便外国通常有义务保护其人权,并采取临时或长期准许入境的方式履行这些义务。实际上,决定准许这类人入境的国家并不称其为难民,而使用了不同的词,比如拥有"临时得到保护的身份"的人(美国),①或者享有"酌情居留权"的人(英国)。更有争议的是,我们是否应该只为(a)类的人保留这个词,还是也将它扩展到(b)类的人,或许可以用"公约难民"(Convention refugees)来指代这个更为狭义的群体。律师们往往更倾向于第一种选择(同时还主张对"迫害"作一种广义的解释),因为法院更容易确定某人是否有"充分依据担心遭受迫害",而不是判断其总体境况是否是其人权将会遭到严重侵犯,除非其被允许移民。② 他们还表达了一种实际的顾虑,即任何扩展《公约》本身的企图都可能产生事与愿违的不良后果,使各国比现在更不情愿依

---

① 美国只向一小部分被指定国家的国民提供临时受保护的身份。

② 不将"气候变化难民"算作难民,除非他们的人权受到本国歧视性行为的威胁,这一论点在麦克亚当的书中有充分阐述,见 J. McAdam, *Climate Change*, *Forced Migration*, *and International Law*(Oxford: Oxford University Press, 2012), chap. 2。麦克亚当还提请注意,那些其领土易受气候变化影响的人,例如基里巴斯(Kiribati)和图瓦卢(Tuvalu)这两个岛国的人民,坚决拒绝被贴上难民的标签。相反,利斯特(Matthew Lister)则认为,这个词可以适当地被应用于"那些因气候变化或其他预期将无限持续的环境破坏而流离失所的一类人,在此情形下,国际迁徙是必要的,并且他们所受到的威胁不仅是对其偏爱的或传统的生活方式的威胁,而且是对他们过上体面生活的可能性的威胁";M. Lister, "Climate Change Refugees," *Critical Review of International Social and Political Philosophy* 17(2014): 621。

照国际法履行它们的义务。① 正如我们所看到的,哲学家们往往倾向于认为,在道德上相关的界线落于(b)和(c)之间,并因而更倾向于一种更广泛的定义,后者将那些属于(b)的人包含在内;对于他们而言, *83* 关键的问题是,移居是否是确保基本权利得以实现的必要条件。② 虽然我可以看出,在这场辩论中,双方论点都很有说服力,并且认识到国际法中的"难民"定义可能应该仅限于那些属于(a)类的人,但在一本旨在阐明指导各国移民待遇的基本原则(包括其国内政策)的书中,应该使用更广泛的解释。因此,接下来,我会把难民理解为其人权不通过跨越边境就无法得到保护的人,而不论其理由是国家的迫害、国家的无能,还是长期的自然灾害。

我们的下一个问题是,如何理解外国对如此定义的难民所承担的义务。其义务显然源自有关人员的未受保护的人权。这一点是从第二章所阐述的总体立场得出的,而这一立场所涉及的是,在一个人自己的国家无法提供必要保护的情况下人权所规定的义务。运用在第二章里所作的区分,同样明显的是,在大多数情形中,这种责任由所有能够通过接纳难民的方式来帮助难民的国家分担——我稍后将讨论

---

① 参见 L. Ferracioli,"The Appeal and Danger of a New Refugee Convention," *Social Theory and Practice* 40(2014):123 - 144。卡伦斯虽然认识到这种顾虑,但最终倾向于一种广泛的定义,根据该定义,任何因人权遭受威胁而逃离本国的人都被算作难民,即使他们也可能在原地得到保护;参见 Carens, *Ethics of Immigration*,200 - 202。

② 例如,在马修·吉布尼(Matthew Gibney)看来,难民是指"临时或永久地需要新的居住国的人,因为如果被强制遣返回家或留在原地,那么他们就会由于他们国家的暴虐或匮乏而受到迫害,或者严重危及他们的人身安全或重要的生存需求";M. Gibney, *The Ethics and Politics of Asylum:Liberal Democracy and The Response to Refugees*(Cambridge:Cambridge University Press,2004),7。

该原则的一些可能的例外情形。由此而产生的一个问题是，这种集体责任如何在国家之间进行分配，从而使照顾难民 R 成为特定国家 S 的责任。

实际上，这个问题可以通过 R 向 S 申请庇护来解决——要么远程申请签证，要么在边境突然出现，要么非法入境然后请求庇护。责任分配的问题虽然得到了解决，但解决的方式似乎是任意的，因为没有理由假定，许多有难民身份资格的人会以这样一种方式分散他们的申请，即处理和准许他们入境的成本由各东道国公平分担。与之相反，可能有一些目的地受到大多数难民的青睐，其原因与庇护请求本身关系不大。那么，为何难民所请求的国家就因此种选择而承担特殊的责任呢？

首先请注意，我们对这种以似乎任意的方式获得责任的观念非常熟悉，但该观念与承担它们的行动主体的任何具体特征或自愿选择无关。这只是一个偶然事件，比如突然有人在街上摔倒，而我正好路过。在这里，通过在某个特定的人与一个需要得到帮助的人之间建立一种显著的联系，一种在原则上可能落在任何人身上的责任被归于那个特定的人。这些相关的联系——在这里只是物理上的接近——可能属于不同的类型，有些具有独立的道德重要性，而另一些则没有。① 在每个此般情形中，足够的重要性是由个人的困境——对其人权的威胁程度——与找到某个人来承担补救责任的需要所提供的。当责任—分担的行动主体为某一类似于一个国家的集体时，相同的逻辑也同样适

---

① 参见 D. Miller, "Distributing Responsibilities," *Journal of Political Philosophy* 9 (2001)：453－471；Miller, *National Responsibility and Global Justice*, chap. 4。

用。难民通过申请庇护的行为建立了这样的一种联系,他所请求的那个国家有义务作出反应,首先要做的是进行适当的审查,以明确他是否确实有资格获得难民身份。

然而,还有更多要说的,因为在很多情形中,难民通过向 S 国申请而使自身易于受到 S 的影响,以至于 S 的决定必然决定着其最终的命运。以到达陆地或海域的边境的人为例,如果其申请是有效的,但该国仍予以拒绝,那么通过有效地迫使难民返回原籍国或退回公海,这是积极地将其置于受伤害的风险之下了。① 因此,由于这种脆弱性,国家对其负有一种照顾的责任。对于某个远程申请难民签证的人,这一点可能就不那么明显了。在这里,一个拒绝了申请的国家似乎并没有积极地将难民置于风险之下,而只是未能消除风险(并且我跟其他很多人一样认为,在施加风险与未能保护难民免遭风险之间,存在一种在道德上相关的差异)。但是,这可能忽略了难民处境的紧迫性。鉴于人权受到威胁成为现实之前资源和时间都有限,申请者也许只能够请求进入一个可能提供避难所的地方。所以,从某种意义上说,通过申请移居该国,其又使自己容易受到该国决定的影响。

除了解释为何国际法规定难民首先到达的国家有义务对其困境作出反应——最基本的是不驱回的义务——之外,我所概述的解释还说明了为何各国对像这样的难民而非对其他人权面临危险且可以轻而易举得到援助的人负有一种特殊的责任。对于一些评论家而言,似乎难以解释为何各国应该优先准许难民入境,而不是,比如说向赤贫但在原地就能获得帮助的人提供援助。后一种政策很可能是一种在

①参见 Gibney, *Ethics and Politics of Asylum*, 55。

总体上更有效地保护人权的途径，因而它对功利主义者以及那些更具体地希望将对这样的权利的侵犯减少到最低程度的人，都很有吸引力。① 正如我们现在可看到的，这种解释是指，难民不仅可以提出一种普遍人权的诉求，而此种诉求通过准许其入境就可得到满足，还可以对其所请求的国家提出一种具体的诉求，因为首先，他已经与该国家建立了一种物理上的联系，其次，他已经变得容易受到该国针对他所作出的决定的影响。相比之下，某个生活于撒哈拉沙漠以南非洲贫困地区的人，对自己国家的诉求无法得到有效的满足，而只能向所有那些或许能够以其他方式施以援助或干预的国家提出一种间接的诉求（当然，这对于他而言是另一种不幸）。②

我们可能回避的一个观念是，当一个人对另一个人所提出的诉求被加强到了一定程度，前者会变得容易受到后者的影响。但是，这也许是因为我们正想到了一类情形，那就是，前者故意使他自己更易于受到影响。有些难民似乎有这样的行为——例如，他们故意选择乘坐不适航的船只或损坏他们的身份证件，以致难以或无法辨别出他们的国籍，因而就难以或无法将他们遣返至其原籍国了。对于这些明显是孤注一掷的男男女女，我们可能很难谴责他们使用这些策略，但与此

---

① 例如，分别参见 P. and R. Singer, "The Ethics of Refugee Policy," in *Open Borders? Closed Societies? : The Ethical and Political Issues*, ed. M. Gibney(New York: Greenwood Press, 1988); T. Pogge, "Migration and Poverty," in *Citizenship and Exclusion*, ed. V. Bader(Basingstoke, UK: Macmillan, 1997)。

② 我在这里所采取的伦理立场可能是有争议的。作为一个检验它的思想试验，假设我正面临着这一情形，即我必须在营救 A 与其他五个人之间作出选择，我已向 A 承诺过，一旦他有需要，我就会帮助他；至于其他五个人，他们可能会得到别人的营救，尽管这一点是不确定的。我认为，我应该优先营救 A，虽然另一边的人数更多（如果我是唯一可能的营救者，那么情况就会变得更加棘手了）。

同时,我们不应该希望他们的诉求通过这样的手段得到加强。不过,仅仅提出庇护的诉求通常并不会使提出诉求者的人权更容易遭到侵犯;而是说,这会使其容易(在另一种意义上)受到他所申请的国家将作出的决定的影响。他先前不确定的诉求现在有了一个具体的目标,这就是为何寻求庇护的国家现在对其负有一种特殊的义务。

到目前为止,我一直在解释各国是如何对难民承担起特殊义务的。但是,为了回应难民的诉求,它们究竟有义务做些什么呢? 它们应当准许所有申请者入境,应当接纳他们为永久居民,还是应当给予他们能延长有效期的临时身份呢? 并非所有的难民都不受欢迎或给接受国带来净成本,但总的来说,他们很可能被视为一种负担——尤其是因为国家可能对净移民有一个总体目标,而接纳他们将会占用该国可能积极想要吸引的其他人的空间。① 由于申请模式有些随机,似乎就有理由来分担责任——在各国间以大致符合每个国家接受难民的能力的方式分配难民。因此,这表明,一旦难民的诉求得到适当的审查,他们最先寻求庇护的国家就有权将其转移,只要它秉承不驱回的精神,并且不将他们遣返至其原籍国或任何其人权会遭受类似威胁的地方。

当然,这就剥夺了难民对他们住所的选择。但正如我所说的,假定并不存在这样的人类移民权利,难民的诉求是,居住在其人权得到

---

① 关于对准许难民入境的经济和社会成本的详细分析,可参见 S. Martin, A. Schoenholtz, and D. Fisher, "The Impact of Asylum on Receiving Countries," in *Poverty, International Migration and Asylum*, ed. G. Borjas and J. Crisp (Basingstoke, UK; Palgrave Macmillan, 2005)。作者指出,总的净成本取决于政府对庇护寻求者所实施的政策,而这些政策在各国之间存在很大的差异。

保障的地方，而这不一定是其最喜爱的地方。（我稍后将考察，是否可能存在针对难民在各国间被非自愿转移的其他反对意见，比如，这样会贬低其地位。）这种人权标准如何得以应用？这一点将在某种程度上取决于难民身份可能持续多长时间。如果它是短期的（有时是逃离内战的情形），那么难民被安置在专门建造的难民营里也许就足够了，只要这能为他们提供人身安全、足够的食物、医疗服务等。但随着时间的推移，变得非常重要的是，难民应该生活在一个有机会工作与休闲的地方，可使其子女接受教育、可信奉宗教的地方，换言之，他在那里能够参与构成体面人类生活的所有活动。这并不必然要求生活在一个发达的西方社会，但很可能意味着生活在一个生活条件要比其所逃离的社会好得多的地方。与家徒四壁却未曾被迫逃离的同胞相比，难民可以坚持要求过上更高水平的生活，这是否矛盾呢？并不矛盾，如果我们仔细想想其诉求的逻辑的话。他申请庇护，因为其人权在原籍国遭受威胁，而他能够避免威胁的唯一途径就是移居。他所申请的国家负有一种准许其入境的临时责任，但将他转移到第三方国家也是被允许的，只要其人权在那里受到保护；但为了满足此条件，所选择的目的地可能必须是一个其基本生活水平高于出发地的地方。

　　如何能够以一种不那么武断的方式管理难民的分配，而不是简单地将责任归咎于最初申请的国家？这里有三个广泛的提案。第一个是，建立一种国际制度，根据商定的公平标准，并考虑到所涉及的人数，将难民分配给各国；这需要一个负责指导难民迁徙的国际机构来对之加以管理。第二个是，继续实施这种制度，各国据此有义务对在其家门口被正式提出的庇护诉求作出反应，但允许并确实鼓励通过从输出国向接受国进行侧向支付（side payments）的方式实现各国间的

87

转移,以使各国免于必须接纳比它们希望接收的更多的难民。第三个提案与当前的情形最为接近,它允许各国通过使庇护寻求者或多或少难以到达其领土的方式来控制难民潮。换言之,允许每个国家评估其在难民负担中所占的公平份额,然后通过运用各国现在为阻止移民到达而采用的各类方法来限制其入境。①

第一个提案面临着两个主要的困难。第一个是实际问题,要让各国同意建立一个拥有足够权力来组织该方案的国际权威机构。因为各国普遍希望保持对其边境的控制权。因此,有关难民保护的文献中提出的此类方案往往没那么雄心勃勃,一般是建议成立具有共享利益和文化联系的国家联盟以履行"共同但有差别的责任"。② 实际上,这意味着,大批难民被安置在与其所逃离的领土相毗邻的发展中国家,并获得该联盟内较富裕的国家对他们的财政支持。显然,这个打了折扣的提案的成功,取决于有足够多的国家愿意加入责任分担的团体,还取决于大多数难民只要求得到短期保护而非永久安置。就任何要求各国接受一种被指定的难民配额的方案来说,还存在一个更为原则性的困难。那就是,要找到公平分配难民的标准,而这种标准会得到

---

① 关于这些方法的一个描述,参见 M. Gibney, "'A Thousand Little Guantanamos': Western States and Measures to Prevent the Arrival of Refugees," in *Displacement, Asylum, Migration: The Oxford Amnesty Lectures 2004*, ed. K. Tunstall(Oxford: Oxford University Press, 2006)。

② 关于这样的一种建议,参见 J. Hathaway and R. Neve, "Making Internal Refugee Law Relevant Again: A Proposal for Collectivised and Solution-Oriented Protection," *Harvard Human Rights Journal* 10(1997): 115 - 211。关于责任分担的区域方案比全球方案更为合理的理由,参见 A. Hans and A. Suhrke, "Responsibility Sharing," in *Reconceiving International Refugee Law*, ed. J. Hathaway (The Hague: Martinus Nijhoff, 1997)。

广泛赞同。其总体目标应当为,使各国间的负担均等。但是,这些数字是否可以根据人口规模、人口密度、国内生产总值或国家收容难民能力的其他指标而被计算出来?① 难民在获准入境时所需的是短期庇护还是永久定居,这一点并不确定,从而使上述问题变得更加复杂。如果是永久定居,各国在接纳文化背景与本国公民截然不同的难民的轻易度上可能会有所不同——例如,事实证明,东亚国家尤为不愿意接纳属于这一范畴的难民。在这样的情形中,融合的成本想必会更高。综合考虑这些因素,很难想象得出一个获得所有参与国一致同意的权重。②

88

接下来考虑下一个提案,即这些不愿意接纳尽可能多的难民的国家,应该能够向第三方国家进行财政支付,让第三国接纳难民。这并没有消除寻求庇护者向哪些国家寻求庇护的任意性,"受欢迎的"国家要么不得不接受更多的人,要么不得不支付更多的转移费,尽管有人认为,一旦这样的方案被付诸实施,向某一特定国家申请的动机就会减退。或者,转移方案可与配额制度相结合,这就使各国能够在无须支付费用的情况下将超出其配额的难民转移走。③ 当然,这首先取决

---

① 关于这些和其他拟议的标准的述评,参见 T. Kritzman-Amir, "Not in My Backyard: On the Morality of Responsibility Sharing in Refugee Law," *Brooklyn Journal of International Law* 34(2009): 355 – 393, pt. 3。

② 关于成功的责任—分担方案所赖以出现的特殊条件,以及这些方案不可能在别的地方出现的原因,参见苏尔克富有启发性的讨论,见 A. Suhrke, "Burden-sharing during Refugee Emergencies: The Logic of Collective versus National Action," *Journal of Refugee Studies* 11(1998): 396 – 415。

③ 关于这样一种建议,参见 P. Schuck, "Refugee Burden-Sharing: A Modest Proposal," *Yale Journal of International Law* 22(1997): 243 – 297。

于面对前一段所提及的困难,能否就配额问题达成协议。① 但是,以此种方式转移难民,只是由于国家更愿意支付转移他们的费用,而不是因为无法安置他们,这是否可接受呢? 批评者认为,此乃以一种不可接受的方式将难民"商品化"。② 但是,这项指控很少被详细说明。例如,根据桑德尔(Michael Sandel)所说:

> 难民市场改变了我们关于难民是谁以及他们应该如何被对待的看法。它鼓励参与者——买家、卖家,还有那些其庇护权正被讨价还价的人——把难民视为要被推卸掉的负担或者收入的来源,而不是陷入危险境地的人类。③

但是,请通过类比的方式思考这样一种情况,当一个家庭难以应对一个一直与他们生活在一起的年长亲属时,他们会四处寻找合适的养老院,并为此支付费用。从家庭的角度来看,这样的付出是为了避免负担;从养老院的角度来看,这个老年人就是一个收入来源。无论从哪个角度来看都并非意味着,那个祖父不再被视为一个需要帮助的人。其人性得到充分尊重,只要(a)这个家庭所选择的是这样一个地方,即 89 他在那里可得到适当照顾,而并非只是选一个最便宜的地方;并且(b)该家养老院的员工有尊严地对待其新住户。同样地,根据难民交易方案,输出国需要核实,它所转移的这个人的人权将在其合作伙伴国中

---

① Schuck,"Refugee Burden-Sharing,"主张支持使用"国家的财富"作为设定配额的唯一标准。

② 关于这些基本的指责,参见,例如 D. Anker, J. Fitzpatrick, and A. Shacknove, "Crisis and Cure:A Reply to Hathaway/Neve and Schuck," *Harvard Human Rights Journal* 11(1998):295–310。

③ M. Sandel, *What Money Can't Buy:The Moral Limits of Markets*(London:Allen Lane, 2012), 64.

得到充分保护,并且后者需要实施一项对难民的需求作出反应的计划,同时特别要区分那些需要临时保护的人与那些要求永久安置的人。如果这些条件都得到满足,他们的人类尊严就不成问题。

马修·吉布尼(Matthew Gibney)提出了一种更为具体的顾虑,即难民市场将给特定难民明码标价,并且,"一个以价格标明各国有多不想要特定的难民群体的市场,存在一些特别可疑之处。似乎难民现在不仅被各国所拒绝,而且雪上加霜的是,他们还被提供了一个评估其有多不受欢迎的货币量度。"①然而,该反对意见假定,依照转移制度,各国将根据难民本身的具体特征为转移难民支付不同的金额,而这种情况没有理由发生。所支付的款额本应反映接受国在收容被转移的难民时所承担的物质成本,而这些都将是统一的成本(如果接受国出于文化的理由而不愿意接受特定的难民群体,那么就可以通过使该方案多边化而非双边化的方式来处理;没有理由变动支付的价格)。

然而,吉布尼对难民交易的反对意见引发了进一步的问题,即各国在决定接纳哪些难民以及将哪些难民转交给其他国家时,可以合法地使用哪些标准。在第六章中,我将从总体上更加详细地说明挑选移民的标准,但此处的问题是,(合理的)挑选究竟是否是被允许的,或者各国是否应当使用某种随机程序,如果它们只打算接纳固定比例的庇护申请者的话。请考虑四个可能的挑选理由:(1) 难民对永久定居的

---

① M. Gibney, "Forced Migration, Engineered Regionalism and Justice between States," in *New Regionalism and Asylum-Seekers: Challenges Ahead*, ed. S. Kneebone and F. Rawlings-Sanaei(Oxford: Berghahn, 2007). 关于对吉布尼的论点的一个不同的回应,参见 J. Kuosmanen, "What(If Anything) Is Wrong with Trading Refugee Quotas?", *Res Publica* 19(2013): 103 - 119。

需求;(2)接受国在造成难民逃离的情况中所起的因果作用;(3)难民为接受国社会可能作出的经济贡献;(4)难民与东道国政治共同体之间的文化亲缘度。

（1）这似乎是一个重要的因素。我认为,难民被转移过去的地方 ⁹⁰ 必须符合人权标准,这意味着这些地方能提供体面生活所需的所有机会,而不仅仅包括食物、住所和其他直接必需品。尽管如此,根据我们所设想的那种安排(现实的做法是,富裕的发达国家将一部分申请庇护者转移到已有大量难民居住的欠发达国家),不可避免地,我们无法保证这些机会在未来很长一段时间内能够持续存在。如果停留只是临时性的,那也就无所谓了。此外,难民选择向 S 国申请,虽然我认为这并没有授予他进入和留在 S 国的权利,但当他能安全返回其原籍国的机会微乎其微时,这为他的诉求增加了分量。相比之下,对于那些只需要短期保护的人而言,表达对某一特定国家的偏好就不那么重要了。

（2）请考虑下一种情形,即寻求庇护者所申请的国家至少在使他沦为一个难民方面负有部分的责任。通常的情形是,该国已经在他的原籍国实施了干预,在民族或族群间制造了冲突,使他处于遭受迫害的威胁之下——比如伊拉克战争后某些库尔德人的处境。那么,给予庇护可以被视为某种形式的补偿。① 这就使难民变成我所称的"特殊诉求者",并提供了准许他进入实施干预的国家而非某个其他地方的理由。他的补偿诉求是一种专门针对该国的诉求,可能不会因为承诺

---

① 苏特(Souter)在《庇护作为对过去不正义的补偿》中对这种庇护诉求赖以成为正当诉求的条件作了详细分析。我将在第七章中思考提出补偿性诉求的移民的更为普遍的情形。

在其他地方避难而得到满足（这将取决于他的受损失程度）。正如苏特所说，难民选择在何处提出庇护诉求在这些情况下显得格外重要："在造成或促成难民流离失所之后，遵从难民的意愿是负责任的国家所能做到的最起码的事情。"①实际上，基于补偿的理由，也许他们不仅可以申请临时庇护，还可以申请永久居留。

（3）很多国家在选择接受哪些移民时，都会审查移民是否能带来有助于经济发展的特殊技能。但是，当决定接纳哪些寻求庇护的难民时，这条标准还能够被合法地使用吗？请记住，难民的诉求是基于对其人权的威胁，而并非其潜在的贡献，所以在此基础上给予他任何类型的优先性都似乎是武断的。当然，如果对那些被认为拥有宝贵技能的人更慷慨宽松地评估其庇护申请，那将是不可接受的。但是，假设严格按照本章前面所述理由（亦即逃避对人权的严重威胁的必要性）来评估该诉求，那么在决定是在首次入境的国家还是在其他地方提供庇护时，生产性技能是否在第二阶段仍具有价值？我认为，只有在国家向难民所提供的东西多于庇护的情况下，比如，当它向某个本来并不具有永久居留资格的人提供永久居留权时，这样的做法才会是合法的。各国当然被允许这么做，正如它们可以重新安置在别处已经获得庇护的难民，在这些情况下，将难民的预期贡献考虑在内是合理的。那些依据一种责任—分担的安排而被转移到别处的人会抱怨他们受到的不平等待遇？我不认为如此。重要的一点是，在评估他们的庇护诉求之时以及之后，以尊重其人权的方式平等对待他们。国家为某些难民做了超出其义务范围的事情，这并不是对其他难民的不公正。

---

① Souter, "Asylum as Reparation for Past Injustice," 335 - 336.

（4）当各国在决定接纳谁作为难民入境时，能否倾向于选择那些与本国具有文化亲缘关系的人？卡伦斯清楚阐明了这么做的理由，尽管他本人是否接受这样的理由尚不明确：

> 作为一个经验事实，几乎可以肯定的是，一个国家接纳难民的意愿将部分地取决于现有人口认同难民及其困境的程度。此外，在其他条件相同的情况下，难民在语言、文化、宗教、历史等方面与现有人口越接近，他们自身就越容易适应新的社会，接受其的社会也就越容易接纳他们。①

举一个具体的例子，2014 年爆发的叙利亚和伊拉克战争导致一些地区呼吁，诸如英国等一些传统的基督教国家应优先考虑接纳从那些国家逃离出来的基督教难民。这在某种意义上被证明是合理的，既因为基督教家庭正遭受着特别严重的迫害，也因为基督教国家对与其有共同宗教信仰的人负有特殊义务。第一个理由明显是相关的，但第二个理由呢？

这样的一种从共同文化出发的论点似乎很难站得住脚，除非它可以作为国家之间责任划分的一种方式。在伊拉克/叙利亚的情形中，有人声称，穆斯林难民更有可能从相邻的伊斯兰国家比如约旦那里获得庇护。假设这是正确的，并且一般而言，各国都倾向于优先考虑那些与本国公民有共同文化或宗教价值观的人，那么任何一个国家在制定其政策时都可以合理地将这一点考虑进去。但是，如果没有这样的背景，并考虑到对难民的义务的性质，文化选择就似乎是站不住脚的

① Carens, *Ethics of Immigration* 214.

（在经济移民的情形中是否会如此，第六章将详细讨论这个问题）。

我一直在讨论挑选难民的问题，按照安排，第一庇护国可以将寻求庇护者转移到愿意接纳他们的其他地方；该国对难民的义务能够以这种方式得以履行，只要人权得到保障。但是，如果事实证明不可能建立适当的责任分担方案，并且各国不愿意接纳所有申请庇护的人，那又会如何呢？事实上，如前所述，接受国已经采取措施以阻止难民到达其海岸，从而规避了它们必须履行的不驱回责任。这样的行为被广泛谴责为对人权的一种侵犯。另一方面，辩护者会争辩说，这是在其他国家不愿意承担其难民负担的公平份额的情况下的自我防卫。

为了消除这个分歧，我们首先需要弄清准许难民入境的义务的本质。它就是一项补偿义务，因为原本就不会有难民，若非其他各国积极地侵犯或消极地未能保护生活于他们领土内的人的人权的话。[1]这种类型的义务受到成本因素的限制。因此，第四章所给出的可证明移民限制正当性的总体理由在此处发挥作用了。一个国家如果以公开的理由设定了移民的总体目标，也可以采取措施来确保其接纳的难民数量不超出那个目标。它不能做的是，一边用不可原谅的手段阻止难民到达，一边继续接纳大量"值得拥有的"移民——这只不过是它伪善的表现。如果它打算阻止难民的实际到达，就必须允许难民远程申请，比如通过驻外领事机构申请。[2]

尽管如此，最终的结果可能是，存在一些没有国家愿意为之承担

---

[1] 如前所述，这种描述适用于由外部干预引发难民危机的情况。在这种情况下，负责任的国家会承担更为严格的义务，接纳其帮助制造的难民。

[2] 关于这些方面的更进一步的政策建议，请参阅 Gibney, "A Thousand Little Guantanamos," 162 - 167。

责任的难民：每一个接受国都真诚并合理地认为，考虑到接受难民的成本，自己在履行其公平份额的责任方面所做的工作已经足够多了。① 在这里，我们面临着一种悲剧性的价值观冲突：一边是，因正遭受迫害而可能受到严重伤害的人；另一边是，只有在关闭的情况下才能维持民主并实现些许社会正义的有边界的政治共同体。我将在第九章末尾进一步反思这种价值观的冲突。我们当然希望这种情况不会出现，因为有权申请庇护的人数仍然如此之少，以至于一种公平的责任分担制度可容纳他们所有人。但假若这种希望是毫无根据的：那么最好坦诚地说，并非每个人都能够得到救助，就像人权正遭到威胁的其他情形中那样——比如需要人道主义干预的冲突——我们或许不得不承认，在弱势群体的权利与可能保护他们的人所负的义务之间存在一道鸿沟。②

在本章中，我着重讨论了难民要求被准许入境的诉求，以及接受国所应承担的相应责任。到现在为止，我还没有详细加以讨论的一点

---

① 在这里，我假设，如果这样一种负担由多方共同分担，那么正义只要求每一方履行自己的那一部分。任何超出这一范围的事情都属于仁慈或人道的事情，而不可被强求。关于我所作的辩护，参见 D. Miller, "Taking up the Slack? Responsibility and Justice in Situations of Partial Compliance," in *Responsibility and Distributive Justice*, ed. C. Knight and Z. Stemplowska(Oxford: Oxford University Press, 2011)，转载于 D. Miller, *Justice for Earthlings: Essays in Political Philosophy* (Cambridge: Cambridge University Press, 2013)。关于相反的观点，参见 A. Karnein, "Putting Fairness in Its Place: Why There Is a Duty to Take Up the Slack," *Journal of Philosophy* 111(2014): 593 - 607。

② 我已经对这种"保护的鸿沟"(protection gap)作了更加全面的反思，参见 D. Miller, "The Responsibility to Protect Human Rights," in *Legitimacy, Justice and Public International Law*, ed. L. Meyer(Cambridge: Cambridge University Press, 2009)。

是，一个国家应当如何对待那些抵达其海岸并申请庇护的人，以及它应当给予他们何种权利。我将先在第六章中对那些没有以难民身份申请的移民所提出的诉求作一番讨论，然后在第七章中处理上述的这些问题。

# 第六章 经济移民

如果我们研究一下那些移居到自由民主国家(有时是在自由民主
国家之间)的人的情况,我们很快就会发现,运用第五章提出的区分办
法,到目前为止,更多的人应算作经济移民,而非难民。[1] 他们不是因
为担心受迫害或人权受到其他一些直接威胁而被驱逐,而是被新社会
所提供的优势吸引过去的。通常情况下,迁移的动机完全是出于经济
上的考虑。那些从贫困国家迁徙到发达国家而不改变其所从事工作
类型的人,通常预期其工资能够上涨四至十二倍。[2] 当然,并非每个移
民都出于经济理由而这么做。但是,由于接受国社会已经采取的移民

---

[1] 例如,在 2014 年,截至 3 月份,大约有 56 万人移民到英国,其中只有不到 2.4 万人是
作为寻求庇护者而获准入境(然而,在总数中包含了 17.7 万名学生)。参见 http://
www. theguardian. com/uk-news/2014/aug/28/uk-net-migration-soars-to-243000-
theresa-may。

[2] 参见 M. Ruhs, *The Price of Rights：Regulating International Labour Migration*
(Princeton，NJ：Princeton University Press，2013)，124。

政策(通常要求移民证明,他们一旦到达,就有工作等着他们去做),基于狭隘的经济理由的移民是大多数人唯一可利用的移民类型。①

在本章中,我将重点关注经济移民的准许入境问题,我指的是选择他们的方式和接纳他们的一般条件(例如,是永久还是临时)。我将大多数关于应该给予(尚)不是正式公民的常住移民的权利的问题延后至第七章。我还将重点关注申请进入发达的自由民主国家的移民,而这与本书的总体目标相一致。这意味着要搁置其他可能引发严重的道德和政治问题的大规模移民方案,比如由富藏石油的海湾国家发起的临时劳工计划;我得出的一些结论也可能适用于这些问题,但我并不打算对之作进一步探讨。

我在第三章中已详细论证,经济移民不能以正义为由要求获准入境:不论地球共同所有权、全球机会平等,还是人类自由迁徙权利,都不能被用来支持这样一种诉求。广义地说,接纳他们入境的正当理由是互利互惠:改善自身条件关乎移民切身利益,而接受移民的国家的成员可以期望从移民的存在中获得好处。但这并不意味着,当作出接纳移民入境的决定时,就不会出现正义问题了。创造出的利益应该在双方之间得到公平分配,这就意味着,准许入境的条件不能仅仅是移民愿意接受的诱使其迁徙的最低条件。再者,用来决定接受谁或拒绝谁的标准也应当是公平的。虽然我随后将对此作详细说明,但基本的观点是,即便是否提供某种利益是一个自由裁量权问题,可酌情决定,这种利益在潜在的受惠者之间的分配仍可能受到正义的约束——因

----

① 最大的例外当然是国际学生的临时移民。在这里,我打算将这些撇开不论,因为可能被问到的关于他们的问题是稍微有所不同的,而且对于本书的总体主题而言,可以说不那么重要。

此,举个最明显的例子,即根据种族来挑选移民的准入政策应当被排除掉。最后,应当在某种程度上对移民接受国与输出国之间的正义义务给予关注。当移居引起移民往回汇款,或在某段时期之后带着增值了的物质或人力资本返回时,它可能是一个利好(a boon);当移居导致贫困国家的最训练有素的专业人才流失时,它就可能是一个祸害(a curse)。假若富裕的民主国家被要求至少不去妨碍(如果不是去积极帮助的话)其人民还不能够享有所有人权的国家的发展,那么公正的移民政策就应当将移居对输出国的影响考虑进去。所以,本章的任务就是要阐明,在回应并非为难民的未来移民的诉求时,正义对我们这些自由民主国家的公民有何要求。

我首先考虑准许入境的条件。现实世界中准许入境的政策有许多不同的形式和规模,但为了简化问题,有必要将其分成三大类:①

1. 无条件和永久准入。移民在获准入境前可能被要求满足某些先决条件,但一旦这些条件得到满足,他就会被永久接受,并且无须为合法地留在接受国而做更多的事情(然而,成为**公民**则可能需要采取额外的步骤,比如通过考试)。

2. 有条件准入。取得签证的移民被允许留下一段时间,还可能被要求留下从事有偿工作。待此期限结束时,如果满足诸如继续从事合格工作的条件,则签证可能会延长期限。保持这种身份若干年后,他就可以获得永久居留权。

3. 临时准入。移民被准许入境的时间段受严格限制,并被要

① 这些类别最好被视为理想的类型,以便梳理出它们所引起的规范性问题。各国实际采用的政策可能介于这三种类型之间。

求在那个期限结束时回国。居留期间，他被要求要么为某一特定雇主工作，要么在某一特定行业工作（比如务农或护理）。相同基础上的准入可在未来适当时机延长期限，但并不存在通向永久居留权的转换途径。

我们的第一个问题应当是：只要有适当保护措施来保护移民（待会讨论），是否其中的每一类政策原则上都可作为一种准入政策而被接受？或者，移民是否应当始终依照第一类政策被纳为永久居民，并在后来的某个时候取得正式的公民身份？这一更具限制性的观点得到了沃尔泽的辩护，他首先考虑了作为非公民的外邦人在古代雅典的境况。沃尔泽声称，他们与雅典人生活在一起，但不享有政治权利，故遭受了某种形式的暴政。[①] 他认为，客籍劳工（the guest workers）也身处类似的境地，他们从20世纪50年代中期开始被鼓励移民到联邦德国等欧洲国家，但在后来却被剥夺了取得公民身份的资格，结果遭受了经济上的脆弱和社会的排斥。[②] 通过反思这些经历，沃尔泽坚持认为，应当允许所有移民成为政治共同体的正式成员，并让他们有机会在适当的时候获得公民权利。正如他所说：

97　　　　男男女女们要么服从国家权威，要么不服从；如果服从，他们就必须在国家权威所做的事情上有发言权（say），而且最终是平

---

[①] M. Walzer, *Spheres of Justice* (Oxford：Martin Robertson，1983)，chap. 2. 外邦人（Metics）是由公民所资助（sponsored）的外来居民，他们在雅典工作，并得到法院的某种保护，但不可拥有房产、土地，也不能参与公民大会（*ekklesia*）或雅典的其他民主机构。

[②] 正如哈莫维奇的比较历史调查所表明的，这些实际上远非是客籍工人境况的最糟糕的例子；参见 C. Hahamovitch, "Creating Perfect Immigrants：Guestworkers of the World in Historical Perspective," *Labor History* 44（2003）：69 – 94。

等的发言权。因此,民主国家的公民拥有一种选择:如果想要引进新的工人,他们就必须准备好扩大自己的成员人数;如果不愿意接纳新的成员,那就应当在国内市场的范围内找到办法来完成社会上所必需的工作。并且,那些是他们唯一的选择。①

因此,依照沃尔泽的观点,第三类准入政策会被明确排除,并且第二类政策将绝不会被接受,除非它们的构建使得获取正式公民身份的进程很快,或多或少是自动的(在此情形中,它们与第一类几无区别)。这样一种观点会使民主国家目前在管理移民方面所做的大部分工作都成为非法,但它可能是正确的观点吗?

我认为,有两种方式可以解读沃尔泽的论点。第一种是,重点关注移民自身的境况,并声称只有第一类无条件准入政策才足以保护他们实质性的权利——例如,给予他们足够的保障,使他们免遭其雇主的经济剥夺或被迫在不安全的条件下从事工作。第二种是,诉诸整个政治共同体的特征,并声称只要它对一个因其临时身份和缺乏政治权利而受不平等对待的国内少数群体制定并适用专门的法律,它就不可能是一个真正的民主国家。这两个论点并不矛盾,而且沃尔泽在他的讨论中包含了这两者的元素,但需要将它们分开,因为虽然第二种方式似乎断然指责第二类和第三类政策,无论它们的确切形式如何,但第一种方式却留下了一个尚待解决的问题,即某些有条件的或临时的移民计划能否得到充分的监管,从而使参与者的权利得到适当的保护。

---

① Walzer, *Spheres of Justice*, 61.

从历史上看，"客工"计划（guest-worker programs）肯定不是这样的。[1] 因为准入和继续居留往往取决于是否仍然与某一雇主在一起，或至少从事某一特定职业，并且因为客籍工人不能加入工会而几无讨价还价能力，在很大程度上只能任其雇主摆布。即使他们在过了固定的一段时间之后没有被要求返回，一般也没有机会超越客籍工人的身份。接受国政府主要把他们当作廉价劳动力的来源，而输出国政府则不愿意继续提供更大的保护，因为它们间接地从汇款中获利，并且担心本国的工人可能被来自别处的工人所取代。这些政治动机仍然存在，并对旨在遵守人权与社会正义的任何临时或有条件的移民政策构成一种威胁。但是，尽管如此，还是有可能勾勒出这样一种政策的基本框架。

首先，东道主社会的政府应该充分保护移民的人权，以达到其临时身份所要求的程度。最后一个条件是必要的，因为考虑到移民在国外生活时的实际需求，有些属于永久居民的权利对临时移民并不重要，例如，由于客工计划通常不包括携带家庭成员入境的权利，家庭生活的人权不必在东道国社会中以通常的方式得到保护。[2] 这样的假设是合理的，即在很多情况下，移民将让他们的家属留在祖国等他们返回。鉴于临时移民的居住时间相对较短，他们就不能要求享有政治权利（尽管他们在其祖国应该继续享有这些权利）。另一方面，这样的一些移民应该享有一套完整的公民权利——人身安全的权利、隐私的权利、言论和迁徙自由权等——这些权利应该得到与其他居民和公民

---

① 在本段中我以哈莫维奇的"Creating Perfect Immigrants"作为依据。

② 我假定，这样的限制是允许的，只要该计划持续的时间相对较短，例如，就像农业工人的季节性计划一样。

同等程度的保护（通过法律代表等）。在工作上，他们有权像其他人一样受到保护，免受危险和压迫性的工作条件的伤害。他们还应该享有某些社会权利，例如，住房权利、医疗权利。原则上，要求临时移民保证自己能支付提供这些权利的费用并没有错，但根本的问题是，由于他们在其领土上的存在，该国最终有责任确保他们诸如此类的基本权利得到保障。

那么，临时移民就不可声称，他们在所有方面都被视为公民（那些被长期接纳的人的境况将在第七章中讨论）。① 他们不是接受国社会的正式成员：其基本的假定是，他们是另一个社会的公民，而当他们返回时，将在那里继续享有一套完整的权利。他们移民的主要目的就在于工作挣钱，然后把这些钱寄回或带回家。② 虽然他们被授予的权利较少，但他们也受到了保护，免于承担公民所必须承担的一些负担：例如，他们不能被要求应征入伍、履行陪审团职责或在必须投票的地方参与投票（尽管他们通常要纳税）。坚持完全的平等与客工计划的目

99

---

① 丹尼尔·奥塔斯（Daniel Attas）援引罗尔斯式的公平竞争原则认为，虽然临时移民并不是正式的公民，但他们基于与其他居民相同的理由参与经济活动，因而他们应该被授予平等的经济权利；参见 D. Attas, "The Case of Guest Workers: Exploitation, Citizenship and Economic Rights," *Res Publica* 6(2000): 73 - 92。但是，该观点所忽视的一个事实是，他们没有参与公民所预期的合作事业，而这种事业应该贯穿一个人的全部生活，包括童年生活和退休生活在内。他们并不期望例如在职业生涯中晋升，也不期望在东道国社会中缴纳养老金。因此他们参加经济活动时所基于的理由是稍微有些不同的。然而，因后文所将阐述的不同理由，我确实部分地接受了奥塔斯的一个推论——临时移民有权享有职业自由。

② 关于对这一观点的更具持久性的辩护，即临时移民计划应该在移民参加时关注移民自身规划的性质（并因而不应该施加会仅适用于公民情形的条件），参见 V. Ottonelli and T. Torresi, "Inclusivist Egalitarian Liberalism and Temporary Migration: A Dilemma," *Journal of Political Philosophy* 20(2012): 202 - 224。

标背道而驰，该计划一方面使客籍工人对于雇主和接受国社会而言具有吸引力，另一方面它允许工人自身从中获得最大的经济利益。雇主必须至少向客籍工人支付整个社会规定的最低工资，但只要工资水平高于最低标准的部分以及更普遍的雇佣条款和条件是在信息充分的情况下事先得到一致同意的，就不需要与其他工人的待遇完全一致。同样，临时工人应该无须为他们无法期望从中获益的社会保险和养老金方案买单。①

　　基本的观点为，考虑到临时移民迁徙的理由，他们应该得到公平的待遇。他们不应该承担不必要的费用或义务；也不应该期望得到公民一般所得到的所有利益。有时当地人对临时移民所感到的怨恨，往往来自一种通常错误的观念，即所提供的待遇是不公平的，算起来反而是对他们有利的。因此，其条款应该被公之于众，这一点很重要。同样很重要的是，这些计划应对于每一位参与者而言都有一个明确的终止点，并且其持续的时间应该很短——至多一两年。针对 20 世纪德国、瑞士等国的客工计划，反对意见的很大部分是，客籍工人的身份可无限延长，但超越此身份而获得公民身份却遥遥无期。一个接受国当然可以在计划结束后选择允许临时移民转化成永久居民身份（以及之后的公民身份），尽管这不是必须的，而且考虑到计划的目标，这甚至可能被视为不正常的做法。② 令人反感的是，最初让人临时入境，尔

---

① 这一点在卡伦斯的书中得到了有力的阐述，见 J. Carens，*The Ethics of Immigration* (New York：Oxford University Press，2013)，chap. 6。

② 例如，加拿大住家保姆计划(Canadian Live-in Caregiver Programme)的参与者有权在两年后转向永久居民身份，但此规定并不常见。关于讨论，参见 J. Carens，"Live-in Domestics，Seasonal Workers，and Others Hard to Locate on the Map of Democracy，"*Journal of Political Philosophy* 16(2008)：419 - 445。

后又让其漂泊不定。

现在让我们从移民自身利益的视角来考虑对这样的计划所可能
提出的两种反对意见(请回想一下,我正在思考对沃尔泽反对临时移 *100*
民的论点的两种解读;我们仍在考虑第一种)。其一是,允许移民与其
雇主之间通过协议来设定工资和工作条件(在上述限度内)的正当理
由假定,这样一种协议确实是自愿的。但有人会认为,在很多情形中,
移居并非是自愿的:移民乃出于绝望而临时移居国外,希望挣到足够
的钱让他的家庭摆脱极端的贫困。与此同时,他可能对即将加入的社
会中等待他的是什么知之甚少。

这种反对意见有一定的说服力,即使大多数临时移民很可能确实
并不像该论点所设定的那样身陷绝望之境。[1] 由于我们不能假定移
民始终能够表示同意,因此重要的是要确保相关计划由接受国进行适
当管理,同时确保输出国向那些准备参与这些计划的人提供准确的信
息。作为一般原则,如果一项安排是公平的,即它将得到那些能够自
由表达同意的人的同意,那么将它应用于那些不能假定其同意的人也
是公平的。[2] 一个可接受的计划应当能通过这种测试,并且国家应当

---

[1] 关于支持的证据,参见 D. Bell and N. Piper, "Justice for Migrant Workers? The
Case of Foreign Domestic Workers in Hong Kong and Singapore," in
*Multiculturalism in Asia*, ed. W. Kymlicka and B. He(Oxford: Oxford University
Press, 2005); Ruhs, *Price of Rights*, chap. 6。

[2] 思考该问题的另一种方式是说,人们确实自愿同意对他们有利的安排,只要这些安排
的条款是公平的,即便他们缺乏任何合理的替代方案。对这条思路的探讨,可见于
A. Patten, *Equal Recognition: The Moral Foundations of Minority Rights*
(Princeton, NJ: Princeton University Press, 2014), chap. 8,它与移民进入东道主社
会时放弃部分文化权利有关。然而,它的基础是使选择的自愿性取决于其是否改变
选择者所能合法提出的诉求,而这似乎是本末倒置的。我们通常认为,一个选择是自
愿的,这一点解释了为何选择者可能因而丧失某些权利的原因。

确保,其规则适用于每个参与者,即便他们因身陷绝望之境而愿意勉强降低要求。①

第二种反对意见认为,临时移民将不会得到充分的保护以免遭其雇主的剥削,除非他们在计划结束时可以选择成为永久居民(并最终成为公民)。② 雷纳德(Lenard)与施特雷勒(Straehle)提出了支持该反对意见的两个理由:

> 第一,知道这些工人(迟早)有权取得公民身份,这会降低接受国社会让他们在虐待和剥削条件下工作的意愿(因为这么做就反映出他们没有履行好保护他们的公民和未来公民的责任);第二,这将赋予临时工人所需的权威,借此要求他们的权利受到雇主的尊重,因为他们不再需要担心会被自动遣送出境。③

后一个论点,正如雷纳德和施特雷勒所提出的,假定临时工人将
101 与一个被授权决定他们的合法居留身份的雇主捆绑在一起。然而,情况未必如此,实际上有充分的理由赋予移民更换雇主和加入工会的权利,以确保该权利受到保护,以及出于其他理由而这么做。这与要求他们在某一特定的经济部门工作是相一致的,比如作为护士或是护理人员。即便移民居留的总时长有限制,这样的灵活性也能为防止雇主

---

① 在国家方面,阻止移民选择其就业条件,难道不是令人反感的家长主义吗?假设一个雇主为某项工作支付更多的工资,而这项工作包含了普通就业法律所会禁止的风险,移民也知道这些风险,但他渴望挣得更多的工资而同意从事这项工作。国家为什么应该干预呢?国家有责任确保的是,在其权威所及之处,人权得到充分保护。因此,它有时不得不为其本国公民乃至其他居民制定一些可能被贴上家长主义标签的政策。

② 关于此种论点,可见于 P. Lenard and C. Straehle, "Temporary Labour Migration, Global Redistribution, and Democratic Justice," *Politics*, *Philosophy and Economics* 11(2012): 206 – 230。

③ Lenard and Straehle, "Temporary Labour Migration," 215.

虐待而提供保护。

如果临时工人有权在未来取得公民身份,此种政策就将促使现有公民确保这些临时工人得到保护而免遭剥削,我们该如何看待这一论断? 由于移民目前没有任何(正式的)政治权力,故这可能只是一种关于选民思考方式的心理论断。严格地说,它在直觉上好像并不令人信服。公民因客工计划给双方都带来好处而高度评价这些计划,并接受这些计划需要适当的监管以确保移民受到公平对待,但又不愿意通过给予移民居留权而永久扩大他们的社区,这在心理上似乎并不矛盾。

最后,我们来看看沃尔泽的论点,即客工计划与服从国家权威的每个人都应当对当局的所作所为有发言权这一民主观念不相一致;反对这样一些计划的理由是,它们通过制造一个臣服的阶层腐蚀了整个政治社会,而公民则扮演“暴君”的角色。[1] 此论点需要有所限定,因为民主国家通常将一些受其管辖的人排除于政治权利之外——年轻人、精神病人以及某些囚犯。[2] 更为相关的事实也许是,游客和学生等短期来访者没有获得这样的一些权利,尽管他们在逗留期间服从该国的法律。在这些情形中,我们假设,来访者默认这些强制的要求并获得一种公平的对待,因为他们在逗留期间也从法律的保护中获得好处。那么,临时移民有何不同呢? 显然,关键的问题在于他们逗留时间的长短,以及他们由于被雇佣而更容易遭受剥削的事实。这就意味着,

---

① 雷纳德和施特雷勒对这一主张作出了回应,他们认为,“部分成员进入政治环境的机会受到限制,这一事实的存在,是因为我们未能遵守我们声称要坚持的民主原则。换言之,我们正在使不正义永久化,这对我们构成了伤害”; Lenard and Straehle, “Temporary Labour Migration,” 216。

② 这些排除有时会遭遇挑战,但甚至连其对手也会犹豫可否将其描述为“暴君似的”。

同意与法律保护都具有额外的意义。但是，只要这两点都达到了——移民被适当告知他们将在东道国社会中所享有的条件，以及有适当机制确保他们的合法权利得到保护——就不清楚为何被剥夺政治权利就等于"暴政"。① 在此，有必要指出的是，一个政治团体可能作出的很多决策，其影响将会远远超出一个临时工人停留的期限。所以，基于民主的理由，给予临时工人与永久居民相同的政治权利也会是不恰当的。

尽管如此，我承认，不伴有政治权利的大规模临时移民导致了一个令人担忧的双阶层社会的图景。当移民担负起本土人所不愿从事的卑微工作时，我们就特别能感觉到这一点。因此，我们可能面临着一种价值冲突，在此冲突中，我们不得不把移民自身的利益甚至是他们原籍社会的利益，与东道国社会在（平等主义的）团结方面所付出的成本进行比较。② 由此，特别重要的是，这些计划应该以使这些利益最大化的方式被制定出来。稍后在讨论人才流失的问题（它表明，有时移民对输出社会来说可能是一种净损失）时，我将再回到这一点。我现在的结论是，只要我所勾勒的保护措施落实到位，（真正的）临时移民计划不应该被视为不公正的，而更大的问题在于第二类有条件准入的方案，这些方案给那些加入它们的人造成了关于未来会怎么样的更大不确定性，也

---

① 沃尔泽在脚注中承认，他的论点似乎并不适用于"有特权的客人（privileged guests）：技术顾问、客座教授，等等"；Walzer, *Spheres of Justice*, 60。这表明，真正推动它的并非是民主的总体原则，而是那些至少在历史上参与过客工计划的人的无权无势和不受保护的身份。

② 另一些人认为，临时移民计划可能需要在移民自身利益与其他价值之间作出一种可接受的权衡，这些人包括 Bell and Piper, "Justice for Migrant Workers?"；R. Mayer, "Guestworkers and Exploitation," *Review of Politics* 67(2005)：311 - 334。

可能会让他们永远沦为二等公民。① 这在某种程度上是这些方案如何被设计出来的问题，我将在第七章回到此问题。在此，我想谈谈同样有争议的临时或永久准入的选拔标准的问题。在只有一小部分申请者会被接受的情况下，我们基于什么标准来选择经济移民？②

在过去一百年左右的时间里，自由民主国家在关于此问题的政策上发生了重大转变。③ 那段时期之初，人们通常认为，移民政策应该在很大程度上偏向于来自特定民族或族群背景的移民：例如，美国政策最初偏向于北欧人，而澳大利亚则更加狭隘地关注英裔移民。当今，几无例外地，除了因为移民具备相关资格和技能，尤其与工作相关的技能之外，不允许以任何理由挑选移民（撇开难民不说）。但是，这导致了一个难题。如果各国拥有自由裁量权来决定到底是否接纳移民，*103* 为何它们有义务基于一个如此狭隘的理由挑选他们所准许入境的移民呢？澳大利亚在 20 世纪 20 和 30 年代推行一种"白澳"（White Australia）政策，而英国在 1981 年底通过了一部专门为阻拦来自非白人领地的移民而制定的《移民法案》（Immigration Act），但这些究竟为

---

① 是否也可以用同样的说法来讨论那些被拒绝授予永久居留权的难民？拒绝他们的理由是一旦他们可以安全返回原籍国，就应该期望他们被遣返。他们也可能面临一段较长时间的不确定状态。然而，考虑到说服各国接受其难民公平份额存在困难（见第五章），这可能已是两害相权取其轻的方案了。如果各国被要求给予所有难民永久居留权，那么它们愿意接纳的难民会更少。

② 卡伦斯通过区分"拒绝接纳的标准"（criteria of exclusion）与"挑选的标准"（criteria of selection）来构架他对该问题的讨论；参见 Carens, *Ethics of Immigration*, chap. 9。我从中看到一些优点，但在这里，我把有资格与没有资格的因素直接视为属于同一等级的两个部分，因此如果"熟练"（being skilled）是准许入境的一个理由，那么"不熟练"（being unskilled）则是拒绝的一个理由。我的讨论没有他的全面。

③ 关于这种转变，参见 C. Joppke, *Selecting by Origin: Ethnic Migration and the Liberal State* (Cambridge, MA: Harvard University Press, 2005)。

何是不正义的呢？

正如我之前所说的，在某些情形中，正义并不要求提供一种利益，尽管如此，如果这种利益被提供了的话，它就仍然要求对利益的分配加以限制。尤其是，某些形式的歧视可能是不合法的。布莱克（Michael Blake）所举的一个例子很好地说明了这一点：就正义而言，一个国家不需要向每个公民提供汽车，但如果决定着手从事提供汽车的业务，那它就不能只将汽车提供给白人，而不提供给黑人。① 然而，我们可能认为，这源自一条普遍的平等对待原则，这一原则是一个国家在对待本国公民时所必须遵循的，但没有理由假定，相同的原则也将适用于该国与外国人之间的互动。② 因此，究竟为何一条排除了"按原籍选择"的平等规则应该适用于向内移民的情形呢？

一个可能的理由是，存在一种反对歧视的人权，而这适用于所有基于有关国际文件所提及的理由而歧视人的政策，例如《公民权利和政治权利国际公约》，该公约（第26条）禁止基于诸如"种族、肤色、性别、语言、宗教、政治或其他的见解、国籍或社会出身、财产、出生或其他身份"等理由的歧视。③ 但是，该权利明显需要得到解释。其范围无法从第26条的正式表述中推导出来。大概在许多情况下，这些标准

---

① M. Blake, "Immigration and Political Equality," *San Diego Law Review* 45(2008)：970.

② 卡伦斯认为，按照种族或族群挑选移民与任何"自由民主原则的合理解释"都是不一致的。J. Carens, "Who Should Get In? The Ethics of Immigration Admissions," *Ethics and International Affairs* 17(2003)：105.但这再一次假定，这样的原则同样适用于国家给予那些尚未服从其权威的人的待遇，就像对待其本国公民一样，而这一点正是需要证明的。

③ I. Brownlie and G. Goodwin-Gill, eds., *Basic Documents on Human Rights*, 5th ed. (Oxford：Oxford University Press, 2006), 366.

中的一个或另一个可以适当被用于选拔目的。例如,如果一个政党决定草拟一份全女性候选人名单以便在某一特定选区选出其候选人,如果一家公共广播公司只从那些能够阅读威尔士语新闻的人中进行选择,或者如果一个教会将成员资格限定于那些属于它自己信仰的人,这并不会被当作对人权的一种侵犯。不过,这些是分别基于性别、语言和宗教的歧视的例子。因此,这种反对歧视的人权应当被如此解释,即它禁止基于与正被分配的权利或利益无关的理由的歧视——并且,正如刚才已举出的例子所表明的那样,第 26 条列出的理由并非总是不相关的。那些在过去为按种族或民族挑选移民作过辩护的人认为,他们可以通过诉诸其社会的"特征"或"道德健康"来证明使用这些标准的正当性。要驳倒这些论点,就要求为这一观点给出实质性的理由,即这样一些诉求要么是错误的,要么与正在提供的善,亦即准许入境,是不相关的。只诉诸这种反对歧视的人权,将无法解决此问题。①

一个最初更具前景的途径就是要证明,对于一些现有公民,亦即移民政策对其不利的群体的成员而言,基于种族或宗教等理由挑选移民是一种不正义。② 通过以此种方式实施歧视,这个国家似乎正在给这些人贴上二等公民的标签。布莱克说:"在移民问题上发表种族偏

---

① 我更加深入地探讨了认为反歧视的人权可能适用于移民政策的理由,见 D. Miller, "Border Regimes and Human Rights," *Law and Ethics of Human Rights* 7(2013): 6-27。

② 它得以理解,可见于 Carens, "Who Should Get In?,"更详细的解释可见于 M. Blake, "Discretionary Immigration," *Philosophical Topics* 30(2002): 273-289; M. Blake, "Immigration," in *A Companion to Applied Ethics*, ed. R. Frey and C. Wellman (Oxford: Blackwell, 2003)。在更早的讨论中,我也运用了这个论点: D. Miller, *National Responsibility and Global Justice* (Oxford: Oxford University Press, 2007), chap. 8。

好声明的国家，必定也会在国内发表种族偏好的声明。"①这通常会为各国提供不实施歧视性准入政策的强有力理由，但此条进路的一个局限性在于，它不适用于一个在宗教或族群上已经同质并且其成员希望保持现状的国家。② 还请注意，该论点取决于对现有公民的不公正待遇，他们的地位因歧视性政策而降低，而非对被排除在外的候选人的任何不公待遇。因而，我们可能认为它没有切中要害：一项错误的歧视性移民政策的主要不公正是对那些被它排除在外的人造成的不公正，而它向现有公民所发出的信号则是另一回事（尽管仍然很重要）。但是，考虑到这样一种假设，即没有经济移民享有一种优先被准许入境的权利，在此情形下该如何解释这种不正义呢？

我们需要思考的是，一个经济移民可以向她设法进入的政治共同体提出何种类型的诉求。在这一点上，我在第二章中所捍卫的弱式的世界主义立场开始发挥作用。经济移民不可声称，她享有一种进入的人权，以至于国家有义务接纳其入境。但她通常会提出一种基于利益的强烈诉求：鉴于移民所涉及的个人生活变动程度，她必须预期通过移居到新的社会将获得可观的收益——比如，通过从事不同类型的工作，或挣得比她自己的社会中所期望的高得多的工资。根据弱式的世界主义前提，拒绝这样的一种诉求但不给出拒绝的相关理由，是对提出诉求的人不尊重的表现。这是将她当作不具道德重要性的人来对待。这也适用于从众多申请者中挑选移民。仅仅提出支持移民控

---

① Blake, "Discretionary Immigration," 284.
② 这一点得到了布莱克的承认，可见于 Blake, "Discretionary Immigration," 285。另参见 Walzer, *Spheres of Justice*, 35 - 51，以及布莱克在"Immigration"中的讨论。

制的一般理由是不够的。如果约翰获准入境,而杰米被拒之门外,就应当向后者提供他受不平等对待的相关理由。①

这种对弱式的世界主义的呼求解释了国家为何无权仅采用任意的方法来选择接纳哪些移民入境,但它尚未确定在作出选择时应考虑哪些理由,因而到目前为止,它也没有解释使用种族、族群和诸如此类的其他标准有什么问题。缩小名单范围的一个方法是确保这些理由必须是移民自身所能接受的。我们可以假定,没有哪个移民会把他们自己的肤色视为被拒绝接纳的合法依据。但是,如果接受国和未来移民对什么应该被视为相关依据的问题上持有不同的看法,那么问题就出现了。比如,假设一个国家决定只准许具备高技能的移民入境,而其理由是,与低技能工人相比,它在经济上更需要这些移民。一个不具备相关技能的移民则可能拒绝这种推理,理由是他(以及像他一样的其他人)应该有机会改善其自身条件,并且准许他入境可使他和接受国都获得好处。因此,如果说国家给出的理由也必须是移民能够接受的理由(如果"能够接受"意味着"一旦这些理由得到解释,那么将在事实上接受"),这个要求就太高了。相反,其相关的条件是,国家为其选择性的准入政策所给出的理由应当是正当的理由,是移民应该接受的理由,倘若政策的总体目标是合理的话。②

---

① 假定采用抽奖的方式进行挑选:这是可以接受的吗?我认为只有在以下情形中才可以,即如果接受国能够合理地声称,它是在用抽奖的方式从被预选的候选人中进行选择,而这些候选人无法依据诸如技能、专业资格等标准而被明确地相互区分开来。
② 布莱克在"Immigration and Political Equality"中采取了类似的立场,用"移民不能合理拒绝的理由"这一表述阐明了这一观点。

在此，我们需要回到我在本章开头所提出的一个观点，那就是，经济移民的准入应该从互利的角度来理解——双方应当期望从准入的决定中获益。接受国有某些政策目标——例如，它以经济增长或向其公民提供慷慨的福利服务为目标——并且它有权将移民政策作为实现此类目标的手段之一。这就解释了为何根据移民能够有效运用的特定技能来选择移民是一个无可非议的标准。此外，鉴于未来移民希望与其试图进入的国家所建立的基于互利的关系，它还是未来移民应该接受的一个标准。相反，根据种族或民族背景来挑选的做法是无正当理由的，因为这些属性不能与一个民主国家可能合法期望实现的任何目标联系起来（除非通过完全站不住脚的推理）。①

在基于移民的政治或文化背景进行选择时，出现了更棘手的问题。问题是，选择支持那些已具备能使自身更容易融入所加入社会的政治或文化属性的人，这是否合理。首先考虑政治属性：自由民主国家是否可以挑选那些已表现出民主资质的移民，而不是那些信奉其他政治价值的移民，假如这一点能被可靠确定的话？大多数评论家，包括诸如约瑟夫·卡伦斯在内的强式的自由主义者，都赞成各国可以拒绝接纳因其所持有的信仰而对国家安全造成威胁的人，比如那些有可能从事恐怖活动的人。② 但在这样的一些情形中，是行为倾向而非信

---

① 我在此所依赖的是，一种对国家所追求的哪些社会目标是合法的而哪些不是合法的这一问题的直觉理解——比如，文化的凝聚力是一个合法的目标，而种族的纯粹性则不是的（说文化凝聚力是一个合法的目标，就是说它是国家所可能选择追求的目标，而不是它所应该追求的目标）。我认为，这表明，那些过去提倡种族主义移民政策的人总感觉有义务诉诸超出种族本身的东西——例如，不同种族的人之间所谓的道德品质的差异。

② Carens, *Ethics of Immigration*, chap. 9.

仰本身构成了拒绝接纳的理由。有些人的政治信念使他们不承认他们所希望加入的国家的权威，即便他们无意于通过暴力或其他手段蓄谋破坏它，那他们又该如何呢？所有国家，尤其是自由国家，在大部分时间里，都有赖于其成员对其法律的自愿遵守，而一种对国家合法性的信念很可能就是遵守法律的主要来源之一。缺少那种信念的人可能会因其他理由（谨慎对待和尊重他人的权利）而遵守法律，但在履行其公民职责时可能就不那么可靠了。因此，在挑选移民时，支持坚定的民主主义者是有原因的。另一方面，自由民主国家并不要求所有现有公民都亲自签署他们的基本原则：他们做好了宽容无政府主义者、法西斯主义者以及其他人的准备，让他们自由地表达他们的信念，自由地尝试在法律范围内说服其他人相信其正确性。那么，有什么理由在移民问题上采取一种更具限制性的立场呢？① 再者，移民的政治信念体系不可能是永恒不变的，而在他们到来之后有机会通过公民课程等方式沿着民主的方向对其进行塑造——我将在第八章讨论可辩护的融合政策。因此，总的来说，基于政治理由的挑选似乎只在如下 107 情形中是无可非议的，即持有不自由或不民主观念的移民数量足够多，以至于他们的存在有可能造成社会的暴力冲突或扰乱民主制度的运行。②

---

① 我追问这个问题，可我自己对答案也不确定。由于我在第二章中所捍卫的基本假设是，各国对自己公民负有的义务确实比陌生人的要多一些，所以有人可能会认为，自由民主国家将宽容扩展至持有不同意见的公民，而无须将其给予那些申请加入该政治共同体的人。

② 正如卡伦斯所言，"问题不在于任何单个移民的观点，而在于对民主持有敌意的观念的集体效应（collective effect）"；Carens, *Ethics of Immigration*, 176。

对于文化选择的论证则提出了不同的问题。我们在这里考虑的是文化亲缘与大多数现有公民有差异的移民群体——尽管我们还应该区分以下两种情形,即现有国家已是多元文化的国家且已制定了多元文化政策的情形(如加拿大)和在文化上更为同质化的情形(如日本):这个议题在后一种情形中变得更加紧迫。说着不同的语言、信仰不同的宗教或生活方式与大多数人不同的移民,可能会带来两类问题。简单地说,第一类问题就是,在平等的条件下将他们纳入东道主社会所要付出的成本。这究竟意味着什么——对文化平等的承诺应该达到何种程度——是第八章要讨论的一个主题,但假定为了公平起见而需要某种妥协,这通常会给接受国带来成本。比如,将公共文件翻译成一种新的语言,或在法庭上和社会服务机构中提供翻译,这些都会产生成本;或者,如果宗教是分歧的根源,那么适应宗教习俗所产生的成本就在于,这些习俗对处于主流群体之外的信徒提出了不同的要求。其中的一些成本可能被转嫁给了移民自身,但其他成本将由国家所承担,并因而由广大公民所间接承担。

当然,随着文化多样性的增加,也可能会带来补偿性的好处。我只想说明一点,如果我们把(经济)移居视为受互利逻辑支配的一种实践,那么在考虑移民选择政策时,成本和收益都需要被考虑进去。其中的一些成本只在事后才可能显现出来,因为只有到那时人们才会明白,一个成功的移民融合政策究竟需要什么,该政策既要让新移民群体能够融入社会,又要为他们保留足够的空间来维系自身的文化。这也适用于第二类潜在的问题。文化不只是一个事关信念或实践的问题,而且还是一个事关认同的问题。这里,我们回到第四章所讨论的

问题,即文化如何在政治共同体内逐渐构成一条裂痕,而这可能导致
"平行社会"的形成,其成员与那些处于自己共同体之外的人鲜有联
系;还有第一章所讨论的关于文化多样性对社会信任的影响的问题,
以及由此对人们支持福利国家和其他社会正义工具的意愿的影响的
问题。这些绝非是接纳文化背景不同于大多数人的移民入境所导致
的必然后果,但它们是可能的后果,并且事实证明,规避这些后果所付
出的成本还可能有点高,而这次的成本是以支持语言学习、公民教育
等计划的形式体现出来的。这就是国家现有文化特征变得非常重要
的一个关键点:一个已完整配备了多元文化政策的国家要比一个没
有配备这些政策的国家更易于处理这些问题。然而,并不存在这样
一个独立的要求,即一个国家在决定其准入政策之前,应该乐意采纳
多元文化主义。民主国家有权决定,它们想要在多大程度上保护其
传统的民族文化,以及在多大程度上鼓励其边境内的文化多样化。

总而言之,有选择的移民要求各国为其实施的政策给出理由,而
这些理由必须与国家自身的合法目标有关,这在它的其他政策决定中
也有所体现。基于经济理由的选择是争议最少的例子,但也不能排除
其他形式的积极歧视:比如,如果一个社会想要提高其在体育上的声
誉,我就不明白为何不应该设法吸纳将来有资格进入国家队的移民。
给出此类理由,就表现出对那些被拒绝入境的人的足够尊重,尽管他
们可能感到沮丧(请再次回想一下,我们在本章中只考虑广义的经济
移民)。但在这次讨论时,还有必要说说选择性的移民对移民正在离
开的社会可能产生的影响。

不幸的是,与移民入境是否拉低(某些)国内工人工资的问题一
样,向外移民(out-migration)是否损害贫穷社会这一问题在经济学家

和其他人之间也存在很多争议。① 其作用机制——原本可能在输出社会中被有效雇佣的人才的流失，对比人才为教育投资所创造的动力；在原籍社会中所放弃的收入，对比从目标社会所寄回的汇款；等等——已经得到了广泛研究。但是，其净影响似乎在不同的情况下有很大的差异。通过观察发现，最有可能失去人才的社会是那些小而贫穷的社会，故而已经很容易表现出人权方面的不足，这证明确实存在一个值得我们关注的人才流失问题。② 最紧急的情形是，医生和护士移民到富裕的社会从事薪水更高的工作：例如，诸如加纳和津巴布韦等一些国家已失去了多达四分之三的受过训练的医务人员，导致这些国家医疗保障覆盖率上的严重不足。③ 因此，即使一些补偿以汇款的

---

① 相关的讨论包括 D. Kapur and J. McHale, *Give Us Your Best and Brightest : The Global Hunt for Talent and Its Impact on the Developing World* (Washington, DC：Center for Global Development，2005)；D. Kapur and J. McHale, "Should a Cosmopolitan Worry about the 'Brain Drain'?," *Ethics and International Affairs* 20 (2006)：305 – 320；C. Packer, V. Runnels, and R. Labonte, "Does the Migration of Health Workers Bring Benefits to the Countries They Leave Behind?," in *The International Migration of Health Workers*, ed. R. Shah (Basingstoke：Palgrave Macmillan, 2010)；F. Docquier and H. Rapoport, "Globalization, Brain Drain, and Development," *Journal of Economic Literature* 50 (2012)：681 – 730；P. Collier, *Exodus : Immigration and Multiculturalism in the 21st Century* (London：Allen Lane, 2013), pt. 4。

② 参见 Docquier and Rapoport, "Globalization, Brain Drain, and Development," 701 – 703；Collier, *Exodus*, 199 – 203。

③ 参见 Kapur and McHale, *Give Us Your Best and Brightest*, 25 – 29。然而，人们不应该忽视欧盟内部的自由迁徙对波兰和保加利亚等国的影响，这些国家有很多专业人员和熟练工人离开本国到欧洲其他国家工作。参见，例如 K. Connolly, "As Poland Loses Its Doctors and Builders, 'Euro-orphans' Are Left at Home to Suffer," http://www.theguardian. com/world/2015/mar/15/euro-orphans-fastest-shrinking-town-poland-radom；I. Krastev, "Britain's Gain Is East Europe's Brain Drain," http://www. theguardian. com/commentisfree/2015/mar/24/britain-east-europe-brain-drain-bulgaria。

形式流向移民家庭,这些也不可能填补由人才流失所造成的医疗保障
的缺口。

　　因此,在这种情况下,移民损害了留守者的人权,这些留守者失去
的不只是卫生工作者,除了在医疗方面,还失去了工程师等其他专业
人士,倘若这些人留在国内,可能会对发展的目标作出重要贡献。因
此,这些移民自身是否有义务不离开而是留下来作贡献呢? 这样一种
责任存在的理由是双重的。① 第一,他们很可能接受了公费教育,并获
得了一些技能,而这样的一个假定是合理的,即这些技能本来旨在用
于造福那些为他们的教育买单的公民。第二,即使抛开他们的教育成
本不说,他们对自己的同胞也负有特殊的义务,而这些义务得到履行
的最佳方式就是,通过运用他们的技能来满足基本的需求。② 现在,贡
献的义务只在某些范围内才有效。如果这是一个为一个人的教育成
本作出公平回报的问题,那么在医生和护士身上的投资也将得到回
报。对同胞的更广泛的义务,应当以个人追求自己目标的特权为限定
条件。因此,一方面,如果一位训练有素的医生失业了,并变得讨厌医
疗实践,那么就不能要求其在那个行业继续工作;另一方面,如果在原
籍国完全无法过上一种体面的生活,无论因何种理由,医生都有权寻

---

① 在这里,我遵从了 K. Oberman, "Can Brain Drain Justify Immigration Restrictions?," *Ethics* 123(2013):434-437。另参见布罗克的论点,G. Brock and M. Blake, *Debating Brain Drain: May Governments Restrict Emigration*? (Oxford:Oxford University Press, 2015), chap. 4。
② 这种义务应该如何被理解,将取决于一个人在联合义务的更为广泛的问题上的立场,这已在第二章中得到了讨论。但即使是强式的世界主义者也可能认为,邻近的事实和各种实际的因素可能意味着,熟练工人确实负有满足同胞需求的特殊义务。参见奥伯曼的讨论:Oberman, "Can Brain Drain Justify Immigration Restrictions?", 437-438。

找出路。然而，根据这些限定条件，拥有必备技能的准移民似乎有一种道义上的责任留在需要其技能的地方工作，尤其是当施展这些技能将使其他人享受到其人权时。

然而，一个更进一步的问题是，这种责任能否通过禁止移民的方式得以强制履行。输出国在留住其合格公民方面有着重要的利益，但如果这是他们的选择，它是否有权阻止他们离开？这么做会违反联合国《世界人权宣言》所规定的一项人权，根据该文件，"每个人都有权离开任何国家，包括他自己的国家"。但有人可能会说，所有权利都附有限制性条款，在此情形中，限制出境权的理由在于一些通过要求移民留下才可受到保护的其他权利。① 然而，此论点缺乏说服力。将出境权视为不受限制的（或许在灾难的情况下除外）②，是因为它在保护人权免遭政府压迫方面起着至关重要的作用。简而言之，只要人们可以离开，政府在限制他们的自由和其他权利方面就有一个限度；而且，假定为了留住具备必要技能的人，政府只会善意地使用阻止其出境的权力，那么授予政府这项权力就太过冒险了。③

但是，移民打算移居的国家的境况如何？由于这些国家允许他们

① 退出的权利很少受到挑战，相关例子可参见 L. Ypi, "Justice in Migration: A Closed Borders Utopia?," *Journal of Political Philosophy* 16(2008): 391 - 418。关于一种强有力的辩护，参见布莱克所作的贡献，Brock and Blake, *Debating Brain Drain*, chap. 9。

② 我可以设想，面对一种大规模自然灾害——地震或火山爆发——的政府，可能暂时限制那些能够为救援行动作出贡献的人的出境权利。

③ 一个政府可能决定，它所培养的专业人员应该按照契约义务在本国工作一定年限，并要求那些还没有履行义务就离开的人进行经济偿还。依据方案详情和背景情况，这可能是无可非议的。关于布罗克的论点，可参见 Brock and Blake, *Debating Brain Drain*, chap. 4。然而，这个权限并不延伸至实际阻止他们离开。

移民,故可能会被指控为造成输出国人权不足的共谋者——这些国家使移民逃避了他们对贫苦同胞的责任——并且还有剥削之嫌,因为它们正在以牺牲培养昂贵技能的国家的利益为代价,而在无须付出任何成本的条件下获得这些技能的使用权(在英国,培训一名家庭医生估计总共要花费 50 万英镑)。① 因此,首先,这些国家为应对国内劳动力短缺问题而积极从贫困国家招募医务人员或其他专业人员,这明显是不义的。虽然它们负有满足本国公民的需求的社会正义义务,但也不可为履行这样的一些义务而不顾其强加给他国的成本。通过引进医生和其他具备必要技能的人而置人权于危险之中,这算得上是一种不可接受的成本。但是,如果主动权来自移民自身,那又会如何呢? 当他们在自己的社会中被迫切需要时,各国应当拒绝让他们进入吗?

　　首先,请考虑已经提出的阻止入境的两种替代方案。第一种是,输出国应该得到补偿,以弥补其熟练工人的离开所造成的损失:这一点可以通过向移居外国者征税并将所得收入转回他们的祖国的方式或其他方式得以实现。② 此处的问题是,常规补偿也许无法解决移居国外所造成的具体损失:如果医生大批离开,那么往回汇款并不能直接消除他们的离开所造成的医疗短缺(它可以被用于培养更多的医生,但如果这些人后来也大批离开呢?)。因而,第二种替代方案是,由

---

① 费拉乔利认为,富裕国家向熟练工人开放边境,而后者的技能是在其祖国避免贫困所必需的,这些富裕国家的行为被描述为"促成伤害"是恰当的。参见 L. Ferracioli, "Immigration, Self-Determination and the Brain Drain," *Review of International Studies* 41(2014): 99 - 115。她正确地补充道,这是基于这样一个假设:移民输出国的情况并没有糟糕到他们的技能无法在那里使用的程度。

② 在 Kapur and McHale 的书中讨论了许多可能的方法,见 *Give Us Your Best and Brightest*, chap. 10。

富裕国家出资提高贫困社会中技术熟练的专业人员的薪酬，或者建立反向移民激励机制——比如，付钱给它们本国的医务人员，让他们在医疗保健出现短缺的国家中度过一段时期。[1] 然而，这是一种太过昂贵的替代方案：仅当拒绝移民本身被视为一种对某种责任的背离时，正义才会需要它。[2] 但请记住，我在本章中或别处都假定，并不存在一种普遍的移民权利。鉴于准许某些移民入境而拒绝另一些移民进入是可允许的，我们正在考虑挑选移民所能适当依据的理由。基于这些前提，某个拥有技能的申请入境者本来应该在其祖国就业，从事有助于满足其同胞基本需求的工作，这一事实应该被视为取消资格的一个条件，而无论其才能在多大程度上受到接受国的重视。因此，来自存在人权问题的发展中国家的技术熟练专业人士，只有在证明他们的技术在本国并不短缺的情况下，才应被挑选出来并获准入境。

我已给出的分析表明，输出国、接受国和移民自身在移民政策上很可能存在利益冲突。除非像菲律宾那样，有意让大量公民在海外从事护理等职业，以期望收到汇款，否则输出国通常更希望他们的移居国外者是低技能工人。这些劳动力在国内可能是过剩的，他们通过汇

---

[1] 奥伯曼认为，该项政策必须优先加以推行，而不是实施移民限制。他承认，"如果富裕国家必须提供额外的援助，以弥补熟练工人未能履行的对其贫困同胞的义务，这是不公平的"，但他认为此种不公平应当被承受，因为"跨越边境的自由是一项基本的自由"；Oberman, "Can Brain Drain Justify Immigration Restrictions?," 443。这说明了，政策如何对人才流失的问题作出反应，取决于我们所接受的基本原则，而无论我们是否承认一种基本的人类移民权利。

[2] 为了避免误解，我并不是说，诸如此类的政策就没有独立的优点了。它们可能是向贫穷国家提供援助的有价值的方式。我的主张仅仅是，富裕国家没有必要将这些政策作为限制卫生工作者和其他人向内迁徙的替代方案而加以推行。

款而成为获得外汇的宝贵来源。接受国更愿意长期接纳高技能工人，而只准许低技能工人临时入境来弥补劳动力的短期紧缺（例如，在农业领域中）。移民自身在这两种情形中都将获益，而对于那些在国内会失业的体力劳动者而言，获益可能最大。[①] 因此，正义所要求的是，那些能够以公平的方式分摊移民带来的成本和收益的选择政策，这些政策应考虑到所有三方的利益。在本章中，我尝试勾勒出这些政策的轮廓。

---

① 然而，对于该群体的很多人而言，移民可能是不可行的；关于此讨论，可参见 Collier, *Exodus*, chap. 6.

# 第七章　移民权利

　　在本章和第八章中,我的重点将转向移民进入新的社会后所受到的待遇问题上。我将追问,就正义而言,他们可以向接纳他们的国家要求什么。他们应当被授予其他公民所享有的所有权利和机会,还是只有某些权利和机会?反过来说,他们有权得到的是严格意义上的平等待遇,还是可以要求得到特殊形式的空间以反映其文化或其他需求?授予移民公民身份应遵循哪些原则?他们被期望以何种方式在政治上和文化上融入东道国社会?移民应该被视为一条双行道,而在这条道路上,受到所加入社会公平对待的移民相应地也承认有义务为该社会作出贡献,并帮助该社会作为一个民主社会而有效运行。但是,这个笼统的论断留下了大量需要得到填充的细节。在本章中,我考察移民可以提出的诉求,并在第八章中,考察东道国社会对移民应该在何种程度上适应新环境的合理期望。这将需要对多元文化主义与民族认同以及两者可能发生冲突的压力点作一些讨论。

正如我们在第六章中所看到的,如果我们打算研究移民应该获得的权利,那么区分不同类别的移民是非常重要的。自从讨论准许入境 *113* 问题以来,我就对那些获得永久居留权的人、有条件准入的人和获得临时身份的人作了区分。但在本章中,有必要添加第四个类别:那些未经准许但已经入境并意欲逗留一段时期或永久居留的人。根据人们所偏爱的术语,这些都是"非法移民"(illegal migrants)或者"非正规移民"(irregular migrants)。① 我们需要追问的是,国家应该如何对他们不正常的法律地位作出反应,以及应该采取何种措施对此进行矫正。

然而,在深入探究这些问题之前,还有最后一组准入问题有待解决。这些问题涉及我在第六章中所描述的"特殊诉求者"——实际上是那些诉求永久获准进入 S 国的人,理由是他们已与 S 国建立了一种关系,而此种关系赋予他们进入的权利。特殊诉求者有着不同的类别。一类是那些在某些情况下以明确或默许的方式获准入境的人(例如,如第五章所述,持英国护照的乌干达亚裔)。这些都没有引出棘手或有趣的原则问题——他们的诉求显然应该得到尊重。第二类包含以家庭团聚为由而申请入境的人。我还打算把这群人搁置在一边,尽

---

① 我从卡伦斯那里借用"非正规移民"的说法,并将在后文中使用它,尽管有些顾虑;J. Carens, "The Rights of Irregular Migrants," *Ethics and International Affairs* 2 (2008): 163 - 186; J. Carens, *The Ethics of Immigration* (New York: Oxford University Press, 2013), chap. 7。卡伦斯认为,它更加准确地反映了未经准许的移民的境况:虽然他们不拥有出现在一个国家领土内的合法权利,但他们不应该仅仅因为这一点就被视为罪犯。的确,从那些为避开正常的移民程序而偷偷跨越边境的人,到那些由于某种法律的技术性问题而未经许可移民的人,比如父母没有为其登记公民身份的人,都属于此类别的人。我对"非正规移民"说法的顾虑在于,它过于强烈地暗示,我们正在讨论的人只是违反了一些正式的规则。

管在现实中,他们在目前被大多数民主国家所准许入境的人当中占有相当大的比例。其理由是,相关的诉求是由已有权居留(不论是否为公民)并想携带家眷加入其行列的人而非移民本身所提出的。① 尽管每个人确实都拥有一种过家庭生活的人权,但要将其转化为一种在某一具体地方(S国的领土内)过家庭生活的权利,则需要与至少一个家庭成员在那里居留的权利相结合。② 除了关于家庭团聚的权利应该在多大程度上延伸到一个人的伴侣及其子女以外,还有一些问题需要提出,但这些都是无法通过诉诸一般原则就能得以解决的政策问题。③

更有意思的特殊诉求者(就本书而言)是那些由于过去的事件已经与某一国家建立了某种关系,但未达成协议保证其入境权利的人。两种情况下可能产生这样的诉求:作为补偿的诉求与作为应得的诉求。在第一种情形中,移民权被要求作为纠正接受国对潜在移民施加的一些错误做法的一种方式;在第二种情形中,该诉求是:加入该社会

114

---

① 在这一点上,我赞同 M. Lister, "Immigration, Association and the Family," *Law and Philosophy* 29(2010): 717 – 745。

② 因此,非正规移民不可以提出家庭团聚的诉求。更具争议性的是临时移民的处境。因为临时移民计划的一个主要目标是,允许参与者积累资源,然后将这些资源送回至其海外的家眷,所以这些计划通常不允许移民携带家眷进入是有道理的。问题的焦点可能是,这样的一种限制可被实施的时间长短。关于这一点的相反观点,参见 J. Carens, "Live-in Domestics, Seasonal Workers, and Others Hard to Locate on the Map of Democracy," *Journal of Political Philosophy* 16(2008): 423 – 424; M. Ruhs, *The Price of Rights: Regulating International Labour Migration*(Princeton, NJ: Princeton University Press, 2013), 175 – 176。

③ 一种富于启发性的讨论,可见于 Carens, *Ethics of Immigration*, 186 – 191。费拉乔利采用了一条更加极端的进路,她认为,奉行中立原则的自由国家无法证明将团聚权只扩展至那些有恋爱关系和/或家庭关系的人是正当的; L. Ferracioli, "Family Migration Schemes and Liberal Neutrality: A Dilemma," *Journal of Moral Philosophy*(forthcoming)。

是这个人所应得的,这是对该人为该社会所提供的某种服务的回报。这些诉求的逻辑是明显不同的,因而它们需要被区别对待。

詹姆斯·苏特(James Souter)为移民作为一种补偿形式进行了辩护,他将其专门应用于寻求庇护者。① 他的论点是,如果一个国家对将某人变成难民所涉及的伤害负有责任,那么它就负有补偿的义务,而提供庇护往往是最适当的方式。难民当然是指已经受到严重伤害的人,并且如果他们的境况可以被证明是责任国所做事情的结果——比如,它以实施军事干预的方式造成了干预发生之地的国内冲突——那么,补偿可能是理所当然的。然而,我们对这种补偿所应呈现的形式的判断,容易被以下事实搞得模糊不清,即我们面临着两种交叉的诉求:第一,任何难民都可以提出的获得庇护的诉求;第二,某个已经遭到不义伤害的人可以提出的尽可能地恢复到其在伤害行为发生之前所处境况的诉求。因此,我们需要搞清楚,哪一种可以被提出作为准入的理由。如果是第一种,那么责任主张的意义就在于,挑选出 S 国,把它作为应当提供庇护的国家。这并不必然牵涉永久性准入(而不是安置一段时间直到安全返回),但它会为由 S 国自身给予庇护提供一个强有力的理由。如果它是第二种,那么我们就需要追问,给予移民权是否必然是针对导致人们不得不背井离乡的行为所实施的最佳补救方式。

一般来说,当各国对那些处于其边境之外的人造成伤害时,它们最适当的反应是对伤害进行就地矫正,而并非只是向已经遭到伤害的

---

① J. Souter, "Towards a Theory of Asylum as Reparation for Past Injustice," *Political Studies* 62(2014): 326 - 342.

人提供补偿。假设一个国家破坏了另一个国家的自然环境：一艘从第一个国家驶来的船只发生了漏油事故，污染了第二个国家的沿海地带，或者一条流经两国且为农业提供所需水源的河流被改道了。正确的做法是，直接对伤害作出补救——清理油污，恢复河道，并同时向受到影响的人提供短期救济。其原则是，使事态尽可能地恢复到接近于原有状态，假如此种状态本身并非不正义的话。类似的逻辑也适用于制造难民的一连串的事件。在理想的情况下，负有责任的国家应该努力创造条件使那些受到影响的人恢复以往生活，而不是将他们搬迁至全新的环境。① 有时修复是不可能的，而在这种情况下，给予难民永久留在 S 国的权利可能是一个尽管次优但可接受的替代方案。因此，在这些情形中，作为补偿的一种形式，准许入境是有道理的。

接下来，作为移民入境的特殊诉求的来源之一，"应得"（desert）又如何呢？这里的问题是要表明，移民入境的权利是对已经为接受国带来利益的非公民的"应得"加以承认的一种适当方式。最为相关的例子似乎就是服兵役。② 例如，法国外籍军团有一条规定，即任何在该军团中"光荣而忠诚地"服役三年或以上者，都有权申请法国公民身份。③

①  针对这一建议，苏特认为，以庇护为形式的补救为权利所提供的是直接的保护，而援助和发展计划（并且这同样适用于这里讨论的修复计划）则需要花更长时间来实施。Souter, "Towards a Theory of Asylum," 337 - 338. 然而，这表明，如果现场补救（on-site reparation）比庇护在道德上更可取，那么它有必要同时配有各种形式的补偿，以弥补受害者的短期损失。

②  还有其他的例子吗？我们可能会想到那些通过支持革命或帮助起草宪法为国家作出重大政治贡献的人：本杰明·富兰克林（Benjamin Franklin）和托马斯·潘恩（Thomas Paine）都基于这样的理由而被授予法国公民身份。或者，我们可能会想到那些帮助创作或修复具有民族意义的文化艺术品的人。

③  参见 http://www.legion-recrute.com/en/faq.php♯f4。

根据 1999 年的一部法律,那些服役达不到那么长时间的人如果在为
法国作战时受伤,也可以直接提出申请,从而成为"为国家流血的法国
人"(francais par le sang verse)。虽然激励因素无疑也在解释这些措
施方面发挥了作用,但它们有一个明确的应得的理论基础:如何更好
地承认和奖赏那些愿意为这个国家洒热血的人,而不是给予他们住在
那里的权利(在法国的案例中是成为正式的公民)?①

正如我在第五章开头所记录的,我成功地举了一个以廓尔喀人
(Gurkhas)为代表的类似案例。这些廓尔喀人曾在英国军队服役,退
休后想从尼泊尔移居英国。但后来发现,很多人移居以来的经历并不
愉快,而英国廓尔喀福利协会一直在努力争取增加养老金的权利,以
让退休的廓尔喀人可以舒适地住在尼泊尔,而不是在英国依靠国家所
提供的微薄的养老金和住房福利生活。② 该案例所表明的是,为国家
服过长期兵役的外国人确实应该得到"过上舒适生活的条件",而不是
像这样的移民权。虽然移民入境在某些情况下的确是提供这些条件
的唯一途径,但在应得与回报之间似乎并不存一种内在的联系,以至
于此种应得可被适当承认的唯一途径是授予退伍军人居留权和/或公
民身份。

对特殊诉求的简要评论表明,它们往往具有相当大的权重,但并 *116*
不总要转化为移民权利。虽然哪个国家是诉求的适当目标可能非常

---

① 或者正如军团自己的声明所说的那样,"除了让这些受影响的外国战斗人员成为法国
人,共和国还能更好地表达它的感激之情吗?";http://www. legion-etrangere. com/
modules/infoseul. php? id=165。
② 参见"Was Lumley Campaign Good for Gurkhas?,"见 http://www. bbc. co. uk/news/
world-south-asia-13372026。

清楚,但其内容——具体而言,就是为满足诉求所需要的东西——不那么明确。因此,正义的回应可能涉及提供移民的可替代方案。我们的结论应该是,当特殊诉求与其他因素结合在一起,使准予入境成为唯一适当反应时,这种诉求是最有力的——在这种情形中,这些诉求者应该排到移民入境队列的前面。

现在,我们准备回到本章的主题,即属于不同类别的移民向其已经加入的国家所能够提出的诉求。为了形成讨论的框架,我需要再次使用第二章中对人权与更广泛的社会正义问题所作的区分。正如我在那里所论证的,人权是人们为了能够过上一种最低限度的体面生活而应当享有的权利,任何不能保护这些权利的国家都不能被视为合法。但是,自由民主社会有志于提供的要比这一点更多:它们赋予公民权,比单纯的人权更加慷慨,并且它们还旨在以符合分配正义相关标准的方式分配资源和机会,如功绩和需求(视情况而定)。因此,我们需要追问:首先,移民是否可以要求其人权得到保护;其次,他们是否还可以要求与现有公民一道被纳入实现社会正义的实践和政策之中。

第一个问题的答案似乎是显而易见的,因为合法国家必须保护其领土上所有人的人权,不论是永久地还是临时地在其领土上。因此,这应当包含所有类别的移民,包括非正规移民。事实上,人身安全与生存的权利、言论与行动自由的权利以及其他很多权利,都应该受到保护。但正如我们在第六章所看到的,当讨论临时移民时,关于某些人权的立场并不如此明确。比如说,收容他们的国家并不一定要通过允许移民家眷入境来直接保护家庭生活的权利。然而,国家应该对这种权利的存在作出反应,例如,允许移民有机会回家探亲而不会在重

返时遭遇官僚主义障碍,以及提供便捷的汇款服务等。政治权利则提 *117*
供了另外一个例子。投票权,尤其是在全国大选中的投票权,是公民
身份的最典型的特征之一,因此,将其扩展到尚未获得公民身份的移
民(获得公民身份的问题将稍后讨论)是不恰当的。至于临时移民,他
们最大的利益在于,在他们的祖国行使政治权利,而与此同时,接纳他
们的国家也负有间接责任帮助实现这一目标。那么,在这些情形中,
我们应该将保护人权的责任视为在原籍国与接受国之间得以分摊的
责任——尽管接受国通过准许入境,对保护移民的生存、住所、医疗保
健、身体完整、工作安全等基本权利承担起全部责任。

再接下来就是关于非正规移民,也就是未经许可就出现在一国领
土内的人,他们又如何呢?声称该国也应当承担保护他们人权的责任
似乎有些奇怪,因为大多数人是在违反移民法的情况下抵达的。不
过,领土管辖权的逻辑继续有效:一个国家声称有权将其法律适用于
其领土内的每个人,那么也应当保护在场所有人的人权,而不论他们
的出现是否合法。① 它当然可以将没有居留权的人从其领土内遣送
出境,只要其所使用的手段本身没有因其残暴性而侵犯到人权。对于
那些在该国逗留了相当长时间的人,这么做是否被证明为正当的,这
是不久将讨论的另一个问题。

在此是否可以辩称,非正规移民因非法越境而丧失了部分或全部
的人权?人权在某些情形中可以被剥夺的想法本身是可辩护的:要不

---

① 这条原则已经在美国宪法学说中得到了承认,即非法进入美国领土的人,只要他仍留
在这片领土内,就有权受到法律的平等保护。关于最高法院的有关判决,参见 L.
Bosniak, *The Citizen and the Alien: Dilemmas of Contemporary Membership*
(Princeton, NJ: Princeton University Press, 2006), 53 - 56。

然,我们就很难理解罪犯被监禁时人权的部分丧失。[1] 然而,证明这一点——在本质上,恣意漠视他人权利的人可能会丧失他们自己的某些权利——的推理并不适用于非正规移民。他们的行为在某些方面可能被视为不公平的,因为他们未经准许就入境,至少对于所有试图通过合法途径入境的人来说是一种插队行为,而通过合法渠道入境通常会涉及延误、费用和繁琐的手续。但是,很可能有一些情有可原的因素在起作用,比如,他们尝试通过移居来逃避极糟的经济环境,并且他们的出现并没有威胁到公民或合法居住在该领土内的其他人的人权。正如我不久将要指出的,这种不公平的行为可能需要矫正,但在矫正时,我们不能以侵犯非正规移民的人权的方式对待他们。

国家应当如何平衡保护非正规移民人权的责任与调查违规者的合法利益,以便决定要求他们离开还是准许他们留下? 卡伦斯曾主张,应该设置一道"防火墙",这样一来,与警方和负责权利保护的其他机构接触时,移民就不会引起移民当局的注意。根据卡伦斯的观点:

> 民主国家能够而且应该在执行移民法和保护普遍人权之间设立一道防火墙。我们应当确定,作为一条明确的法律原则,那些负责保护普遍人权的人所搜集到的任何信息,都不能被用于移民执法的目的。我们应当保证,人们能够追求自己的人权,而不会面临被逮捕和遣送回国的风险。[2]

---

[1] 参见我的讨论,D. Miller, "Are Human Rights Conditional?," in *Human Rights and Global Justice : The 10th Kobe Lectures , July 2011* , ed. T. Sakurai and M. Usami (Stuttgart: Franz Steiner Verlag, 2014); C. Wellman, "The Rights-Forfeiture Theory of Punishment," *Ethics* 122(2012): 371 – 393。

[2] Carens, *Ethics of Immigration*, 133.

卡伦斯的经验性假设是,在缺乏这样的一道防火墙的情况下,很多非正规移民会不愿意在遭受犯罪分子侵害时报警或在生病时联系医生。其规范性假设是,如果人们因为担心自己的移民身份可能受到调查而不愿意主动维护自己的权利,那么这些权利将无法受到足够的保护。当然,这个经验性假设基本正确。① 那么规范性假设如何呢?

在这里,毋庸置疑的是,警方对移民,不论是已获授权还是未经授权的,都负有相同的责任,正如他们对其他每个人负有责任一样,并且这同样也适用于其他公职人员。被袭击或骚扰的受害者都应受到同等的尊重,医务人员在面对病重的病人时不应有所歧视。另一方面,同样毋庸置疑的是,移民当局可以(运用合法的手段)搜集信息,以查明谁已经非法进入这个国家,并在适当时采取措施将其遣送出境。问题在于,是否应该在这两组行为之间设立一道防火墙。② 如果某个参与犯罪活动的人就一些无关紧要的事情报了警,假如警方在对此人的要求作出回应的过程中发现了其犯罪证据,我们认为警方采取进一步的行动是没有错的。设置防火墙在这里并不恰当。区别对待非正规移民的理由有两点:其人权很容易遭受侵犯,以及未经授权而出现于该国在本质上并不构成刑事犯罪的事实。③

*119*

---

① See Bosniak, *Citizen and the Alien*, chap. 3.
② 防火墙观念是否可以在一个现代国家中连贯实施,这是一个有争议的问题,但我假定,就当前的目标而言,它是可以的。关于此讨论,参见 C. Boswell, "The Elusive Rights of an Invisible Population," *Ethics and International Affairs* 22 (2008): 187–192。
③ 非法越境在美国和英国都被视为一种犯罪行为(在美国被列为轻罪)。然而,在那些已经出现但在任何时候都未经准许的人当中,将存在其诉求尚未解决的寻求庇护者、试图延长临时签证期限的人,不一而足。因此,一些但并非所有的非正规移民都将被指控犯罪。

卡伦斯的论断是,如果移民因担心被遣送出境而不敢主动维护自己的权利,那么他们事实上就被剥夺了那些权利,他说:"在人们不可能有效行使纯粹形式上的法律权利的条件下,向他们提供那些权利是没有道德意义的。"①然而,或许卡伦斯在此言过其实,"不可能"这个词太强烈了。我们所考虑的在没有防火墙的情况下移民不能做的事情是,在行使他们的权利时,不冒被启动驱逐程序的风险。驱逐程序是否真的被启动,应当取决于相关国家的政策,以及移民的特定情况——比如,她本来能够以寻求庇护者的身份入境,但因担心这个决定会不利于她而只得潜逃进入,但实际上她的诉求是合理的,会被接受。然后还有一个问题,那就是,假定这个国家一贯坚持不驱回原则,那么遣送出境的实际后果会是什么。该移民在其已经迁入的社会中可能将失去增加了的权利,而在她被遣返回的社会中只能享有更为基本的权利。无可否认,这可能使她有强烈的动机不让自己暴露在被遣送回国的风险之下。但是,我们应该如何从人权的视角来判断此种情形呢? 这个人是在用不同类型的权利作交易,并认为,她目前所享有的各种物质利益值得让她放弃某些保护性的人权,比如当她遭到犯罪分子的伤害时,向警方报案的权利。

尽管如此,我们可能会认为,后一种类型的权利非常重要,需要不惜一切代价加以保护,而不论这么做是否会阻碍国家执行其移民法。然而,对于公共机构向居民所可能提供的较小的权利或更广泛的服务,我们不必持同样的看法(卡伦斯自己也承认这一点,在他所称的"行政和社会权利"方面,诸如进入图书馆、游泳馆或取得社会住房的

---

① Carens, "Rights of Irregular Migrants," 167.

权利）。① 这就揭示了防火墙论点中的一个难题：它建议在机构之间——在移民机构与诸如警察、社会服务、健康服务等其他公共机构之间——设立这道墙，而相关的规范性界线落于基本权利的获得与其他利益的获得之间。如果非正规移民因担心其移民身份暴露致使自己可能被遣送出境，而决定不去维护他本可享有的非基本类型的权利，这并不构成不公正。防火墙应该只适用于当基本权利受到威胁时移民与公共机构之间的互动。但是，这只会加重那些发现防火墙建议不切实际的人的疑虑。

这里的背景假设是，国家有权自行决定，除了适当的人权之外，非正规移民应该还能获得哪些利益。然而，这一假设的正当理由何在？为何允许将非正规移民排除于其他移民和公民可能享有的福利之外，或换句话说，不将他们完全纳入国家的社会正义实践之中？② 问题的关键不在于他们应该因非法入境而受到惩罚（对他们的惩罚是，在他们的身份正常化之前，即在国家将其归类为永久性、有条件的或临时性之前，他们仍有可能被遣送出境）。更确切地说，是国家没有选择接纳他们为成员，无论是出于互利的原因（如经济移民的情况），还是出于保护人权的责任（如难民的情况）。因此，他们实际出现在国家领土上，但并不是政治团体的成员；再者，我们无法预测他们是打算永久居留，还是在一段较长或较短的时间后返回家园。与第六章中讨论的临时移民不同，他们并没有按照事先确定的正式计划入境。另一方面，他们也不像其他移民一样拥有居留权，并有望在

① 参见 Carens, *Ethics of immigration*, 143 - 145。然而, 卡伦斯认为, 在这些权利方面设置防火墙, 仍可能存在公共政策方面的理由。
② 我不考虑激励因素——国家不吸引更多的非正规移民的合法愿望。

适当的时候扩大到完全的公民权。社会正义制度的建立是为了适用于那些被认为是社会永久成员的人：正如罗尔斯所说，社会正义原则是为这样一个社会而设计的，即"一个持续发展的社会，一个自给自足的人类联合体，像一个民族-国家一样，控制着一片相连的领土……一个封闭的系统；与其他社会没有重要的关系，没有人从外部进入，因为所有人都出生在其中，并在其中度过完整的一生"①。正如我在第三章中所论证的，诸如机会平等的原则只能适用于接近罗尔斯理想化描述的社会。

然而，尽管人们无法预知非正规移民将在他们移居的国家停留多久，但我们知道，许多人实际上希望永久居留。因此，我们现在必须要问，时间的流逝会对他们的诉求产生何种影响？这个问题不仅出现在非正规移民身上。对于那些有条件或持短期签证入境的人来说，他们在社会中长期居留对其身份的影响也是个问题。事实上，存在着两个问题：在什么情况下（如果有的话），在一个社会中长期居留就意味着有权永久居留？以及，在什么情况下（如果有的话），持续居留意味着完全融入该社会的社会正义方案中？我将首先从总体上探讨这些问题，然后再回到那些成功长期居留的人最初未经许可入境可能产生的影响上来。

撰写移民问题文章的作者普遍认为，在一个社会生活相当长的时间——通常在五到十年之间——就有充分的（即使不是不可辩驳的）

---

① J. Rawls, "Kantian Constructivism in Moral Theory," in *Collected Papers*, ed. S. Freeman(Cambridge, MA: Harvard University Press, 1999), 323.

理由永久融入这个社会。① 这种观点常常与下述主张联系在一起：即自动获得正式公民身份，但我把这个问题放在一边单独讨论。然而，在这一共识的背后，对于长期居留应意味着永久加入的确切原因却存在一些分歧。因此，我们有必要对可能用来支持这一结论的不同论点进行分析——尽管人们也应该警惕这样一种可能性，即支持纳入的论点可能是由指向同一大方向的相互重叠的论点组成的。我首先谈谈在我看来局限性最明显的论点。

第一种论点认为，随着时间的推移，服从国家权威这一事实本身产生了一种基于正义的包容的诉求。② 人们可以从托马斯·内格尔（Thomas Nagel）在另一种不同的情境下提出的关于强制和分配正义的论题中推导出这一点："我们被要求将平等身份授予与我们一道加入一个强大而又具有强制性的政治共同体的任何人。"③内格尔的观念是，当人们受制于一个声称以他们的名义实施统治的强制性国家，并且仅当它以一种社会正义的方式统治他们时，他们才有理由接受它的权威。有人可能会认为，移民在相关的意义上"加入"了这个政治共 *122*

---

① 在他们当中，最突出的算是 Carens, *Ethics of Immigration*, chaps. 5 and 77；R. Rubio-Marin, *Immigration as a Democratic Challenge：Citizenship and Inclusion in Germany and the United States*(Cambridge：Cambridge University Press，2000)，尤其 chaps. 2 and 5；A. Shachar, *The Birthright Lottery：Citizenship and Global In e quality*(Cambridge, MA：Harvard University Press，2009)，chap. 6。

② "这里所提出的主张是，至少所有那些永久服从这种法律并深受政治进程影响的人应该被自动和无条件地纳入其中。作为社会成员，定居的移民（不论其在法律上所被承认的地位如何）都有资格成为正式的民主成员。"Rubio-Marin, *Immigration as a Democratic Challenge*, 84.

③ T. Nagel, "The Problem of Global Justice," *Philosophy and Public Affairs* 33 (2005): 133. 内格尔在此文中的目标是要解释，为何分配正义的义务在一个政治共同体的公民之间适用，而在公民与陌生人之间不适用。

同体,故他们有权与任何其他人一道获得社会公正(如非歧视性)的对待。

一般来说,我们有理由怀疑内格尔关于强制与分配正义之间关系的论断。[1] 但先撇开这些不论,移民与他们所加入的国家之间的关系,似乎与非自愿融入国家的本土出生公民与国家之间的关系有很大的不同。国家确实应该公平对待移民——我已经强调过,在任何情况下,政府都有义务保护他们的人权,在批准临时移民的情况下,政府应该提供一些项目,让他们公平分享项目的好处——但是,他们因一个自愿的决定而进入社会,这使他们有别于土生土长的人。[2] 他们一旦入境就受制于该国的强制性权威,但这一事实并不意味着他们必然与那些非自愿受制约的公民享有同等待遇。此外,内格尔的论点无法解释为什么必须授予移民永久居留权。即便我们承认,所有移民在其管辖范围内都有权获得平等待遇,国家也可以通过要求他们离开来直接取消其义务。

阿耶莱特·沙哈尔(Ayelet Shachar)提出了一个可填平此沟壑的论点,她诉诸"逆权侵占"(adverse possession)的法律概念,并声称就

---

[1] 参见,例如 A. Sangiovanni, "The Irrelevance of Coercion, Imposition, and Framing to Distributive Justice," *Philosophy and Public Affairs* 40(2012): 79-110; J. Cohen and C. Sabel, "Extra Rempublicam Nulla Justitia?", *Philosophy and Public Affairs* 34(2006): 147-175; D. Miller, "Justice and Bound aries," *Politics, Philosophy and Economics* 8(2009): 291-309, repr., D. Miller, *Justice for Earthlings: Essays in Political Philosophy* (Cambridge: Cambridge University Press, 2013)。

[2] 我区分了被选择与未被选择的成员,因此,"土生土长"应该被理解为包括在一个社会中长大的儿童,而不管其确切的出生地在哪里。

算他们是非法移民,在经过一段足够长的时间之后也能取得居留权。① 与其相类似的是财产,其在未经所有者同意的情况下被获取,然后在长期不中断的情况下被持有。然而,这种类推行得通吗?要通过逆权占有的方式取得土地所有权,一个人必须公开占有和使用土地,或者用法律术语说,"公然"(notoriously)占有和使用土地,由此使当前所有者有机会采取措施,收回从他那里被夺走的东西。② 他没有抓住这个机会这一事实,大概就是他对他所拥有的东西失去兴趣的证据。因此,逆权占有的理论使占有者的合理期望(她可以继续持有和使用她一直持有并使用了很长一段时间的东西)与先前的占有者对自己财产的丧失漠不关心(或者可以说是默许)结合在一起。现在,可以将此概念应用于非正规移民的情形中。他们并不公开宣扬他们出现在该国边境内——在大多数情形中,他们设法使自己不被发现。当然,国家知道他们成群地存在,尽管平常不知道具体谁具有这一身份。它有相应的程序来驱逐其所发现的非法入境者。它是否选择全力实施驱逐则可能是一个有待商

<sub>123</sub>

---

① Shachar, *Birthright Lottery*, 184 - 188. 应该指出的是,这种吁求并不是沙哈尔用来支持授予移民永久居留权的主要论点,我将在下文"社会成员身份"的标题下对之进行讨论。事实上,这似乎与后者有些矛盾,因为逆权占有会表明,居留的权利应该在足够的时间过后自动产生,社会成员身份的论点将我们指向"挣得的公民身份",而这种身份取决于移民在多大程度上融入了她所加入的社会并为之作出了贡献。关于后者,参见 A. Shachar, "Earned Citizenship: Property Lessons for Immigration Reform," *Yale Journal of Law and the Humanities* 23(2011):110 - 158。

② 关于这一学说的讨论,参见 J. Stake, "The Uneasy Case for Adverse Possession," *Georgetown Law Journal* 89(2000 - 2001): 2419 - 2474。

榷的问题。① 但它确实有劝阻非法移民以及针对那些未经准许就入境的人采取行动的相关政策，这个事实意味着，它并非对非正规移民的出现视而不见。因此，为逆权占有所设定的条件——公开表示与法定所有人的不作为相结合——在此并不真正适用。然而，仍然存在的一个事实是，在该国已经生活了多年的移民可能合理地获得了一种期望，那就是他们将被允许留下来。这就引出了我认为更具说服力的论点，即支持那些已成为移民（无论以何种身份）足够长时间的人永久居留。

这些属于"社会成员身份"论点的范畴，其总体形式是，人们将逐渐融入一个社会，并且将围绕他们所参与的活动来构造自己的生活，而这完全是他们长期生活在那里的一个结果。卡伦斯如此解释道："'社会成员身份'这个词唤起了这样一种意识，即成为某一社会的成员需要建立密集的关系和联系的网络。其关键在于，人们维持和发展一套丰富而又高度特殊的人际关系的能力。"②然而，存在可详细说明该论断的意义的两种迥然不同的方式。第一种要求我们认真考虑通过遣送出境的手段将某个人从这个社会中移除出去的成本——在某

---

① 沙哈尔认为，当局可能"选择对定居于其领土内的几百万未经准许的难民的'逆权占有'视而不见"；Shachar, *Birthright Lottery*, 186. 果真如此的话，这种证明合法化（legalization）的论点会是非常有力的。然而，就美国而言，移民当局在 2001 年到 2013 年间遣送出境了 400 万人，并且每年的遣送出境人数随着时间的推移而逐年增长。参见 http://www. pewresearch. org/fact-tank/2014/10/02/u-s-deportations-of-immigrants-reach-record-high-in-2013. 虽然对成本的估计有所不同，但一份资料给出的数字是，每个被遣送出境者达 23482 美元；https://www. americanprogress. org/wp-content/uploads/issues/2010/03/pdf/cost of deportation_execsumm. pdf. 尽管估计有 1100 万非法移民留在美国，但很难将这一情况说成是视而不见。

② Carens, *Ethics of Immigration*, 164.

个人被迫离开他已经在其中定居了很长一段时间的地方时所发生的社会纽带的断裂，以及尤其是，为在那儿长大并接受教育的孩子所付出的成本。这些都是非常真实的成本，绝不应该打折扣。然而，此处存在着一个潜在的矛盾。请回想一下，我们正在考虑的是移民（immigrants），根据定义，他们是那些愿意打破或至少弱化这些纽带的人，正是这些纽带将他们与自己成长的地方联系在一起。在某些情形中，这是因为那里的生活条件已经变得令人不堪忍受。但在其他情形中，移民的动机仅仅是对更大机会的一种单纯和完全可理解的渴望。那么，重要的一点是，任何移民必须在迁入一个新的国家时（由其家人及其自己）所负担的成本与源自那里可获得的机会的潜在利益之间进行权衡。很多人要么正在移民，要么想要移民，这一事实表明，迁徙的成本——包括很多既定的社会关系的断裂——并不如此之高以致构成一个决定性的障碍。

当然，在不计成本地选择移民与被迫返回原籍地之间存在着很大的差别。我提出这个问题，只是为了防止一种假设，这种假设有时似乎隐含于以其社会成员身份为由而支持永久居留的论点中，即移除出境（removal）所产生的损失如此之大，以至于总是使它成为一种非正义。最好这么说，即某个人已经在一个地方生活了很多年，并与同事、朋友和邻居建立了一套亲密的关系，而这就产生了一个支持允许她留下的有力推定——但它是一个可以被合法设定却与移民政策所意欲实现的其他目标相对立的推定。

然而，长期的居住也可能因某个不同的理由而变得非常重要。移民很可能已经进入一个以工作场所为中心，但也包括休闲活动等在内的社会合作体系。这些互动受互惠准则的规制：每个人都作出贡献，

177

并相应地获得好处。最明显的实际表现就是，移民通过工作、消费、拥有财产等方式所缴纳的税款。一旦某个人加入了这样的体系，那么在他们已经作出了尚未充分获得回报的贡献之后，迫使他们从中退出将是不公正的。正如我在第二章所指出的，此种类型的合作方案在参与者之间产生了联合义务，而驱逐一个已经发挥其作用的参与者会是对这些义务的违背。

这就解释了为什么通过正常渠道被接纳，但没有明确得到临时移民计划支持的移民，有权被纳入并留在一个社会的社会正义实践中。他们是有贡献的成员，因此有权成为该方案的受益者。至于他们是否应立即享受该方案提供的所有福利，还是应该有一个暂不享受某些福利的试用期，还有待商榷。支持全面纳入的人认为，在社会中长大并进入劳动力市场的人无需证明他们愿意为社会作出贡献，就能立即获得充分的权利——那么为什么移民要受到区别对待呢？也许一个短暂的试用期是为了强调该方案的互惠性质的象征性目的。但这是一个相对次要的问题。更棘手的问题涉及非法入境的移民，因为他们的处境必然使我们更难以确定他们是否按规定的方式作出了贡献。按照定义，他们被选中并非是基于他们有望给接受国社会带来经济价值或其他价值。① 因此，支持完全接纳合法移民的推定似乎并不适用。那么，问题就在于他们是否可以仅凭在社会中长期居住就确立其成员资格，还是必须提供相关的社会参与形式的证据，例如纳税或为公民

---

① 有些难民也是如此，他们最初只是因为其社会地位受到威胁而被准许入境，但过了一段时间后仍然无法安全返回家园。这些人应当被授予永久居住权并完全融入社会。但将他们与非正规移民区别开来的是，国家在向难民提供庇护时承认对他们所负有的一种义务，其中包括将公民身份作为可能的最终结果。

社会团体的工作作出贡献。

　　这在某种程度上又是一个政策的问题。自动接纳（automatic inclusion）的捍卫者，比如卡伦斯，他认为，如果授予非正规移民合法居留权的决定将需要调查每个人，以弄清他们作出了什么贡献以及他们融入当地社区的程度，此过程很可能会导致对少数族裔或有宗教背景人士的歧视。① 不过，对于通过合法渠道申请入境的新移民，移民当局已受托采用不偏不倚的甄选标准，所以自动接纳非正规移民会给予后者强有力的保护，防止新移民遭受歧视。很难看出这么做有什么道理。② 这一点支持了诸如沙哈尔等人所主张的"挣得公民身份"的观点，他们认为，虽然居住时间应该在作出决定时被考虑进去，但它应该与表明依附关系的具体因素（如就业状况和自愿组织的成员身份）一并被考虑进去。③ 这在很大程度上取决于能否获得有关这些因素的可靠证据。

　　与此密切相关的一个问题在美国引起了激烈的争论，那就是国家

① J. Carens, "the Case for Amnesty," in J. Carens, *Immigrants and the Right to Stay* (Cambridge, MA: MIT Press, 2010), 25 - 26; Carens, *Ethics of Immigration*, 164 - 168. 卡伦斯提出用选举权进行类比，尽管有经验证据表明儿童的政治能力差异很大，但还是为获得选举权设定了固定的年龄："有些儿童在12岁时就有很强的责任感，而有些人在30岁时仍然没有"（165）。然而，这种类比忽视了平等对待公民的基本原则，假如宣布一些人比其他人更有能力，在更早的年龄获得选举权，就会违反这一原则，而授予永久居留权的决定是关于谁应该留下、谁不应该留下的实质性决定（就像入境决定一般是关于谁应该入境，谁不应该入境的决定一样）。

② 可以说，对于当事人而言，被拒绝合法居留——因而可能要被遣送出境——比简单地被拒绝入境所要付出的代价更大，因此需要更为严格的保障措施。然而，这将取决于被拒绝完全接纳所导致的后果：例如，某个人尽管被拒绝，但仍可能获得临时居留权（temporary leave to remain），并且被允许重新申请。

③ Shachar, *Birthright Lottery*, 177 - 178.

是否应该宣布大赦所有非正规移民，允许他们获得合法身份，而不必
担心被遣送出境。这并不一定意味着立即给予永久居留权，但可以预
期的是，所有希望获得永久居留权的人都将逐步获得这一身份，并最
终获得公民身份。正如琳达·博斯尼亚克（Linda Bosniak）所指出的
那样，大赦的含义含糊不清，给辩论蒙上了一层阴影。① 大赦是赦免原
来越境或签证逾期居留的罪行吗？抑或是一种前瞻性的宣言，即过去
已不再重要，应该被遗忘？② 这是有区别的，因为根据第一种解释，期
望其身份被合法化的移民采取某种行动，表示承认以前的不法行为，
这可能是合理的。因此，问题的关键在于非法移民的道德地位。如前
所述，将这些移民简单地视为罪犯似乎是不对的。然而，同样地，相对
于那些以经济移民或寻求庇护者身份提出申请，因而冒着被拒绝风险
的人来说，他们逃避边境管制的行为是不公平的。如果只是无条件地
给予大赦，那么这一制度的完整性就会受到质疑。这与"赦免即不念
旧恶"相悖，因而建议在批准永久居留之前，应让未经许可的移民做一
些事情来自我救赎。一种可能的做法是要求他们证明自己已经为东
道国社会作出了重大贡献——用第五章中所运用的说法，即一种应得
的诉求，这会使他们成为特殊诉求者。如果没有做到，非正规移民就
可能被要求从事一段适当时期的兼职军人或公民服务的工作。这有
时被视为一种不可接受的强加于人的做法，但如果由社会成员资格论

---

① L. Bosniak, "Amnesty in Immigration: Forgetting, Forgiving, Freedom," *Critical Review of International Social and Political Philosophy* 16(2013): 344-365.

② 博斯尼亚克又补充了第三种可能："赦免即平反"（amnesty as vindication）。按照这种理解，给予大赦就是承认，政府最初的行为冤枉了受害者。在目前的情况下，这将意味着，移民所逃避的边境控制是不合法的。

点的支持者所提出的主张成立的话,那么所被提供的——该社会提供的安全住所和各种机会——是一种大大超过救赎成本的好处。

这里的基本原则是,所有成为社会成员已经足够长时间的人和计划继续生活于该社会的人,都应该向正式成员身份迈进:社会不应该像沃尔泽描述的那样,在公民与陌生人之间出现永久的阶层割裂。[①]此原则得到了广泛的认同:其争论的焦点在于,这种迈进应该如何得以规范,亦即不同类别的移民应该满足哪些条件才能被完全纳入。如果移民制度要赢得广泛的公众支持,准入规则与融入规则就应当在道德上紧密结合在一起,并且明显如此。这一点并不容易实现:有些批评者认为,在各国有权决定是否准许移民入境的主张,与他们有义务向所有长期的新加入者提供一套广泛的权利(包括正式的公民身份)的主张之间,存在着深刻的矛盾。[②] 我所勾勒的进路,强调移民与接受国之间的互惠关系,而根据这种关系,所有移民都有权获得公平待遇(对于那些长期居留的人,这种待遇包括享有一整套的公民与社会权利),但作为回报,他们被期望为社会作出贡献,并维护其法律和社会的规范。面对非正规移民的事实,以及随之而来的那些基本处于法律和其他社会制度范围之外的人的存在,问题就在于,如何最好地将他们纳入移民制度的范围内,而同时又不对此制度产生破坏。如前所述,有条件的赦免似乎是最佳的解决方案。

---

[①] M. Walzer, *Spheres of Justice*(Oxford: Martin Robertson, 1983), 52-63.

[②] 参见,例如,Bosniak, *Citizen and the Alien*, chap. 6,她从经验的角度抨击了她所谓的"外硬内软"的公民身份概念;K. Oberman, "What Is Wrong with Permanent Alienage?"(October 29, 2012), http://ssrn.com/abstract=2168271,她认为,假若不存在一种人类移民权利,那么自愿移民的同意就足以证明他们的永久居留权是正当的。

在这一章中，我最后谈到公民身份本身，并非广义的马歇尔意义上的公民权利、社会权利和政治权利，而是狭义的政治意义上的权利：投票权、竞选权、担任陪审员的权利、持有护照的权利，等等。这通常被视为移民程序的终点；移民最终被所在社区的成员完全承认为平等个体的重要节点。但是，有人可能会问，为何政治公民身份的授予要晚于其他权利：有什么理由无视所有受法律约束的人都有权在制定法律时发表意见的标准民主原则，将公民权的授予推迟数年？答案是，公民身份既包括权利，也包括责任。投票在某种程度上是一种政治权力的行使，因此如何行使这种权力很重要。自由民主国家正式地通过公民教育以及非正式地通过在家庭中和别处的社会化正常程序来教育其本国的未来公民，希望并期望他们在行使其投票权时，尊重其他成员的权利并考虑其利益。新来的移民可能对他们所加入的社会知之甚少。他们还不理解规制政治制度的显性或隐性的规范，该社会所面临的主要问题，或者制度不得不顾及的利益的范围。要了解这些事情，一方面要接触国家和地方媒体，另一方面要与本土公民谈论政治问题。这是要花时间的：时间的长短将取决于融合如何快速、有效地发生，此为第八章的主题。

如今，民主国家越来越倾向于将通过正式考试作为获得公民身份的条件。这是合理的吗？考试应该包括哪些内容？经常有人认为，这样的考试毫无意义，因为它们涉及对固定的问题提供固定的答案——这是一种记忆能力的展示，几乎不能说明受试者在多大程度上真正理解，更不用说认同考试旨在传达的原则和价值观了。我将在第八章中更仔细地探讨公民入籍考试的内容——它们可以和不可以合法地包括哪些内容——但在这里，我只想说明为什么这样的考试是有价值的。首先,它们确保参加考试的人已经充分掌握了本国语言(或其中一种),能够完成考试——这本身就是政治参与的一个重要先决条件。其次,它们有助于强调成为公民是一件严肃的事情,而不仅仅是一种便利(比如获得新护照)——尤其是当考试伴随着成功申请者的入籍仪式时。第三,如果考试涉及回答有关民主或言论自由的政治问题,那么,即使不能保证参加考试的人会相信自己给出的答案,她至少会知道社会在政治上对她的期望是什么。她被告知,如果她打算在政治上积极表现,就必须遵守某些基本规则,比如必须容忍一些她认为具有冒犯性的观点的表达。当然,许多移民在自己的祖国经历过违反这些原则的后果后,会非常乐意接受这些原则。

那么,假设有一个享有居留权的移民,他已经在某一国家生活了很多年,也已经通过了公民入籍考试:在被授予公民身份之前,他还需要满足一些其他条件吗?当非正规移民得到赦免时,应该存在一个我认为其可能是适当的融入社会的要求吗? 在这里,我认为,施加这样的一种要求的正当理由还不足以抵消这一可能的危险——申请者被挑选还是被拒绝是以他们在长相和口音上有多像本土人为依据的。此种危险可在一项关于瑞士入籍(即公民身份)决定的研究中得到说明,在瑞士,市政当局负责决定谁充分融入并熟悉瑞士的风俗习惯,而谁没有。① 此项研究揭示了不同城市之间的巨大差异(拒绝率从0%到47%不等),该差异主要由每个地方最有影响力的政治人物对作为一个(好的)瑞士公民意味着什么的不同理解所解释。虽然人们可以

①　M. Helbling, "Contentious Citizenship Attribution in a Federal State," *Journal of Ethnic and Migration Studies* 36(2010): 793-809.

设想出一些不那么政治化的方式来测试融入情况,但无人能回避的事实是,某个官员或委员会最终将不得不根据一些有限的证据对每个人作出一种主观的判断。如果从这样一种假设出发,即只需表现出一定的政治能力,所有人都有机会获得公民身份,那么一段等待的时期加上成功通过正式考试(它不给官僚主义的自由裁量留有余地)就应该构成了足够的资格条件。

移民的权利与移民的准入一样,在普通民众中是一个有争议的话题。一项移民政策要赢得广泛接受,就必须使公民相信,其对权利和责任的分配是公平的。当这些条件没有得到满足时,对新来者的宽容性接纳就可能很快让位于充满敌意的怨恨。关于新来的移民被挤到排队等候工作、住房或入学名额的前线的传闻,从来都不缺乏。为消除这种感觉,在移民权利方面所采取的政策应当明显公平。虽然可能很难在临时移民与长期移民之间划出一条明确的界线,但有必要这么做,因为这两种情况下对公平性的要求是有差异的。从这个角度来看,非正规移民的出现是一个复杂的因素,因为尚不清楚他们落于界线的哪一边,也不清楚对他们来说公平待遇意味着什么。在处理这些棘手的问题时,我一直遵循三项原则:必须保护国家领土上每个人的人权;将完全融入社会并获得公民身份作为所有计划在该社会永久生活的人的最终目标;移民与公民之间互利互惠,这意味着移民这一方有义务作出贡献,而国家这一方有义务提供平等机会和福利权利。这些原则也是我在第八章中讨论移民融入社会问题的指导原则。

# 第八章　移民融合

2001 年夏季,英国北部的几座城市发生了令人震惊的骚乱和暴力
事件,白人与亚裔青年、英国国家党(British National Party)成员以及
警方被卷入其中。5 月 26 日晚,在奥尔德姆(Oldham),警察在介入了
白人和亚裔男子之间的冲突后,在一场持续到凌晨的暴乱中,他们遭
遇多达 500 名携带砖块、瓶子和汽油弹的亚裔年轻人的攻击。较小规
模的暴力事件持续了数周,并蔓延至伯恩利(Burnley),然后再至布拉
德福德(Bradford),7 月初,那里发生了民族阵线(National Front)支持
者与亚裔之间数晚的大规模战斗。房屋被点燃,300 名警察受伤,随后
200 人被判犯有暴乱罪并被监禁。

这样的一些涉及少数族群移民群体、土著白人与警察之间的暴力
冲突事件绝不仅限于英国。2005 年秋季,在巴黎周边的贫困郊区爆发
了一场主要涉及北非移民的更大规模的暴力事件,并从那里蔓延至法
国的其他许多城市。数以千计的汽车和建筑物被点燃,法国在 11 月 8

日宣布进入紧急状态：至少有 2800 人被逮捕。较小规模的事件在更
*131* 意想不到的地方发生，例如 2005 年 11 月在悉尼，2013 年 5 月在斯德
哥尔摩郊区的赫斯比（Husby）。虽然每起事件的诱因各不相同，但将
它们联系在一起的是集中在城市贫困地区的移民群体的存在，他们具
有伊斯兰背景，与当地人明显不同；这些群体与警方关系紧张；还有心
怀怨恨的白人工人阶级，他们很容易受到极右翼政党的煽动。因此，
评论家们可以将矛头指向其他潜在的原因，无论是严厉的警察、种族
主义、经济剥夺，还是移民群体不愿融入社会。然而，令我更感兴趣的
是，人们普遍认为，迫在眉睫的问题是移民和本地人之间的社会隔离，
而不管其深层次原因是什么，因此提出的解决方案是促进融合。①

　　为寻找证据，请回到奥尔德姆的案例。在被广泛引用的关于 2001
年事件的坎特尔报告（Cantle Report）中，提出了如下诊断：

　　　　教育安排、社区和志愿机构、就业、礼拜场所、语言、社会和文
　　化网络的分离，意味着许多社区是在一系列平行生活的基础上运
　　作的。这些生活没有任何交集，更不用说重叠和促进任何有意义
　　的交流了……毫无疑问，对彼此社区的无知很容易演变成恐惧；
　　尤其是当极端主义团体利用这种无知来破坏社区和谐和制造分
　　裂的时候。②

---

① 关于特别是在欧洲普遍使用"融合"作为讨论土著公民与移民之间关系的总概念
（umbrella concept）的总体反思，参见 A. Favell, "Integration Nations: The Nation-
State and Research on Immigrants in Western Europe," in *International Migration
Research*, ed. M. Bommes and E. Morawska(Aldershot, UK: Ashgate, 2005)。
② *Community Cohesion: A Report of the Independent Review Team* (London: Home
Office, 2001), 9.

在由伯明翰的一位公务员戴维·里奇(David Ritchie)编写的另一份官方报告中,所提出的解决方案得到了同样明确的表述:

> 在此,我们并不主张奥尔德姆的任何一个群体被另一个群体同化或兼并。那将是对多样性的一种否定,而非一种颂扬。但是,我们所主张的是建立一个融合性的社区,而我们所指的是在这个社区里,所有本镇居民在审视自己的身份时,都会把成为一名奥尔德姆人视为头等大事。这将意味着,他们觉得自己与他们的社区和本镇未来的成功休戚相关,并且对于个人需要作出什么贡献以及他们对彼此的期待是什么,他们有一套共同的价值观。①

诸如此类的表述引出了一系列的问题。移民群体构成"融合社 *132* 区"的一部分究竟意味着什么? 融合的目标仅仅在于预先阻止未来的种族骚乱,还是有更广泛的目的?② 政府或地方当局可以合法采取哪些合法措施来促进融合? 强制性的融合是一个可行和/或可取的目标吗?

为了回答这些问题,我们必须首先澄清融合概念本身。尽管其在关于移民问题的文献中得到了广泛运用,但很少被给出一个明确的定义。我建议,要在社会融合、公民融合与文化融合之间作出区分。社会融合描绘的是一种行为模式。生活于某一特定地方的人们在一定

---

① *Oldham Independent Review*,sec. 2. 8,http://resources. cohesioninstitute. org. uk/ Publications/Documents/Document/DownloadDocumentsFile. aspx? recordId = 97&file=PDFversion.
② 在最近关于融合的争论中,另一个突出的具体目标是防止在本土滋生的恐怖主义 (home-grown terrorism)。在绝不否定其重要性的前提下,我在此探讨的是重视融合的理由,它超越了这些迫在眉睫的议题。

我们中的陌生人:移民的政治哲学

程度上是社会融合的,他们跨越一系列的社会背景而经常相互交流:比如,他们并肩工作,加入相同的俱乐部和协会,比邻而居,见面时相互交谈,等等。在此广泛的模式中,我们可以找出更加细微的差别,正如伊丽莎白·安德森(Elizabeth Anderson)所做的那样,当以美国黑人与白人的关系为例时,她区分了融合的四个阶段:"(1) 正式废除种族隔离;(2) 空间融合;(3) 正式的社会融合;(4) 非正式的社会融合。"①安德森所强调的第一个关键点是,就完全融合而言,人们居住在相同的物理空间内是不够的,如果他们在那个空间内被划分成了独立的社会单元的话(例如,"如果不同种族的学生参加不同的跟踪课程,加入不同的学校俱乐部,很少相互交朋友,并住在不同的学生宿舍里,那么这所学校可能是在空间而非社会上达到融合"②)。第二点是,即使不同群体的成员都参与了相同的机构或协会,他们彼此互动的方式仍然很重要:"非正式的社会融合包括合作、放松、欢迎、信任、依属和亲密关系,这些都超出了组织定义的角色要求。"借用安德森有益的分类(她承认,这些分类不一定始终按照线性顺序完成),我们可以看出,如果我们从一种完全的种族隔离或"平行社会"的状态出发,那么实现完全的社会融合就需要做一些事情,不仅要创造丰富的社会交往模式,还要有正确的互动——包括建立平等主体之间友好、相互尊重的关系。

133　　接下来考虑公民融合。我指的是,人们逐渐认同一套指导其社会和政治生活的原则和规范。例如,他们不仅对民主这一抽象原则有共

---

① E. Anderson, *The Imperative of Integration* (Princeton, NJ: Princeton University Press, 2010), 116.

② Anderson, *Imperative of Integration*, 116.

188

同的承诺,而且对"表现得像个民主人士"的含义也有共同的理解——应该如何行使自己的投票权,应该如何进行政治辩论,等等。它既包括简单的行为规则,如排队买电影票,也包括更复杂的问题,如何处理邻里之间可能出现的关于使用大厅或公园等公共设施的纠纷。公民融合并不需要人们在政治或其他生活领域具有相同的实质性目标,却需要人们对如何实现这些目标以及在何种限制条件下实现这些目标有共同理解。常识告诉我们,社会融合很可能会导致公民融合——因为当人们经常相互接触时,他们通常会适应彼此的行为,并找到可行的规则来约束他们的互动,但这两者显然不是一回事,而且正如我们稍后将看到的,它们可能因不同的原因而具有价值。①

　　最后是文化融合,它比另外两种形式的融合更具争议性和模糊性。当人们共享一种共同文化时,他们就达到了在文化上的融合,这意味着他们一方面拥有相同的价值观和经历,另一方面拥有共同的文化认同。因此,当人们欣赏相同的电视节目或电影,阅读相同的书籍或报纸,或聆听相同的音乐时;或者当他们认同相同的宗教、相同的城市("成为一个奥尔德姆人")或相同的民族时,那么我们就可以说,文化融合发生了。这些不同的可能形式的文化融合的价值将受到强烈的质疑;毕竟,多元文化主义可以被视为是对社会内部文化多元化的捍卫,以对抗全面的文化融合的要求。我在此阶段的目标并非是要为文化融合作出辩护,而是要把它与社会融合和公民融合明确地区分开来:显然存在一种风险,即那些对作为政策目标的移民融合分别加以

---

① 此外,公民融合也有可能在没有太多社会融合的情况下发生,例如 20 世纪初英国的犹太社区或马来西亚和印度尼西亚的华人社区。不过,这些都是特例。一般来说,一个国家若想促进公民融合,最好将解决社会隔离问题作为其战略的一部分。

辩护、攻击的人只不过是以不同的方式理解这一目标的。

现在让我们来考虑移民社区，移民由于各种原因可能聚集在特定地区，我们还要追问为何对他们来说，与邻居和更广泛的社会进行融合可能是有价值的，并把"融合"的各种意义按顺序排列。有两个完全不同的理由可以解释为什么我们认为社会融合很重要。有人将其与社会正义联系起来，并借鉴了人们经常观察到的事实，即社区在现实中从来就不是"独立而平等的"。移民社区可能缺乏各种资源——物质、人力和社会资本，因此，除非移民能够进入到融合所创造的更广泛的网络，否则他们的机会将会减少。诚然，也有相反的观点指出，在种族隔离的条件下，社区成员可以相互提供支持——所以有时有人会说，聚集在族群同质社区的移民群体行为是理性的，因为这使他们能够从这些环境所创造的特定社会资本中获益。① 然而，这样的社区似乎不太可能提供与社会主流群体所可获得的机会范围相匹配的任何东西。因此，一个关心教育、就业、医疗保健等平等机会的社会将鼓励社会融合。

支持社会融合的第二个原因是，在融合度不高的社会中，人们不太可能相互理解、沟通和信任，而当群体间发生冲突时，这些缺陷就变得尤为明显。这正是许多人从前面提到的种族间骚乱中汲取的教训：一旦事件发生，谣言就会迅速传播，人们的情绪也会变得不稳定，部分原因是习惯于一起工作的人们之间缺乏跨社区的接触，因此无法抵御

---

① 梅里在书中提出了一个支持"自愿隔离"的更广泛的论点，可参阅 M. Merry, *Equality, Citizenship and Segregation : A Defense of Separation* ( New York : Palgrave Macmillan, 2013)。然而，梅里强调，他所定义的隔离的好处是高度偶然的，只有在社会平等的"非理想"环境下才会出现。

事态的发展。如果社区之间是完全独立的,这一点可能就不那么重要,但现实情况是,它们在公共空间中相互重叠,因此不可避免地会产生误解和分歧,这就需要可信赖的中间人来解决。因此,一个希望尽可能没有冲突的社会,还是有理由促进社会融合的。

但这是国家可以合法追求的目标吗?在约瑟夫·卡伦斯关于移民融合的讨论中,他区分了要求(requirements)、期望(expectations)和愿望(aspirations)。① 要求是可被强制执行的条件;拿一个简单的例子来说,移民可以被要求遵守法律。期望是规范,遵守期望是通过非正式的社会制裁得以实现的;因此,人们很可能期望不说东道主社会语言的移民至少鼓励其子女学习它,而官员和其他人会对没有这么做的家长表示不满。愿望是对移民行为方式的希望(hopes),而它们是不可以被强制执行的,哪怕是非正式地强制执行,卡伦斯把社会融合当作最典型的例子,他说:"人们可能会认为,仅当移民及其后代与其他人口之间杂居和社会混合的程度很高时,此过程才真正进展顺利,而不会认为向人们强加关于他们应该在哪里生活以及与谁交往的特定期望是合适的。"②尽管卡伦斯没有明确地说明为何融合不应该被提高到一种期望或一种要求的地位,但他暗示,这会不合理地干涉个人自由。那么,在社会领域中,国家是否在道德上无法按照"融合的必要性"行事?看来不是,因为存在一些间接方式可以鼓励融合,而不必向人们发出关于其应在哪里生活或与谁交往的命令。一个简单的方式就是制定反歧视立法,这不仅旨在解决诸如按照种族或宗教划分工作

---

① J. Carens, "The Integration of Immigrants," *Journal of Moral Philosophy* 2 (2005): 30.

② Carens, "Integration of Immigrants," 30 – 31.

场所的明显情形，还要解决诸如房产经纪人非官方地引导他们的客户进入"适当的"族群社区，或是利用欺诈手段（"blockbusting"）鼓励白人房产主贱卖房产搬离原社区等做法①。住房政策在总体上更能够以社会融合为目标，而其实现的方式是，要求开发商将住房类型（从而将移民群体）混合在一起。对社区组织的资助可直接被提供给其成员来自移民和非移民群体的俱乐部和协会。这样的政策很可能被证明是有争议的，因为个人可能倾向于只与他们自己的宗教或种族群体的人交往，但关键是，如果社会融合被判断是重要的，那么就可以通过不要求公民个人融合的方式来推行（尽管这些方式确实要求雇主和公职人员遵守相关准则）。

很多欧洲国家，包括奥地利、丹麦、法国与荷兰，在过去的十年间已经为新来的移民引入了"融合契约"的概念，而这些契约对移民自身提出了要求。② 然而，这些主要与公民融合而非社会融合相关。如果移民还没有能力使用东道国社会的语言，通常会被要求参加语言类课程，并且还要修读一些旨在增进对东道国社会及其公民价值观的了解的课程。然后，他们被要求参加一场考试或一次面试，而其结果可能

136

---

① 这种做法是，无良的房地产经纪人会吓唬房屋所有者，告诉他们某个少数族群的成员正在搬进他们的社区，鼓动他们低价抛售房屋，然后再涨价出售给少数族裔买家，从而证实该预言。

② 关于对欧洲不同国家的融合契约的讨论，参见 C. Joppke, "Beyond National Models: Civic Integration Policies for Immigrants in Western Europe," *West European Politics* 30(2007): 1 - 22; S. Goodman, "Integration Requirements for Integration's Sake? Identifying, Categorising and Comparing Civic Integration Policies," *Journal of Ethnic and Migration Studies*, 36(2010): 753 - 772; S. Goodman, "Fortifying Citizenship: Policy Strategies for Civic Integration in Western Europe," *World Politics* 64(2012): 659 - 698。

决定他们是否有资格取得永久居留权。因此,该契约可以被视为一把双刃剑。一方面,它向移民提供了技能与知识,而这些很可能直接有助于他们找到一份工作和获得社会服务,并且还有助于他们在获得公民身份时做好准备。另一方面,未履行契约可能构成被排除于永久居留权之外的理由,即使不是被直接遣送出境。

尽管如此,加拿大、英国和美国等尚未正式选择采用融合契约方式的国家仍致力于通过一次考试来获得类似的结果,在考试中,候选人必须表现出对东道国生活的深刻了解。[①] 考试可能并不难通过(在英国,约有 75% 的应试者成功通过,而失败的原因通常是语言能力不足[②]),但其理由大概就是,通过备考可以熟悉自己将要加入的社会的各种特征,并在此过程中逐渐适应相关的社会和政治规范。当然,我们无法保证移民本人会真正接受这些规范。但是,如果她愿意调整自己的行为,她至少会知道,在她移居的社会中,她被期望遵守哪些基本规则。

这些旨在促进公民融合的政策有什么正当理由? 在一些批评者的眼里,它们是"压制性的自由主义"的例子,因为它们试图迫使移民放弃其原有的信念和价值观,转而遵从自由和平等的自由主义原则。[③] 毋庸置疑,公民融合的目标是,如有必要,改变人们的思维模式

---

① 关于对包括英国在内的欧洲国家转向使用公民入籍考试的广泛分析,参见论文集 *A Redefinition of Belonging? Language and Integration Tests in Europe*, ed. R. van Oers, E. Ersboll, and D. Kostakopolou(Leiden: Martinus Nijhoff, 2010)。

② 关于近期的数据,参见 https://www. gov. uk/government/publications/life-in-the-uk-test-data-january-2010-to-october-2013; 另 参 见 Goodman, "Fortifying Citizenship,"689 - 690。加拿大考试的通过率超过 80%,美国考试的通过率超过 90%。

③ 乔普克提出了这一指控,见 Joppke, "Beyond National Models," 14 - 19。

(mind-set)。但要为此种做法辩护，可能需要说明三点。第一，公民融合计划的部分目标是让移民掌握语言、社会与政治技能，以使他们能够在他们所加入的社会中充分利用——因此，如果社会遵守平等机会与政治平等的规范，那么就很难从该视角质疑公民融合计划。这当然存在一种家长主义的因素，因为永久居留和/或入籍是以参与作为一个必备条件的，而非仅仅由移民自行决定，但这种家长式作风不难获得辩解，特别是当它有助于抵消家庭中对妇女的压力时。第二，移民可能会带来一些自由社会有正当理由取缔的惯例做法：例如强迫婚姻、叛教惩罚等。如果通过公民教育传播自由主义价值观成功地使移民相信这些做法是不可接受的，那就是充分的正当理据了。第三，自由社会现在通常把培养公民意识作为学校课程的一部分①；它们在向下一代宣传自由和民主原则方面毫不犹豫，也不应该犹豫。但是，如果它们为在国内长大的公民这样做，那么它们也应该为在国外长大的未来公民这样做，这似乎是合理的。在这两种情况下，所提供的都是有用知识的组合，比如关于选举制度如何运作的信息，以及规范性指导，如关于言论自由的价值和限制的指导。一个合理的假设是，如果所有公民都能分享这些基本知识和相应的原则，自由民主国家就能更好地运作。

有些人认为，坚持要求移民加入公民融合计划和/或参加公民入籍考试，与第七章所捍卫的原则（即所有永久居民都有权在经过一段

① 关于调查，参见 D. Kerr, "Citizenship Education: An International Comparison," in *Education for Citizenship*, ed. D. Lawton, J. Cairns, and R. Gardner (London: Continuum, 2000); O. Ichilov, ed., *Citizenship and Citizenship Education in a Changing World* (London: Woburn Press, 1998)。

适当的时间后成为公民)之间存在着矛盾,甚至是冲突。这里是否真的存在矛盾,取决于完成计划或通过考试的难易程度,而难易程度又取决于所提供的支持水平,特别是在语言要求方面。考试本身的内容一般要求不高,主要是要求学习一系列问题的标准答案。例如,目前的美国公民入籍考试包含 100 道题,考生在面试过程中必须答对 10 道题中的 6 道。题目包括美国宪法和政府制度的细节、美国历史上的重大事件以及诸如国旗、国歌等主要标志。大多数问题都允许给出备选答案。加拿大的考试也大体相同,不过它包含了一些涉及原则问题 *138* 的题目,比如公民责任和男女平等。它以多项选择的形式呈现,要求在 20 题中答对 15 题。英国 2013 年施行的新考试方案则与众不同,它要求考生具备相当详尽的英国历史、文化和政治实践知识。虽然该考试实际上是基于一本 143 页的小册子的记忆性考试[①],但如果没有专门的准备,许多在英国出生的公民能否达到 75% 的通过率还是个问题。

卡伦斯反对这种考试,理由是除了违反了所有长期居民都有权在考试不合格的情况下成为公民的原则外,这种考试并不能追踪到成为一名合格公民所应满足的要求,他说:"明智的政治判断所需的知识是复杂的、多方面的,而且往往是直观的。这并非是通过这种测试就能

---

① J. Wales, *Life in the United Kingdom : The Official Study Guide* (Norwich, UK: Stationery Office, 2013). 英国当前形式的考试显然旨在成为文化和公民融合的工具。虽然它偶尔提及移民文化(例如,非基督教的宗教节日),但这本小册子相当详细地介绍了英国艺术家、作家、音乐家等的历史和现代的作品,并要求读者留意主要的文化参照点(points of cultural reference)。

获得的。"①这无疑是正确的。但是,该反对意见误解了公民入籍考试的目的。考试并不是为了要在合格与不合格的未来公民之间作出挑选。相反,其有两个目的。一是为那些准备考试的人提供激励,让他们了解治理他们的政治制度,并至少了解一些国家历史和重要的国家象征。这一点是适用的,不管他们是否通过考试。另一个目的是充当国家在任何时候的政治价值观的隐性声明(因此,我们应该希望公民入籍考试的内容会随时间的推移而发生改变,事实上它们也的确如此)。② 因为公民入籍考试是少数几个能让我们真正看到这种声明的地方之一。正如我之前所说的,准备和参加考试并不会强迫移民接受这些价值观,但它确实迫使她承认,这些就是社会宣称将据以运行的原则,使她至少有一个审慎的理由去遵守这些原则。

但是,那些屡试屡败的人又如何呢? 作为永久的非公民,他们的境况显然是不正常和不值得羡慕的,即便其社会权利很好地受到了应有的保护。这样一来,该问题就变成了一个权衡得失的问题。公民身份计划和考试(以及相应的仪式)是出于这样一种愿望而被设立的,即人们应该把取得公民身份视为一项重要的成就。新公民应该对他们已经实现的成就感到自豪,即便他们追逐公民身份的初衷是工具性的。但如果考试变得仅仅流于形式,通过率达到100%,那么这种情形就不会出现。重要的是,任何人只要稍微花点功夫备考就应该能通过考试,并且对于那些有阅读或理解困难的人,考试也应该提供支持。

在我看来,前面所提到的国家当前采用的考试至少符合这些条件

---

① J. Carens, *The Ethics of Immigration* (New York: Oxford University Press, 2013), 59.

② 英国在 2013 年、加拿大在 2010 年、美国在 2008 年推出了修订版的考试。

中的第一个(然而,如上所述,英国的新考试方案要求预先进行大量学习)。尽管如此,许多永久居民并不选择遵循这条通向公民身份的路径。① 这就引出了另一个问题,亦即处于此种境况的人是否必须成为公民——运用早前所使用的术语,就是要使公民身份成为一种要求,而不仅仅是一种期望。赫尔德·德·舒特尔(Helder de Schutter)与莉·伊佩(Lea Ypi)最近在一篇论文中提出了这一观点。② 虽然他们承认自己的主张具有争议性,但他们提出了几个支持的论点。第一,它将使社会更加团结。第二,根据沃尔泽和其他人关于民主的论点(请看第七章),它可以防止双阶层社会的出现。但或许最具挑战性的是,它会纠正这一不公平现象,即人们在享有由社会成员身份所带来的权利的同时又不承担公民身份所规定的可能繁重的义务(不仅包括与选举有关的责任,还包括陪审员服务和应征入伍的责任)。③ 这似乎违反了一个众所周知的原则,即"当一个人自愿接受某一计划的好处或利用该计划提供的机会来促进自己的利益时,他就有义务履行该计划制度的规则所规定的义务,只要该制度是公正或公平的。"④他们显然受益于生活在一个提供人身保护以及一系列商品和服务(如教育和

① 关于所引用的数据,参见 H. de Schutter and L. Ypi, "Mandatory Citizenship for Immigrants," *British Journal of Political Science* 45(2015): 235 - 251, p. 237. 就自由民主社会而言,非公民居民的比例范围为 7%—20%之间。当然,这些大概的数据很可能被高估了,因为它们将那些最终会取得公民身份的人也包括在内。
② De Schutter and Ypi, "Mandatory Citizenship for Immigrants."
③ 他们还提出了一个有意思的民主论点,即因为生活于社会之中的每个人,都会以影响别人的方式行事,所以应该期望他们与受其影响的人进行民主协商。限于篇幅,我无法进一步探讨这一问题。
④ J. Rawls, *A Theory of Justice*(Cambridge, MA: Harvard University Press,1971), 342 - 343. 当然,目前拒绝成为公民的一些人之所以这样做,可能是因为他们认为邀请他们加入的计划不公平。

医疗保健）的法律制度下，那么他们是否有对等的义务成为正式公民，并承担这一身份所带来的负担呢？

为了回答这个问题，我们可以追问，首先，是否存在成为公民的道德义务。其次，是否也应该像舒特尔和莉·伊佩提议的那样存在法律义务。如前所述，道德义务的基础是公平。不过，假设有人声称他已经遵守了其他的公平要求——例如，自觉守法，全额纳税——但在道德上却反对成为公民。这些会是什么呢？有人可能反对自己被要求宣誓效忠。例如，2014年，在加拿大，有一群准公民走进法院，对入籍宣誓（the Oath of Citizenship）中要求他们向加拿大女王伊丽莎白二世宣誓效忠的那部分提出异议，并援引他们反君主主义的信念，呼吁他们享有言论自由权（他们的质疑被法院驳回，其理由是，"提及女王是我们政体的象征，也是不成文的民主宪法原则"）。① 一个更实质性的理由可能是反对国家目前正在推行的一项政策：反对者可能会辩称，通过成为公民，他参与了集体责任，比如，一场他认为根本就不正义的对外战争。但是，作为对此的回应，我们可以说，由于这个人是社会的永久成员，他就已经被包括在集体责任之中了，因此，道德上要求他采取的行动是成为一个公民，并抵制和投票反对令人反感的政策。至于公民入籍宣誓的正式措辞，问题是它是否迫使宣誓人确认与基本正义要求相违背的东西，而不是措辞是否符合他自己的政治信仰。被要求宣誓效忠于宪法的美国公民很可能对其中的一些条款（如主张持枪权的条款）持个人反对意见，但从整体上看，这份文件表达了作为美国立

---

① 参见 http://www. theglobeandmail. com/news/national/appeal-court-upholds-oath-to-queen-in-citizenship-case/article20032155。

国之本的自由主义原则。因此,无论是正式的还是实质性的反对意见,似乎都不足以压倒让变成公民成为道德义务的公平的论点。但是,在将此作为一项法律要求之前,可能仍有理由犹豫不决。首先,这样做显然与我刚才为之辩护的实行公民入籍考试的做法相抵触,因为这样一来,一个人在法律上就必须做他可能做不到的事情,即通过相关考试才能成为公民。① 其次,尽管前面已经论及获得公民资格的道德要求,但在某些情况下,这一要求可能会被良心的要求压倒。有人可能持有宗教观念,使他无法宣誓效忠世俗政权。因此,倘若要对移民提出获得正式公民身份的法律要求,那么至少应该有一条出于良心拒绝服从的条款,允许有此信仰的人不受它限制。② 141

公民身份不仅仅是一种具有相应权利和义务的正式的法律身份。它还是一种社会角色,包含了各种各样的日常活动,其范围从加入社区协会和保护性团体,到抗议政府不公平地对待某些同胞(甚或外国人)的政策。大多数人都会同意,参与这些活动可使某个人成为一个"好公民",但对于是否有道德义务参与这些活动却存有分歧。③ 因此,某个人要想获得正式的公民身份,就必须有证据表明他已经积极参与政治活

---

① 解决这一问题的一个可能的方法是,用强制性公民课程代替公民入籍考试,而每个新来的居民将基本上都能够参加这些课程。然而,很多人很可能会发现,此乃一个比考试本身更加繁重的要求。

② 这与服兵役有明显的相似之处。如果国家正在打一场正义的战争,公民可能负有参军的道德义务,并且如果条件允许,这项义务可能无可非议地被合法地强制执行。但是,那些能够证明其在良心上有不参与武装冲突的理由的人应该被允许以其他方式服役。

③ 关于此种分歧的证据,参见 P. Conover, I. Crewe, and D. Searing, "The Nature of Citizenship in the United States and Great Britain: Empirical Comments on Theoretical Themes," *Journal of Politics* 53(1991): 800 - 832。

动,或参与了其他形式的社会活动,以表达其公民承诺,这种做法是错误的。同样,人们以公民身份所从事的活动种类理所当然存在着巨大差异,所以移民不应因为与其他人的参与模式有所不同而受到指责。对于公民融合而言,除了接受一套共同的基本规则之外,重要的是人们应该感到有责任为社会作出贡献;公民的劳动分工是没有问题的。

　　公民融合的价值很少受到质疑。然而,文化融合则是另一回事了,而非常有争议的是,各国是否有义务尝试鼓励(或迫使)移民与本土居民(他们绝不是单独一块文化巨石〈monolith〉,而很可能被社会阶层、地域、宗教等区分开来)实现文化上的融合。反对文化融合的理由大体上有两个。第一,它是压制性的:它需要迫使或诱导人们放弃他们自己的文化母体,以便融入别的文化母体之中。它违背了基本的自由主义原则,即人们应该在信仰、品味和价值的问题上自由地走自己的道路(这也可能是他们先祖的道路),只要他们不践踏别人的平等的自由。第二,它是不必要的。只要移民在公民层面上实现融合,而且在社会上达到足够程度的融入,就能建立起避免冲突所需的社会纽带,使民主国家有效运行。这种观点认为,在实践中,随着移民群体适应新环境的生活,他们的文化可能会随着时间的推移而改变,但国家不需要做任何事情来引导或加速这一过程。相反,国家在文化方面的作用是提供一个环境,使许多不同的文化能够共存和繁荣;换句话说,它的基本政策应该是(自由主义的)多元文化主义。

　　这就是反对使文化融合成为一个政治目标的理由。然而,甚至像威尔·金里卡(Will Kymlicka)那样的多元文化主义的捍卫者也承认,移民是文化转型的一个不可避免的过程。在金里卡看来,移民不能指望在他们所加入的国家中复制自己的"社会文化",在那里,社会文化是"一种为其成员提供有意义的生活方式的文化,涵盖所有人类活动,包括社会、教育、宗教、娱乐和经济生活,包括公共和私人领域。"①他们做不到这一点,因为社会文化是由共同的公共制度——社会的、教育的、经济和政治的——所维持,并且当人们移居时,他们将自己从一套制度中撤出,而把自己置于另一套之下。因此,对于移民而言,至少在金里卡的描述中,多元文化主义是一种关于国家应如何对不同群体的私人文化作出反应的诉求,即少数群体成员不应该因其文化成员身份而在追求经济和其他机会时处于不利的地位。接受国社会的规则应当在某些方面作出调整,以适应移民的宗教信仰或族群习惯。因此,这里,在私人文化与公共文化之间有一条分界线。一边是更为广泛的社会文化,通过其语言、符号和制度得以表达:这些应当是共有财产,因为只能有一面国旗或一个国家立法机关。另一边是为很多不同形式的私人文化——不同的宗教、不同形式的艺术与文学、不同的美食,等等——留下的空间。多元文化主义表现出对这些差异的尊重或者甚至是赞美。至少在金里卡的描述中,它并不是一种反对所有形式的文化融合的论点。② 事实上,对于金里卡而言,多元文化政策与民族塑造政策应该是相辅相成的:

> 将多元文化政策(MCPs,multicultural policies)从塑造人们身份、信仰和愿望的公共政策的更大背景中孤立出来看待是一种错

---

① W. Kymlicka, *Multicultural Citizenship* (Oxford: Clarendon Press, 1995), 76.

② 然而,更为激进的多元文化主义形式可能会反对将任何共同文化框架作为民主政治的背景。例如,参见我对艾丽斯·扬(Iris Young)的《正义与差异政治》(*Justice and the Politics of Difference*)的批评性讨论,可见于 D. Miller, *On Nationality* (Oxford: Clarendon Press, 1995), chap. 5。

误。比如，MCPs 是否增进信任或团结，将在很大程度上取决于这些 MCPs 是否为一种更大的一揽子政策的组成部分，而这些政策又同时培育对更大的政治共同体的认同感。如果没有合适的民族塑造政策，特定的 MCP 会通过只关注少数群体的差异而削弱团结和信任。但当这些民族塑造政策出现时，通过向少数群体成员保证，由民族塑造政策所促进的更大认同是一种公平容纳他们的包容性认同，从而相同的 MCP 实际上可能增强团结和信任。①

那么，真正的问题在于，公共文化与私人文化之间的界线应该划在哪里：应该或不应该将什么纳入移民可被合理期望融入其中的共同文化发源地之中。或用金里卡的话来说，何种民族塑造政策才是合理的？

那些反对"文化融合"的人会争辩说，共同的公共文化必须以一种狭义的方式来理解，它只包括治理社会的原则和政治体制，也许还包括讨论和公布公共决策的官方语言。但这一建议的困难之处在于，如果不对这些事物所处的更广泛的文化背景有所了解，可能连理解这些事物都是不可能的。② 请考虑这样一些国家，它们将少数民族纳入其

---

① K. Banting and W. Kymlicka，"Do Multiculturalism Policies Erode the Welfare State?，"in *Cultural Diversity versus Economic Solidarity*，ed. P. Van Parijs (Brussels：Deboeck Université Press，2004)，251 - 252. 我不打算在这里对在过去十年里流行的政治辩论中所谓的"多元文化主义之终结"(death of multiculturalism)加以评论，在宣布多元文化主义终结时所针对的多元文化主义形式与金里卡的说法大相径庭。关于最近的抨击多元文化主义的例子，参见 T. Modood，*Multiculturalism*，2nd ed. (Cambridge：Polity Press，2013)，chap. 1。
② 然而，在对一种文化的理解与对其的认同之间——在能够领会文化参照点与实际评价文化的内容之间——仍然存在一种差异。如果完全的文化融合要求实现后者，那么这里所提出的论点就不够深入。不过，或许我们应该在这一更弱的意义上去理解"共享一种文化认同"，即它允许每个人以多样性的方式看待文化的定义象征和实践。

边界,并设计出了特殊的政治安排以反映这些群体的身份认同和实际需求:例如,加拿大、西班牙或英国。没有人能够理解,为什么魁北克、加泰罗尼亚或苏格兰拥有(并有权拥有)具有重大决策权的权力下放的议会,除非他们对这些安排逐步形成的历史进程以及这些安排得以延续的民族-文化差异有一定的了解。如果不了解相关的历史背景,也不可能理解一个特定国家的民主制度所采用的具体形式——是总统制还是议会制,上议院采取什么形式,是君主立宪制还是共和制,是否有独立的权利法案,等等。这大概就是为什么即使是那些更狭隘地侧重于政治制度的公民入籍考试,也要求应试者对塑造这些制度的历史事件有所了解。因此,美国的入籍考试不仅要求应试者说出国会两 144 个分支机构的名称,或解释为什么有些州的代表人数多于其他州,还要求应试者能够指出《联邦党人文集》(*The Federalist Papers*)的作者,并说出南北战争(Civil War)爆发的缘由。

　　然而,这仍然不足以成为在更广泛的意义上寻求将移民融入国家文化的理由,包括承认文化地标,如节日、艺术和文学偶像、自然美景、历史文物、体育成就、流行艺人,等等。① 那么,以此为目标的政策有什么正当理由呢? 我们可以首先从移民自身的角度,然后从东道国社会的整体角度来回答这个问题。从移民的角度来看,尽管他们可能希望保留他们带来的文化的许多方面,并有权要求以各种方式支持他们的文化,但他们也有兴趣从内部了解深刻塑造了他们现在将要生活的物理空间的社会文化。如果没有这方面的背景知识,他们周围的许多事物就会显得神秘莫测——而且,如果他们不了解某些事件或机构的国

---

① 所有这些都包含在最新版本的英国公民身份学习指南及其所准备的考试之中。

家意义，他们也有可能在无意中或以其他方式做错事。① 移民群体可能也想在某些方面改变那种社会文化，或者添入他们自己的新元素（想想纽约的圣帕特里克节游行或伦敦的诺丁山狂欢节），但要做到那一点，他们需要首先知道他们旨在改变的是什么。此外，文化融合会使社会融合变得更加容易，而基于前面所阐述的理由，这一点将会是非常重要的，如果移民想要充分利用新社会中提供的机会的话。回想一下，在安德森的方案中，融合的最后阶段是"非正式的社会融合"，在她的例子中，它"发生于不同种族的成员在午餐桌上交谈，在喝咖啡的间隙闲聊，以及在休息时间一起玩耍的时候"②。但除了昨晚的棒球或足球比赛，或者某些媒体名人颠簸起伏的职业生涯的最近一段经历之外，人们还应该聊些什么呢？这就需要一系列被认为理所当然的参照点，而对社会文化的熟悉将提供这些点。

从东道国社会的视角看，文化融合之所以重要，是因为它能使移民更充分地认同该社会，并将其民族特性作为自己的特性。当然，为了承认他们的存在，这种认同必须作出调整：公民用来解释他们是谁的历史叙事现在必须包括移民的事实，以及由此产生的文化多样性。但是，共享的民族认同是一种资源，可以让一个社会解决集体行动问题，推行社会正义政策，并更有效地发挥民主的作用。这种认同感应该具有包容性，这一点很重要，因为认同感的部分存在理由是在群体

---

① 在 2010 年 11 月的英国的停战纪念日，一群穆斯林信徒焚烧了一朵巨大的罂粟花（纪念的象征），以抗议英国插手伊拉克和阿富汗的军事行动，其结果可想而知。倘若他们理解停战日对于几乎所有的英国人而言所具有的意义，很难相信他们会选择这么做（他们可能会选择佩戴白色罂粟花，这是一个长期以来的和平主义象征，纪念战争死难者并表达战争不再发生之希望）。

② Anderson，*Imperative of Integration*，116.

之间建立信任,否则这些群体可能会相互敌视或蔑视。我此处的论点基于一个简单的心理学论断,即我们倾向于同情、帮助、信任那些我们感觉与之有共同点的人,并对他们负起责任,而一种认同感甚至会使我们在与这些人没有直接接触的情况下也能产生这种相似感。有充分的证据支持这一论断——例如,来自实验的证据表明,参与者被告知他们正在与跟他们有共同特征的人互动,而这些信息影响了他们参与各种不同形式的助人行为的意愿。① 特征的性质并不那么重要,它可以是一种着装风格、一种政治意识形态或一种肤色。仅知道某个人构成你所认同的群体的一部分就足以引发此种倾向,即便你与他们从未谋面 。因此,分歧并不在于一个社会是否能从其成员拥有共同身份认同的多种方式中获益,而在于那些认为较薄的(thinner) 公民身份认同就足以完成任务的人与那些认为需要较厚的(thicker) 民族身份认同的人之间的分歧——尽管它也可以被重新定义为一场关于民族认同本身,以及这需要在多大程度上包含文化因素而非更狭隘的政治因素的辩论。正如我们所预料的那样,有证据表明,那些在属于 X 国意味着什么的问题上有更丰富因此可能更排外的理解的人,也可能更强烈地认同 X,因此更愿意与 X 的其他成员团结一致,只要这些成员将他们视为信誉良好的成员。②

---

① 我已经讨论过其中的一些,可见于 D. Miller, "'Are They *My* Poor?': The Problem of Altruism in a World of Strangers," *Critical Review of International Social and Political Philosophy* 5(2002): 106 - 127, repr., D. Miller, *Justice for Earthlings: Essays in Political Philosophy* (Cambridge: Cambridge University Press, 2013)。

② 参见 D. Miller and S. Ali, "Testing the National Identity Argument," *European Political Science Review* 6(2014): 237 - 259; E. Theiss-Morse, *Who Counts as an American? The Boundaries of National Identity* (New York: Cambridge University Press, 2009),尤其是第四章。

民族认同的文化构成将在本质上反映大多数本土公民的历史文化，而这可能给融合设置了一道障碍。此问题在宗教上表现得最为尖锐，即移民的宗教信仰和习惯与嵌入于民族文化之中的宗教元素——如一座国教教堂或者在学校里或公共仪式上出现的宗教符号——可能产生冲突。一些批评者声称，如果一个国家在这些方面授予某一特定宗教如基督教以优先权，它就违反了自由主义的要求，即所有公民应当受到平等对待。例如，努斯鲍姆（Martha Nussbaum），一位宗教优先权的激烈批评者，认为它不可避免地"看轻"或"边缘化"那些不属于受宗教青睐的人；它相当于公开宣称，他们是次等公民。[①] 她声称，这一点延伸至纯粹象征性的承认形式，向少数民族群体传达了这样一个信息，即他们不属于有关民族的成员。以意大利学校教室里展示的耶稣受难像为例，她说："由政府所设置的一些宗教符号，对公民在公共领域中的平等地位构成了威胁。"[②]这里的困难是，要知道如何理解这样的符号展示：正如努斯鲍姆所表明的，它们是否仅仅意在反映该国的天主教传统，包括其学校的传统风貌，或者它们是否传达出这样一个信息，即只有天主教徒才可能是"正宗的"意大利人？此外，国家对文化形式的任何认可或支持都可能因未能对所有公民表现出同等的尊重而受到同样的指责。如果法国政府为了促进法语电影的发展而决定资助其电影产业，或如果英国政府因想要儿童学习莎士比亚剧本

---

① 参见 M. Nussbaum，introduction to *Liberty of Conscience : In Defense of America's Tradition of Religious Equality*（New York：Basic Books，2008）。然而，努斯鲍姆承认，在一些"很少有宗教分歧能够激发真正激情"的欧洲国家中，出于历史原因准许一个国教存在是可接受的(13)。

② Nussbaum，*Liberty of Conscience*，18.

中的一些语言和意象而选择向他们免费发放莎士比亚的作品,那又会如何呢?在任何一种情形中,移民都可能感觉到,他们自己的本土文化没有被承认具有同等的价值。但是,他们有理由认为其作为平等公民的地位被剥夺了吗?

为了维护少数群体的平等地位,有三个条件应当得以满足。第一,国家应当确保,不论是经济、教育还是政治方面的机会,都不会因宗教或族群群体的成员身份而受到限制,当然,除非该群体自己的文化成为限制的来源(我们不应指望看到有贵格会教徒在军中服役或犹太人从事猪肉屠夫的工作)。这可能需要免除对该群体的法律限制,或以其他方式适应这些限制。为了实现机会均等,这种通融究竟应该达到何种程度,这可能是有争议的,因为群体习惯也可以被合理地期望发生改变,从而使其成员更容易遵守现行的限制:双方之间需要进行对话,并愿意互谅互让。① 不管怎么说,基本原则是明确的。第二,如果国家已开始着手支持某些特定的群体,包括文化的群体,那么它应当以一种不偏不倚的方式这么做。再次使用前面的例子,如果一个自由主义国家资助弦乐四重奏乐团,那么它也应当愿意资助钢鼓乐队和墨西哥流浪乐队。如果它给予基督教堂税收减免,它就也应当为寺庙、清真寺和犹太教堂做相同的事情。换言之,在私人文化方面,它应当遵守平等对待的原则,而不论这意味着不资助任何人,还是平等资助每个群体。第三,在公共文化领域中,当现行的做法正在被审视,或新的出发点正在被仔细考虑时,所有群体的诉求都能被平等地倾听

① 参见我的讨论,D. Miller, "Liberalism, Equal Opportunities and Cultural Commitments," in *Multiculturalism Reconsidered*, ed. P. Kelly(Cambridge: Polity Press, 2002),被转载于 Miller, *Justice for Earthlings*。

到。这可能意味着一切事情都如此，即从国旗的设计到公共广播媒体的内容，再到国教（如果有的话）的地位。最后，在一个民主国家中，这样的问题需要通过诉诸大多数人而得以决定，但多数人的意见应该是通过与其他群体的商议而得到启发的。

此时，有人可能会问，为什么国家不干脆在所有文化事务上采取严格中立的立场，从而避免任何关于特定群体正在遭遇不利或"被边缘化"的指责。[①] 一个回应是，严格中立在任何情况下都是不可能的。金里卡指出，这一点与语言有关：

> 决定一种文化能否存续的重要因素之一是，其语言是否为政府的官方语言——公共学校、法院、立法机构、福利机构、医疗服务机构等使用的语言。当政府决定公共学校的语言时，它所提供的很可能是社会文化所需的最为重要的支持形式，因为它确保了语言及其相关传统和习俗的代代相传。[②]

在这里，金里卡相当合理地假定，必须有一种政府语言，或至多有少数几种官方语言。同样地，也必须有国旗和国歌；如果有公共广播服务，必须由政府所指定的机构来决定应该播放什么内容；如果在学校
148 开设一门全国统一课程，必须由另一个机构来决定它应该包括哪些内容，等等。从文化的视角来看，在这些决定中，没有哪一个是严格

---

① 因为我并不捍卫中立性，所以就没有必要对它的意思进行解释，但关于此概念的一个很好的讨论，参见 A. Patten, "Liberal Neutrality: A Reinterpretation and Defense," *Journal of Political Philosophy* 20（2012）：249 - 272；A. Patten, *Equal Recognition: The Moral Foundations of Minority Rights*（Princeton, NJ: Princeton University Press, 2014）, chap. 4.
② Kymlicka, *Multicultural Citizenship*, 111.

"中立的"。正如金里卡所言,一种"不作为"的政策在这里根本就行不通。

然而,在其他一些政策领域,不作为也是可能的,但在这些领域,国家发挥的积极作用是符合合法的公众利益的。例如,在土地使用方面必须作出的所有决定:道路或火车轨道应铺设在何处;哪些区域应作工业用途,哪些区域应作住宅用途;哪些区域应留作娱乐休闲或保护用途;应在何处建造什么建筑,在设计和外观方面有哪些限制,等等。在原则上,国家可以对这些决定放任不管,拍卖可用的土地,让市场发挥作用:人们可以竞买他们想要的土地,用于私人、商业或文化目的,并据此使用这些土地。但是,除了极端的自由主义者之外,很少有人会认为这是一个理想的结果。对土地的规范使用可以创造出很多公共益品,而不论这些是有关美观的(如著名的自然景观区域或城乡综合规划区域的保护)、休闲的(如公共体育设施的使用或荒野地区的进入),还是有关环境的(如自然资源的保存或濒危动物栖息地的保护)。从广义上讲,这样的政策决定不可避免地引发了文化问题。它们将反映出决策者对生活在美丽的城市或保护自然环境等目标的相对价值,而这些都是很可能产生不同意见的问题。当少数宗教群体要求在传统上一直由反映大多数群体历史文化的基督教堂占主导的地区建造建筑物时,就会爆发争端,这就为公共空间的文化意义提供了一个尤为明显的例子。① 一方认为,公共空间的外观应该继续反映他们自己作为大多数群体成员的文化认同;另一方认为,它应该通过允

---

① 我曾比较详细地研究了瑞士关于建造伊斯兰教宣礼塔的辩论,而这场辩论以全民公投决定禁止建造它们而告终。可见于 D. Miller, "Majorities and Minarets: Religious Freedom and Public Space," *British Journal of Political Science* (forthcoming)。

许同等重视所有形式的宗教表达而反映出多元文化社会的多样性。虽然有可能找到一种实用的解决方法，即允许少数群体文化符号在不破坏大多数群体文化的优先性的条件下出现于公共空间内，但这在平等对待的意义上并非是"中立的"。① 相反，它代表了在多数群体与少数群体的相互冲突的文化诉求之间的一种公平的妥协。

从这个角度看，文化融合意味着什么？首先要注意的是，与公民融合相比，将文化融合视为一种可能的要求是毫无意义的：在文化上并不存在与合法获得公民身份等同的东西。那么，按照卡伦斯的区分，文化融合最多只能是一种愿望，也可能是一种期望。文化融合涉及什么？移民需要理解并认识到她所加入的社会的公共文化的重要性。她应该承认，表达或加强公共文化是支持政治提案的一个正当理由，她还应该承认，在某些情况下，允许将公共文化置于象征性的优先地位。同时，在对该文化的某些方面进行讨论时，她有权发表自己的意见并得到认真对待。她也有权期望自己的私人文化能根据具体情况以适当的方式得到包容和支持。因此，回到意大利教室的例子，一个移民到意大利的穆斯林信徒应该希望她的女儿们可以穿着得体并戴着头巾上学，但她不应该反对代表意大利天主教传统的耶稣受难像的存在。② 少数宗教的成员应该有自由和机会创建符合其宗教需求的礼拜场所，但如果在设计这些建筑时要求他们尊重现有的公共空间

---

① 因此，解决在基督教传统国家中建造伊斯兰教宣礼塔的冲突的一套方案是，允许建造宣礼塔，但要限制它们的高度，以使得现有的教堂继续成为天际线的主要特征。
② 无论如何，移民们可能更希望他们的孩子所就读的学校具有宗教的性质：他们可能将世俗主义视为对自己身份认同的更大威胁，而非大多数自由民主国家现在正式支持的温和、宽容版本的基督教。

特征,例如不遮挡附近的基督教堂,他们也不应反对。要实现充分的
文化融合,土著多数群体的成员必须理解为什么需要接纳移民的私人
文化,并对所需措施给予无保留的支持,而移民本身也必须理解并接
受他们所加入的社会的公共文化。[1]

在本章一开头,我介绍了融合是一种被广泛提出的补救措施,以
解决拥有少数族裔群体的自由民主国家偶尔遭受的暴力混乱问题。
通过区分社会融合、公民融合和文化融合,我试图解释这些不同形式
的融合各自的价值所在,以及自由主义国家可以采取哪些措施合法地
促进这些融合。我要强调的是,本章所概述的融合政策和第七章所概 *150*
述的社会正义政策应放在一起考虑。如果我们说移民应该努力在社
会、公民和文化上进行融合,那么我们就必须同时说,他们有权平等地
融入经济和政治生活,平等地受益于福利国家提供的服务。这就是移
民与东道国共同体之间达成的互惠交易的本质所在。移民要求采取
一整套反歧视和机会均等措施,同时保留在文化飞地中将自己与更广
泛的社会隔绝的权利,这是不可接受的;但政客们要求移民无条件地
效忠国家,却不同时提供保护和支持并将他们视为与本土出生者完全
平等的公民(或未来公民),这同样是不可接受的。

---

[1] 接受一种不属于你自己的文化意味着什么——例如,一个犹太人或穆斯林接受基督
  教作为他所定居国家的国教? 显然,这并不意味着接受该文化中蕴含的独特信仰。
  但这确实意味着,例如,愿意参加形式上反映宗教的国家仪式(授勋仪式、国葬等)。
  这与一个不喜欢风笛声音的苏格兰人仍然认为在某些场合演奏这种乐器是合适的,
  是一种表达他们独特的苏格兰特色的方式,没有什么不同。

# 第九章 结 论

自从我开始写作本书以来,几乎每天移民问题都会作为热门话题出现在报纸和数字媒体上。最大的单一事件就是,数百万人越境迁徙,从在叙利亚和伊拉克北部发生的内战中逃离出来,而此事件被联合国难民事务高级专员安东尼奥·古特雷斯(António Guterres)描述为"我们时代最大的人道主义危机"。在这场人类灾难中,首当其冲的是约旦和土耳其等国,这些国家不在我所调查的主要范围之内,但整个欧洲都感受到了连锁反应,因为从战争中逃离出来的难民沿着危险的路线离开了亚洲和北非:最臭名昭著的是乘船穿越地中海的危险旅程,数千人因此而丧生。事实证明,在欧洲内部,劳动力自由流动的原则越来越受到争议,这可能也的确是促使英国退出欧盟的主要问题。与此同时,在美国大约有 1100 万非法移民存在,这继续在民主党和共和党之间引发激烈的政治论战,尤其是在奥巴马总统 2014 年 11月决定根据"延期行动"计划为其中多达 500 万人提供一些法律保障之后。

这些事件激起了强烈的反应:同情移民的人往往在道德上义愤填膺,而那些视移民为寻求福利的机会主义者的人则充满怨恨。例如,152 就在英国政府宣布支持欧盟大幅削减其在地中海的搜救行动的一项决定当天,自由党议员、议会难民问题小组主席萨拉·蒂瑟(Sarah Teather)表示:

> 这一决定令人深感绝望。我们宁愿让人淹死,而其原因无非是毫无根据的政治动机。它表明,政府在移民问题上已经坠入了新的不人道的深渊。
>
> 我们不能佯装此问题与我们无关,并在有人死亡时洗脱罪名。正是我们所推行的政策企图把欧洲变成一个没有安全通道的堡垒,这迫使移民冒着失去生命的危险。我们正迫使人们在死于自己饱受战争蹂躏的国家和葬身于汪洋大海这两者之间作出抉择。①

议会内外还有许多人发出了类似的声音。但如果转向右翼媒体,特别是英国阅读量第二大的报纸《每日邮报》(*Daily Mail*),你会发现,源源不断的文章强调所谓的移民带来的净财政负担以及令人不安的移民行为报道,比如以下这篇关于女王的天鹅在彼得伯勒附近河流中的命运的报道:

> 第一次有无可置辩的证据表明,天鹅和大量的鱼类正被已在

---

① http://www. catholicherald. co. uk/news/2014/10/28/catholic-charity-critical-of-governments-refusal-to-support-future-migrant-rescues/.

尼恩河(the River Nene)沿岸安营扎寨并以这片陆地为生的移民
所捕杀。

在过去的五年里,有超过16000名新来的东欧移民到达彼得
伯勒,他们没有能力或不愿意支付住宿费,转而选择了古代狩猎
采集者的生活方式,尽管他们嗜好大量烈性的波兰伏特加和
啤酒。

许多移民住在用木头和塑料布搭建而成的简陋帐篷里,他们
已经在尼恩河沿岸定居下来。

这些居民使用简陋的圈套和渔网捕食天鹅、鱼、兔子、鸽子、
甚至蜗牛——所有这些都是从这块付出了高昂成本才得以恢复
的栖息地上掠夺而来,然后再在明火上烹煮。①

在这样的政治气候之下,很难找到一个连贯而平衡的方式来思考
153 移民问题。② 朝一个方向走,你可能会被指责对脆弱和绝望之人冷酷
无情;朝另一个方向走,你就会被称为精英论者,不理解移民对工人阶
层社区所产生的影响。③ 第一步就是要承认,争论双方都有更好和更

---

① http://www. dailymail. co. uk/news/article-1261044/Slaughter-swans-As-carcasses-pile-crude-camps-built-river-banks-residents-frightened-visit-park-Peterborough. html.
② 再举一个例子,在伦敦大学学院经济学家发表《移民对英国财政的影响》(*The Fiscal Impact of Immigration to the UK*)的报告当天,左翼报纸《卫报》(*Guardian*)的头条新闻标题为"英国从欧盟移民补助金中获得 200 亿英镑",而右翼报纸《每日电讯》(*Daily Telegraph*)的头条新闻标题为"来自欧盟以外国家的移民花费了 1200 亿英镑"。这两种说法都可能根据研究者的证据得到证实,但为揭示其真正意义,还需开展大量的探究工作。与此同时,每个人都可以在他们的偏见得到证实时感到安慰。
③ 教授们更有可能听到第一种指责,但他们也应该意识到第二种指责。事实上,他们应该更多地反思他们自己在社会秩序之内的地位,因为他们属于最有可能从国际迁徙自由中获益而非遭受伤害的阶层。

坏的理由。在支持移民、支持开放边境的这一方,我们发现,自由理想
主义者特别关心难民和试图从无望的境地中逃离出来的其他人的权
利;但我们也发现,对于商业领袖而言,移民是对马克思主义者过去常
常所称的"失业者后备军"的一个受欢迎的补充,有助于将工资压至最
低水平。在支持移民控制的这一方,我们发现,狭隘的顽固分子坚决
反对在他们社区的面貌和行为方式上有任何改变;但我们也发现,深
谋远虑的社会民主主义者担心全球资本主义的力量,并将公民团结视
为唯一可依靠的反制力量。因此,支持更高程度的移民并不总是品德
高尚的,而反对它也并不总是纯粹带有成见。为了避免陷入太过夸张
的描述,我们需要理解受移民影响的各方——移民本身、接受国社会
中的人们、那些被移民抛下的人——的利益,以及在讨论移民问题时
所涉及的所有价值观念。随着本书的进展,我已提及了其中的某些价
值,但没有加以详细阐明。因此,让我现在弥补这一遗漏,然后再得出
一些关于如何(以及不如何)思考移民问题的一般性推论。①

我的论证已援引了四个主要的价值。其中的第一个为弱式的道
德世界主义。移民也是人。无论我们如何与他们交往,都不可忽视他
们的道德地位。尤其是,我们不能以侵犯他们人权的方式对待他们,
在很多情形中,我们负有积极责任来帮助保护那些权利。但是,弱式
的世界主义更进一步。它还要求我们在决定拒绝人们的要求或请求
时给出理由,即便没有涉及权利问题。回想一下第二章中需要一本好

---

① 我将不予以讨论的一个价值就是经济效益,即便它经常被用来辩护劳动力的自由流
　动。我之所以不讨论它,是因为正如我在第一章所论及的,经济学家之间不仅对移民
　可能带来的净收益存在很多争论,而且对移民的成本和利益如何在不同群体之间分
　配也存在很多争论。

书的陷入困境的徒步旅行者。世界主义的扩展是很重要的，因为它表明，即便不存在移民的人权，一个国家的移民政策仍然必须在道德上站得住脚，即向被禁止入境的人给出拒绝接纳他们的充分理由。

154　　尽管在那些倾向于对移民问题采取强硬态度的人当中，人权的话语并不受欢迎，但我认为他们未必会拒绝弱式的世界主义本身。例如，欧盟 2014 年作出了一项决定（后来被推翻），即投入更少资源营救那些搭乘不适宜航海的船只而漂荡在地中海里的移民，那些支持该决定的人并没有说，他们对那些被活活淹死的难民的命运漠不关心。相反，他们辩称，先前由意大利所领导的搜救行动激发了蛇头（people smugglers）①投资于这种贸易的动力，因而总体上导致了更多的人丧生。即使你认为此种说法是伪善的，但其基本的前提是世界主义的：选择导致较少的人溺亡的政策，不管受害者是谁。

　　第二个价值是民族自决。一个民主国家的公民有权决定他们的社会的未来方向（尽管在刚才详细探讨的弱式的世界主义限制所规定的某些范围之内）。因为移民不可避免地影响未来的方向——部分原因是涌入的移民会引起人口和文化发生改变，部分原因是大多数新来者将在适当的时候成为政治上活跃的公民——决定接纳谁入境、接纳多少人入境以及接纳的条件都应该是一个民主国家需要决定的重要问题。在作出这样的一些决定时，公民应该反思他们希望看到其社会实现的目标，这些目标不一定只是狭义的经济目标，还可以是体育、文

---

① 蛇头，就是带路人或组织者，一般是指那些把偷渡的人带出国境，从中赚钱的人。这些人一般不直接买卖人口，而是从中收取偷渡费。但很多所谓的蛇头都会以出国、办理护照、办理他国身份的借口进行诈骗行为，并不把人偷渡到目的地，甚至有的会在半路谋财害命。部分大蛇头，也会进行非法的人口买卖。——译者注

化或环境的目标。因此,特别是在经济移民的情形中,在选择一种与有关社会受到公众拥护的价值相符的移民政策时,民族自决要求有相当大的自由度。

对民族自决的这种吁求很可能在两个方面遭到反对。一个是质疑"民族的"这个限定词。很多人会说,自决可能是重要的,但它应该被理解为公民的自决,而不涉及构成公民团体的人民的民族身份认同。这会大大减轻移民问题的压力,因为关于移民文化的问题以及移民与那些已经住进其新家园的人共享一种民族认同的能力的问题将变得无关紧要。随后出现的问题是,自决能否仅仅被理解为由随时组成公民团体的流动人口中的大多数人所作的决策,或者它是否不预设一种更实质性意义上的"人民"(people)——一个民族(nation),其将自身视为一个永远存续、拥有共享的过去和共同的未来愿望的集体。在第四章中,我提出了一些论据,支持以这种更强有力的方式来理解自决。① 155

第二个挑战是反对者并不否认民族自决本身的价值,但坚称它不能凌驾于移民的需求和利益之上。在此,有人声称,我们对移民所负有的正义义务是第一位的,无论这些义务是什么,然后,我们在文化或其他方面的自决计划可在这些限度内不断得以推行。这是一个更难

---

① 民族认同还可能与对民主代表性的关切相关:"在一个其成员的个体组成不断变化——由于移民入境、移民出境、出生和死亡——的世界中,至关重要的是,所有人都将自身视为一个共享事业的成员,拥有一种可以团结整体的身份认同,从而使政治代表合法化。在我们(当代的)世界中,民族认同为这种共享的成员身份和团结意识提供了基础。"M. Moore, *The Ethics of Nationalism* (Oxford: Oxford University Press, 2001), 88. 摩尔还把这种洞见归功于 M. Canovan, *Nationhood and Political Theory*(Cheltenham, UK: Edward Elgar, 1996)。

应付的挑战，因为它所提出的问题很简单却很难回答：我们应该赋予属于某一政治共同体——在此共同体中，人们彼此认同，同时还认同一种民族计划，而此计划始于过去的某个时候，并有望一直顺利地延续至未来——以多大的价值呢？正确的答案部分地（但只是部分地）取决于公民事实上在多大程度上重视成为这样一个共同体的一部分。

所以，我所诉诸的第二个价值比第一个价值更容易受到质疑。接下来，我转向公平的价值，而此价值已经以两种相互关联的方式影响了我的讨论。第一种与社会实践及其如何得以构造的问题有关。在确定任何的社会实践的条件时，公平所要求的是，应当关注权利与责任、利益与负担如何在参与者之间得到分配。这一点不仅适用于一个社会的移民制度，还适用于社会生活的任何其他方面，尽管事实上，移民是新来的人。因此，必须在移民可以正当提出的诉求与他们可以被合理期望承担的责任之间达到一种平衡。一方面，这就排除了盛行于19世纪的英国和其他地方的自由放任制度，该制度下的移民只能自谋生计，而得不到国家的帮助；①另一方面，也排除了一种会给予移民慷慨、无条件的援助而不施加例如融入社会责任的制度（有时这似乎是移民支持团体的指导思想）。

公平的第二个方面是，一旦一种公平的社会实践得以确立，参与其中的人就应该按照方案的要求去做，如果他们不这么做，就会面临正式的或非正式的惩罚，因此，这就是公平，因为它适用于该方案中的每个成员而非其总体的设计。这意味着，例如，当移民被有条件地或

156

---

① 我在第一章接近开头处引用了《图学家杂志》记者乔舒亚·哈尼所概括出的一种令人印象深刻的态度。

临时性地准许入境时,可以合理地期望他们遵守入境条款,不要设法逃避责任或使用拖延策略以留在东道国社会远超过约定的日期。我要强调的是,无论他们是如何加入该社会的——是完全自愿的,还是出于必要而迁徙的难民——这一点都适用。

这两种意义上的公平是一种被广泛接受的价值,虽然它并非是无可争议的。任何将移民问题简单视为独立的双方——移民与接受国——之间的交易的人都将倾向于认为,双方自愿才是至关重要的:移民所愿意接受的任何条件在事实上都是正义的。我曾在第一章中以西季威克为例指出,这就是 19 世纪自由主义者对移民问题的看法(就他们对它的一点思考来说)。相反,任何只从人权的视角看待移民问题的人都很可能认为,移民权利应该被视为无条件的,或许那些被判犯有严重罪行的人除外。这条进路有一个奇怪之处:它似乎真的把移民当作完全的陌生人,因为它把移民置于公平和互惠原则的范围之外,而这些原则通常被理解为贯穿于整个社会生活的主线。

我在讨论中提到的第四个也是最后一个价值是融合社会的理念——在这个社会中,来自各行各业、不同族群和宗教背景的人们毗邻而居,为了共同的目标而相互交往,并在平等的基础上自由、公开地互动。没有一个社会能够完全实现这一理想,但它可以作为一种愿望和指路明灯。社会融合的价值既与民族自决相关(因为当一个社会融合时,其所有成员更容易感觉到他们在参与一个共同的国家项目),也与公平相关(因为正如我在第八章中所论述的,当不同群体过着基本上独立的生活时,他们的机会不可能是平等的),但它又超越了这些,因为它直接反映社会关系的结构。它的价值再次受到质疑:这取决于你对促进社会和平和避免社会冲突的重视程度。读者此时可能会想 *157*

起格雷厄姆·格林(Graham Grene)的《第三人》(*The Third Man*)中哈利·莱姆(Hary Lime)的论断：波吉亚家族(Borgias)统治下三十年的恐怖和杀戮造就了米开朗基罗、达·芬奇和文艺复兴，而瑞士五百年的和平、民主和兄弟般的友爱造就了布谷鸟钟(cuckoo clock)。正如哈利所说，一个分裂的、充满冲突的社会仍然可能产生伟大的艺术作品。这样的理由充分吗？此外，融合会让一些移民群体付出代价，他们可能为了保护自己的宗教生活方式而躲过了迫害，却发现他们现在被温和地鼓励以自由和平等的名义淡化自己的信仰或改变自己的习俗。尽管如此，我还是坚持认为，这是一种应当指导我们思考移民问题的价值。

我认为，自由民主社会的移民政策应该由这四个价值所引导：弱式的世界主义、民族自决、公平和社会融合。不可避免地，它们之间存在着明显的张力：例如，正如我在第八章中所指出的，当我们考虑移民应在何种条件下有权成为正式公民时，我们对公平的关切与对社会融合的关切可能开始产生分歧。但是，在进一步阐明我的进路的实践意义之前，我想强调它区别于其他进路的两个方面——在关于移民问题的文献中出现但我特意不去采纳的两种论证策略。

我首先重申一下我在第一章末尾所说的关于现实主义在思考移民问题上的优点。① 在与移民打交道的实际过程中，会出现严重的道德困境——比如在地中海指挥救援船只的人所面临的困境，如果一项救援政策确实会激励更多的移民踏上危险的海上旅途的话——而人

---

① 我在这里使用"现实主义"并不是指现在政治哲学中有时赋予它的技术含义，而仅仅是指一种方法，它从世界的现状出发，着眼于世界的多重不平等和不公正，并探究在这种情况下，民主国家可以合法推行的移民政策的范围何在。

们很容易对之作出这样一种反应,即反事实地假定,造成这些困境的一些背景条件并不存在。一个善意的人可能会说,我们至少应该营救所有这些难民,并同时介入解决继续产生大量难民的冲突:因而,就不存在真正的两难困境。但是,如果我们在缓解这些冲突(叙利亚的内战、厄立特里亚的暴政、利比亚几乎完全崩溃的政治秩序,等等)方面确实无能为力——如果对这些地区的干预只会使事情变得更糟,抑或产生意想不到的副作用——那又怎么办呢?那么,通过转向理想的层面,我们就可以避免对真正应该做什么的问题而绞尽脑汁和艰难抉择:我们不再被迫扪心自问,何种原则或价值应被视为具有压倒性。比如,一种在道德上站得住脚的营救政策是什么样子的?它是否要求我们,不论作为私下的个人还是我们国家的代表,仅仅在我们日常工作中遇到危及生命的情形时作出反应,或者它是否意味着,在我们能够预料到这样的情形将发生时采取先发制人的措施进行干预?把根据救援原则所采取的行动的更长远的后果考虑在内在多大程度上是允许的?

　　正如我在第一章中所提到的,如果我们站在全球正义的立场上思考移民问题,然后将一种正义的移民政策规定为一个民主国家应该在一个同样正义的世界——比如,在这个世界中人权受到了广泛保护,并且国际不平等要远比当今的小得多——之中所采取的政策,那么一种类似的逃避行为也会发生。在这样的一个世界中,人们只出于个人的理由或被特定社会的文化或气候所吸引才想要迁徙。他们并不会出于紧迫的经济原因或留在原地有遭受迫害的危险而进行迁徙。由于很多人都很珍视留在他们原来的共同体中,我们可以预测,即使开放边境,移民数量也不会太大,并且流动基本上都是双向互惠的。在

158

这些情况下，迁徙自由肯定会成为默认的立场，而限制只会在特殊的情况下才是合理的——比如，要保护一些碰巧对移民有吸引力但在生态或文化上具有脆弱性的地区。但是，这条反事实的进路无助于我们对一些问题的思考，比如，在因第四章所阐述的理由而必须控制边境、限制入境总人数的情况下，眼下如何在不同类别的移民之间进行挑选。如果我们正在努力解决是否允许从发展中国家中招募医务人员来填补国内医疗保健服务的巨大缺口的问题，那么在一个每个国家都有资源来培训和雇佣足够数量的人员以满足它们本国医疗需求的世界里，去追问应当采取什么样的政策，这应该没有什么启发性。

159 　　我还想在此建议，在检验一种移民政策时，不要去看该政策可能会如何影响受其约束的具体个人。在有关移民问题的文献中，人们经常会遇到关于移民的个案研究，这些移民以这样或那样的方式触犯了现行移民制度，而他们的故事有利于揭示制度的荒谬性或不人道性。他们可能是在很久以前因为疏忽而未能获得某种必要的签证或证明的人；或者是尽管已非法入境但后来证明是善良、正直的社会成员的人；又或者是的确身处绝境但被拒绝入境的人。任何在道德上敏感的人都会对这些个人的故事感到痛心。但是，我们不可能在这样的基础上建立一种内在一致的移民政策或制度，就像无法从棘手的案例中制定出好的法律一样。这样的一种政策必须适用于很多人，并且它应当顾及移民准入或入籍方面的某条或其他的规则及其公平对待每个人的总体后果。正如我在整本书中所强调的，我们对移民问题的思考应当是整体性的（holistic）。接纳移民入境会对接受国社会的总体形态和特征产生影响，而这些影响是好还是坏则要视具体情况而定。我们从这些简短的介绍中总结的经验是，在某些情况下，移民官员、法官和其他人,应该以常识或共同人性的名义允许超出通常规则之外的例外情形存在;但这并不意味着规则手册应该被全部抛弃掉,而代之以自由放任。

因此,如果我们要思考移民问题,而不是将其反事实理想化,也不是依赖于我们对个别案例的直觉,我们应该从何处入手呢? 我认为,从现实主义前提出发,大多数自由民主国家的移民制度都面临着极大的压力,这主要是由三个因素造成的:第一,努力争取入境的移民人数远远超过了这些国家愿意允许入境的人数;第二,现在人们更看重的是能否踏入本国领土,因为一旦一个人通过各种手段成功跨越了相关边界,他就会获得一系列法律保护,如果他不符合入境条件也很难把他驱逐出境;第三,本土公民对许多(尽管不是所有)移民的焦虑、怨恨和偏见,给政府造成了相当大的压力,迫使其设定人数上限并进一步 <sub>160</sub>加强边境管制,同时也使有资格留下来的移民更难融入社会。① 显然,这种情形在伦理和政治上都是不可接受的,它一方面导致移民的人权受到侵犯、遭受社会的不正义,另一方面致使接受国的社会成员感到文化受到威胁、家园遭到入侵。这也进一步扭曲了民主政治,因为移民问题已上升到议事日程的首要位置,尤其是对于中间偏左的政治家、北美自由派和欧洲社会民主主义者来说,他们在移民问题上的自由主义本能不断受到约束,以避免疏远他们的工人和中产阶级支持者。

因此,应该怎么做呢? 从本质上讲,我们所需要的是一种明确的

---

① 然而,各国政府面临着交叉压力(cross-pressured),因为虽然选民普遍希望减少移民人数,但大企业事实上可以有效地游说,一方面要招募(所谓的)稀缺人才,另一方面又要招募廉价的非熟练劳动力。

移民政策，这种政策可以公开制定并得到公开辩护，同时，关于该政策如何在公共领域中发挥作用的所有相关的信息也应公开。它应该涵盖被接纳的总人数，对待各种不同类别的移民的方式，所采用的选拔标准，以及对移民融合的期望。这需要配合严格的边境管控以及对那些临时被准许入境的人的境况的快速评估，而这些人是寻求庇护者，或是临时保护措施下的入境者。没有人能够假装，看到边境围墙和栅栏是件令人愉快的事情，但如果公民打算接受这个国家的移民政策，那么他们需要确信的就是，这种政策将会得到有效施行，被允许入境的人都是符合政策规定的标准的人。如果政策的一部分涉及临时移民，那么就必须确保该计划中的人在计划结束后真正离开了，这一点必须透明。

政策的内容究竟应该是什么？在整本书中，我们认为，移民政策应该与每个社会为它自身所设定的其他目标同步发展并保持一致，故此问题不可能有一个通用的答案。如果这是一个关于人数的问题，拥有足够空间、人口下降和/或劳动力短缺的社会通常会支持移民，而那些已让人感觉拥挤不堪或其文化遭受侵蚀威胁的社会则会更加严格。已经是多元文化的社会，特别是那些将多元文化主义作为其公共政策之一的社会，在选择移民和融合政策的处理方式上，将会不同于那些相对同质并想要如此保持下去的社会。在选择经济移民时，特定行业的技术短缺很可能会是一个主要的因素。诸如此类，不一而足。

因此，没有哪一个政治哲学家能够制定出一种单一的移民政策，以作为所有自由民主社会（更不用说所有社会）所推行的公正或正确的政策。尽管如此，我想要说的是，其总体形态应该反映出前面所列出的四个价值。我所捍卫的立场可以用宽泛的术语描述为"社群主义"和"社会民主主义"。它赋予社会团结和社会正义以很大的权重，并且从这一视角评估移民政策。准入政策与融合政策都应该旨在确保，移民成为他们所加入的社会的正式成员，他们被大多数土著居民视为平等的公民，并得到这些居民的尊重，而与此同时，他们也认同该社会，广泛参与其社会和政治的生活。这并不意味着"同化"。移民也有权保留他们基于特定群体的身份认同和文化差异。但是，因为他们的权利和机会应该与本土出生的人完全相同，如果移民在诸如教育、经济和政治等领域所达到的成功水平明显不同，这将会是一个令人担忧的征兆。

　　有时针对此立场提出的批评是，通过坚持移民的完全平等，它增加了最初决定是否准许他们入境的风险。琳达·博斯尼亚克（Linda Bosniak）将当代公民身份政策的特征描述为"外硬内软"。① 更为形象的是，基兰·奥伯曼（Kieran Oberman）曾指出，关于移民问题的当代思考由"椰子共识"所主导，根据这一共识，严格的边境控制（硬壳）将被准许入境的少数人与没有被准许入境的多数人区分开来，但被选中的少数人后来会在其权利与地位方面受到慷慨的对待（更柔软的果肉）。② 有人说，此共识所忽略的一点是，许多移民愿意放弃当前提供的一些福利，以增加他们被接纳的机会——比方说，他们可能乐意作为"居留者"无限期地留下，而不期望获得公民身份。（这有时被看作

---

① L. Bosniak, *The Citizen and the Alien: Dilemmas of Contemporary Membership* (Princeton, NJ: Princeton University Press, 2006), 4.
② 奥伯曼于2012年10月在牛津大学难民研究中心的一次讲座中提到"椰子共识"。他把这个短语的首次使用归功于科斯蒂卡·敦布拉沃（Costica Dumbrava）；他现在更喜欢用"甜瓜共识"（cantaloupe consensus），因为椰子内部不够柔软。

支持"软边界"的论据,而在此软边界中,就移民的权利而言,跨越地理边界的意义并不那么大。)现在,我已对这些批评作了一个让步,接受 162 (被适当管理的)临时移民计划的合法性,并从坚定的沃尔泽式的立场上撤离出来,即进入社会的每个人只有在正式取得公民身份之后才能避免国内暴政的危险。但是,我坚决维护这一观点,那就是,如果一个社会包含一个永久性的次等阶层,不论这些人是未经许可的移民,还是具有某种无限期考察的身份但随时可能遭驱逐的人,那就大错特错了。这样的一种安排明显违背了引导我的讨论的四个价值当中的三个。① 该阶层的成员可能接受他们的处境,因为这种处境比其他选项更为可取,但这一点并不是决定性的,正如一些工人因为没有更好的选项而选择了血汗工厂,但通过指出这一点,血汗工厂本身仍然是无法得到辩护的。

当然,这一切都有赖于第三章和第四章所提出的论点,而这些论点表明,并不存在一种跨越边境的基本权利,国家有限制入境的合法理由。如果这些论点被推翻,我们就将不能再把社会正义和团结作为限制移民潮的理由了:它们只会直接被移民的迁徙权所压倒。但是在道义上,难民问题仍然是一个令人痛苦的问题。难民并不享有一种选择在哪里生活的不受限制的权利,但只要他们的人权在其本国遭到威胁,而且无法从源头上消除这种威胁,那么他们就的确有权获得庇护。我在处理这个问题时提出,每个社会都有义务在所有国家承担的保护难民权利的集体责任中承担公平的份额。如何具体规定每个国家的

---

① 它违背了公平与社会融合,其原因是显而易见的。它违反了民族自决,因为该原则假定,这个社会中的每个人都能够认同该民族并参与决策,而次级群体显然不能够做到这一点。

公平份额,将取决于现行的国际机制。如果在难民分配问题上达成了
正式协议——要么是完全包容性的协议(最好的情况),要么是特定国
家集团之间的部分协议——那么各国就有义务仔细审核收到的所有
庇护申请,并根据协议的要求接收尽可能多的难民,必要时将过剩的
难民转交给其他国家。① 在没有达成这种协议的情况下,每个国家都
需要认真努力地确定其在难民负担中所应承担的公平份额,并在此基
础上接纳难民。不可避免的是,考虑到政府面临削减移民数量的政治
压力,以及公众对难民多少有些消极的态度,各国都会有低估难民份
额的动机。因此,我认为我们有责任在现有联合国难民事务高级专员 *163*
办事处取得部分成功的基础上,真诚地尝试建立一种国际机制来监督
难民流动,②并预先承诺至少在人数达到商定的阈值之前遵守其建议。

不过,此条进路仍然留有两个尚待解决的难题。第一个问题是,
如果其他国家没有遵守难民协议条款,或者拒绝承担其应负责的公平
份额,那该怎么做:作为遵守规则的国家的公民,不管涉及的人数是多
少,我们都必须弥补缺口吗?③ 第二个问题是,如果我们被要求接受的
难民人数,即便是在公平分配的情况下,也超过了在不严重损害社会

---

① 当然,达成这样的一种协议的难度不应该被低估,正如我在第五章中的讨论已经清楚
表明的那样。

② 关于对其成功和局限性的讨论,参见 G. Loescher and J. Milner, "UNHCR and the
Global Governance of Refugees," in *Global Migration Governance*, ed. A. Betts
(Oxford: Oxford University Press, 2011)。

③ 关于这一普遍性的问题,即当我们被要求承担他人的责任时,正义所要求的是什么,
参见我的论文"Taking Up the Slack? Responsibility and Justice in Situations of
Partial Compliance," in *Responsibility and Distributive Justice*, ed. C. Knight and
Z. Stemplowska(Oxford: Oxford University Press, 2010), repr., D. Miller, *Justice
for Earthlings: Essays in Political Philosophy* (Cambridge: Cambridge University
Press, 2013)。

正义和团结的情况下所能容纳和/或融合的难民人数，那又该怎么做。由于公平分配的观念中包含了对成本的考虑，所以尽管中东最近发生的事件造成了非常大的难民潮，但第二种情形似乎仍然不可能出现。然而，我们可以想象这样一个未来：全球变暖和资源枯竭的影响使地球表面的大部分地区几乎都不适宜居住，那么一个值得深挖细究的问题是，那些逃过一劫、相对来说未受损害的社会是否有义务接纳大量难民，从而改变其自身的文化和政治制度。就这两种情形而言，我认为正确的答案是，在这些情况下，接纳的义务是人道主义性质的，而不是正义所要求的，这也意味着接纳与否应由接受国社会的公民自行决定——无论是难民本身还是第三方都不能强迫他们遵守。①

即便这些可能性从目前看来有点遥远，但它们促使我把难民问题描述为"道德上令人难以忍受的"。既不能一厢情愿地认为"真正的"难民的数量总是很少，也不能假装吸纳他们的成本（即使人数非常多）永远是适度的，以此来回避这种困境。当然，这种成本取决于那些必须接收难民的人如何看待他们当前生活方式中的文化或其他方面，而164 这些会因大量移民的涌入而受到严重破坏。我自始至终都认为，我们在民意调查中看到的对大规模移民的抵制并不仅仅是偏见的表现，而是源于对文化错位的真正恐惧，以及对就业和社会服务等更多物质方

---

① 然而，其理由在两种情形中是有所不同的。在第一种情形中，被拒绝接纳的难民对拒绝承担他们在集体任务中的公平份额的国家可提出一种正义的诉求，而这一点使守诺的国家的剩余义务（the residual obligation）仅仅成为一种人道主义义务。在另一种情形中，其理由是做正义所要求的事情成本过高——因此，与此种状况相类似的一种状况是，一个人发现她自己处于她必须决定是否执行一项使她面临重大风险的救援任务。然而，如果接受国对制造难民的全球变暖或资源枯竭问题负有部分责任，那么情况就会发生变化——它将有义务赔偿它所造成的伤害，而不管这样做的成本如何，这可能意味着接纳大量不受欢迎的难民。

面的担忧。①

　　我已经说过，如果事情变得糟糕，难民问题可能会被证明是道德上难以解决的问题，我还想说，在公平规定的范围内，各国有责任在其准入政策中优先考虑难民，而不是其他类别的移民。这可能不是一个受欢迎的政策选择，但由于难民的诉求源于他们的人权受到威胁，因此他们应当优先于那些仅仅声称他们的加入会以某种方式使国家受益的人，无论是作为体育明星、计算机程序员还是水果采摘工。就英国等国而言，这将涉及政策的重大转变，因此我在这里采取的立场绝不等于是为现状辩护。在考虑移民政策时，设法使利益和权利保持一致是有道理的，这样国家才能从移民中获益，同时也能履行其道义责任，但这并不意味着应该允许国家从申请者中选拔"最优秀的"，就像他们想要做的那样。其中一个限制因素是他们对难民所负有的义务，如果要对总人数设置上限，就必须首先履行这一义务；另一个限制因素是禁止招聘专业人员，因为为他们提供教育的欠发达社会急需这些专业人员的服务；第三个限制因素与挑选的合法理由相关，这在第六章中有详细论述。在每一种情况下，我们都可以看到，我所设想的薄弱的世界主义原则远非不起作用：它排除了大多数发达民主国家在对待移民时更愿意做和实际上正在做的相当多的事情。

　　要清晰、连贯地思考移民问题，就需要利用政治哲学所能提供的全部资源。正如我在第一章中指出的，20 世纪末、21 世纪初该领域最

① 对荷兰社会研究的主要论题是，民众对移民的抵制更多地是由对文化认同丧失的担心而非经济自利所造成的，参见 P. Sniderman and L. Hagendoorn, *When Ways of Life Collide : Multiculturalism and Its Discontents in the Netherlands* (Princeton, NJ: Princeton University Press, 2007)。

具影响力的人物约翰·罗尔斯规避了这个问题,假设他的正义理论适用于一个其成员已经确定的社会,这一点或许并不令人惊讶;当他后来转而研究国际正义问题时,他假设在其"现实的乌托邦"中造成当今

165 世界大规模移民的原因将不复存在。① 放弃这些假设,将会迫使罗尔斯面对他曾成功规避的一连串的问题:关于一个正义且民主的政治共同体的社会与文化的先决条件的问题;关于人权的本质和与这些权利相对应的义务的问题;关于道德在何种程度上允许我们偏袒同胞的利益和正义诉求而非陌生人的此类诉求的问题。因此,当我们努力应对移民问题所引发的富有争议和有时甚至棘手的问题时,我们也更加透彻地理解了我们的基本信念与价值观——当无法再规避艰难抉择时,对我们而言什么才是最重要的。

---

① "那么,移民的问题没有被简单地搁置不论,而是作为现实的乌托邦中的一个严重问题被清除掉了";J. Rawls, *The Law of Peoples* (Cambridge, MA; Harvard University Press, 1999), 9。

# 附言：2015 年欧洲移民危机

2015 年初，我完成了本书的主要写作，当时北非与中东的事态发 展已开始将欧洲移民制度置于前所未有的压力之下，但我确实没有预料到后来发生的一连串的意外事件，这些事件使难民问题几乎成为遍及整个欧洲大陆的每日头条。穿越地中海的大规模迁徙，以前主要经水路从利比亚出发，现在又有更大规模的穿越土耳其与希腊之间短海道的迁徙，以及跨越相同边境的陆路迁徙，而这两种情形的迁徙都未经接受国许可。新移民中有许多（尽管不是全部）是叙利亚人，他们要么是从内战中直接逃离出来，要么是对在黎巴嫩或约旦的难民营生活大失所望而迁来。

据统计，2015 年 1 月到 8 月间，有大约 35 万人越过欧盟边境，而实际人数可能要多得多。德国，作为移民选择的主要目的地，预计到年底不得不接纳 80 万人。对于传统上并不把自身视为"移民社会"的欧洲国家而言，抵达的人数显得非常庞大，且各国的反应也大相径庭，

167 这就使欧洲不可能形成一种集体政策来处理移民问题——不论是关于防止人们因不适宜航海的船只沉没而溺亡于地中海的最佳方法,还是关于重新安置移民的方案。此前根据《申根协定》(Schengen Agreement)和欧盟的"基本"迁徙自由原则开放的国家边境突然对移民关闭,导致了警察与移民之间的对峙场面,而这不禁让很多欧洲人不安地回想起法西斯主义时代的大规模驱逐。

在这篇简短的附言中,我的目的不是进一步阐述那些在欧洲以外被广泛报道的事件,而是反思它们对本书所阐述的移民哲学的影响。这一哲学能否帮助欧洲公民和政策制定者对大量难民和其他移民未经许可的到来制定出连贯而有原则的应对措施,或者说,移民危机是否只是暴露了其缺陷? 对一些人来说,2015 年冲突的主要教训是,欧洲必须向所有那些有足够动力或足够绝望的人开放边境,让他们愿意冒着明显的危险到达边境,否则就会被指控大规模侵犯人权。拒绝难民入境的成本——无论这意味着让其葬身于地中海中,还是使用强制手段加强边境管制——都高得令人无法接受。我写这本书的目的是捍卫各国关闭边境的有条件权利,并提出选择移民入境的原则,但当面对 2015 年末欧洲的客观现实时,我的立场似乎要崩溃了。虽然目前的危机在某些方面确实是例外,但可以认为它预示着类似的大规模人口流动,那些来自贫穷、冲突不断的社会的人们将利用一切可用的途径迁徙到自由民主国家。

为了理解为何 2015 年移民危机对我的分析构成了一个挑战,我们需要回到本书第五章所介绍的框架,该框架的关键在于难民与经济移民之间的区分。在此框架中,难民最好被理解为,如果留在他们居住的地方,其人权必然会遭受威胁的人,不管这种威胁是源自国家迫

害、国家崩溃还是自然灾害。威胁的源头并不重要；重要的是，它能否
在没有个人迁徙的情况下得以避免，比如，在现有国家的边境之内为
那些因内战而背井离乡的人建立安全的避难所，或为地震灾民搭建临
时的住所。经济移民是那些有理由迁徙但没有难民身份资格的人，这
一类别被广泛地理解为逃离日常贫困的人以及那些仅因个人喜好而
迁徙的人。

就我的分析而言，该区分是至关重要的，因为在我看来，各国对难
民负有义务，而对经济移民却没有义务。其义务主要是，确保那些向
它们申请庇护的人要么被接纳，要么被转移到其人权能够受到适当保
护的地方。但是，这些已造成欧洲移民危机的事件使此种区分受到了
质疑。许多未经允许就从陆路或海路悄然抵达的人是为了躲避内战
或政治不稳定的环境，在这种环境下，恐怖组织可以自由行动；或者他
们是为了离开过度拥挤的难民营，在那里，生活条件和机会都过于稀
少，无法保证他们的人权。在大多数情况下，他们都是因国家未履行
职责所导致的受害者，而非国家迫害的受害者。当他们试图跨越一国
边境时，他们会被算作我所支持的更为广义的难民吗？问题是，我的
定义包含了一种反事实的因素：它追问，当一个人留在目前的居住国
时，他是否能够受到足够的保护。比如，就目前住在资金短缺的难民
营中的人而言，对此问题的回答很可能是肯定的。为了保护待在那里
的人的人权，首先需要的是国际社会中比较富裕的成员提高它们所提
供的支持水平。但对于实际生活在难民营中的人而言，重要的问题则
是，他们过上体面生活所需的资源（包括教育和生产性工作的机会）是
否将在事实上得到提供，只要他们还留在他们现在所在的地方。他们
并不想在希望中等待十年或二十年。因此，他们有非常强有力的理由

迁徙，但由于他们已经住在其基本权利得到或能够得到保护的地方，故从他们可能迁入的国家的视角来看，他们并没有成为难民的资格。

在一本颇具影响力的书中，亚历山大·贝茨（Alexander Bets）曾主张，我们应该引入"生存移民"（survival migration）的概念，以涵盖此类情况。① 他说，生存移民是"因生存威胁而离开原籍国的人，他们无法获得国内救济或解决办法以消除威胁"。② 生存威胁的观念并非不言自明的，但贝茨认为，可以通过运用亨利·舒（Henry Shue）的基本权利概念来加以阐明，该概念被理解为包括生存权。③ 因此，一个生存移民应当是在一项或多项基本权利上缺乏保护的人。但是，他还应当"无法获得国内救济或解决办法"。这是什么意思呢？它貌似不可能意味着"此时此刻无法获得"。请考虑一下地震幸存者。他可能需要食物和避难所，而这些可能在几天之后才能通过国际救援努力提供。其间，他无法获得国内救济，因为当地机构已不堪重负。不过，如果他决定跨越边境，那么将他视为生存移民就不符合贝茨定义的精神了。这个例子表明，此概念依赖于一种默契，即在可预见的未来，移民原籍国的情况是"不固定的"。因此，它不可避免地存在相当程度的不确定性。比如，如果我们说，离开伊拉克或叙利亚的人会被算作生存移民，我们就必须对这些国家未来会发生什么作出假设；我们排除了几年后冲突停止、经济复苏的可能性。

① A. Betts, *Survival Migration : Failed Governance and the Crisis of Displacement* (Ithaca and London: Cornell University Press, 2013).

② Betts, *Survival Migration*, 23.

③ H. Shue, *Basic Rights : Subsistence, Affluence and U. S. Foreign Policy* (Princeton, NJ: Princeton University Press, 1980).

我并不把这个问题视为对生存移民概念本身的反对意见。然而，它揭示的是，如果不扩大这一概念的范围，使其涵盖所有为寻求更好生活而离开穷国的人，那么按照我的定义，这一概念所适用的人也将算作难民。只要他们留在原籍国，他们的权利就得不到保障。这个概念上的观点很重要，因为它影响到我们如何看待漂洋过海、试图跨越陆地边界前往欧洲富国的潮水般的人群。他们的处境不可避免地使他们看起来像一群没有区别的人，是需要帮助的绝望的人。但事实上，这股人潮被移民专家称之为"混流"（mixed flow）。它将包括被狭义的《日内瓦公约》定义为难民的人，即逃避迫害威胁的人。它还将包括从中期来看仍具有不确定性的地区的生存移民，因此，根据我所赞成的更广泛的定义，他们应被算作难民。此外，它还包括为寻求体面生活而迁徙的人，但无论从哪个角度看，他们都不符合难民的条件——例如，那些决定离开难民营的人，他们在难民营中受到保护、免受攻击，但工作机会不足。<sup>　</sup>*170*

对于必须决定接纳谁的接受国政府来说，这些区分很重要。由于资源有限，他们必须能够在不同的申请人之间确定优先次序，决定是暂时接纳还是长期接纳他们，等等。在正常情况下，这需要对每个新移民的背景情况进行调查，过程有些漫长。2015 年的移民危机之所以成为危机，部分原因在于抵达的人数已经超出了欧洲各国尤其是地中海沿岸国家所建立的入境管理制度所能承受的限度。

接受国应该密切关注谁将入境还有一个更深层的原因。近期涌入欧洲的移民潮有一个明显的特点（尽管是可以预见的），那就是他们中年轻男性的比例过高，其中许多人已经接受或正在寻求接受大学教育。这对他们融入德国、瑞典和其他愿意大量接纳他们的欧洲社会可能是个好兆头,但也意味着他们离开的社会正在失去最有能力为社会重建作出贡献的人。在这种情况下,接受国社会不能只考虑自己对熟练劳动力的需求——参见我在第六章中对"人才外流"的讨论。保罗·科利尔最近已指出,接纳叙利亚难民的难民营的核心问题在于,它们没有为这些居民提供工作机会。他的建议是,欧洲国家应该利用部分援助资金在难民营附近建立工业区,这样就创造了商机和就业岗位,一旦内战结束,这些最终会转回叙利亚。① 那么,这样的建议一举两得:既削弱人们为到达欧洲而踏上冒险旅程的动力,又有利于饱受战争蹂躏的社会的经济重建。如果得到采纳,这种类型的大规模计划会减少试图进入欧洲的总人数,并使移民服务机构拥有更好的机会去识别和欢迎那些真正的难民。

171    如果应该阻止非难民的大规模移民入境,欧洲各国可以采取哪些合法措施来阻止移民进入欧盟边界? 这场危机引发了两方面的强烈分歧:一是针对旨在从不适合航行的船只上救出难民并将他们送往欧洲目的地的搜救任务;二是各国是否应该允许来自南方的未经许可的移民越过边境,前往更远的北方国家。这两个问题都不简单。在船民问题上,各方都承认,任何船只如果遇到满载即将溺水的移民的船只,都至少有人道主义义务将他们带上船并护送上岸。② 然而,以这种方式获救的预期似乎很可能会刺激移民踏上危险之旅,而当国家打破营

① P. Collier, "If You Really Want to Help Refugees, Look Beyond the Mediterranean," *The Spectator*, August 8, 2015.
② 根据国际海洋法,这也是一种法定的责任。然而,该法律并不是为我们在船民案例中所遇到的情况而设计的。我在一篇即将发表的论文"The Duty to Rescue Boat People"中更为深入地探讨了此问题。

救与进入其领土之间的联系时——正如澳大利亚政府所采取的政策,移民船只被拖回至它们的出发地,或者船上人员在离岸拘留中心接受评估,那些有难民身份资格的人被安置在第三方国家——船流就迅速干涸,而生命的丧失也会随之停止。因此,不论军舰还是商船,当遇到移民船只时应该怎么做,与有关政府应该采取何种政策以使生命损失最小化,这两者之间出现了一道鸿沟。

就那些前往欧洲的人而言,其主要问题在于,他们是否应该被允许在欧洲大陆之内自由地迁徙。现在,大多数国家把这样的迁徙自由视为欧盟的根本原则之一。那么,把这样的一种权利仅仅扩展至现有公民而非新来移民似乎是不正常的。(有人可能还记得第三章所论及的格劳秀斯的观点,即穿越领土的通行权本身是一项基本权利,在各国取得领土之后依然有效。)然而,对当前危机的一个适当反应似乎是,要求这些国家达成一项关于分配难民的责任-分担方案,而如果移民一旦被准许入境就可以自由地迁徙到他们最喜欢的国家,那么责任-分担方案就不太可能奏效。

我在第九章中指出,在某些情况下,难民问题很可能在道义上令人痛苦不堪,而欧洲危机似乎证实了这一预言。对于溺水的船民或被边境栅栏阻隔、没有基本生存手段的陆地移民的困境,任何人道主义者都不会袖手旁观。他们就是第二章中沙漠里的徒步旅行者。但同样,各国在协调应对危机时必须考虑到现在所做的一切所带来的长期后果——对那些将来可能想要迁徙的人发出的信号和提供的激励。如果各国已经为不同类别的移民——难民、经济移民、临时工等——制定出(合理的)政策,那么这些政策就不应该因为当前紧急情况的出现而被废止。公民和政府官员都需要找到一种方法来协调人道主义

172

需求与政策目标。他们如何才能在救助那些需要救助的人的同时，避免边境变得毫无管控呢？

那么，欧洲各国现在应该做些什么呢？任何适当的应对措施都将耗资巨大，因此首先需要有一个责任-分担的财政安排，将资源重新分配给意大利和希腊等在处理入境移民方面责任最重的国家。欧盟本身的最佳理由（除了确保欧洲和平之外）可能是，它为那些陷入意想不到的麻烦的国家提供了一种保险机制，无论这些麻烦是全球资本流动的结果，还是像本例中这样的大规模人口流动的结果。其次，必须采取措施将移民潮本身削减到可控范围之内。这一方面需要与难民输出国的地方当局合作，打击人口偷渡活动，加强领海监管（土耳其等本身就是难民安全避难所的国家最需要这样做），另一方面需要改善冲突地区附近难民营的生活条件，提供工作机会。最后，对于那些确实抵达欧洲领土的难民，接受国之间需要就难民配额达成一致，并为那些随后应被鼓励遣返的难民制定临时保护计划，以帮助重建目前处于崩溃状态的社会（伊拉克、利比亚、叙利亚和其他国家）。这些计划的设计应允许受益者在留在东道国社会期间参加工作和接受培训，而不是以提供福利为基础。

既然代价可能如此高昂，接受国为什么还要这样做呢？并不是因为这样做会受到其本国公民的欢迎。迄今为止，许多普通欧洲人都表示愿意向从海上抵达或穿越欧洲大陆的移民提供帮助，这在道义上值得赞扬。但这种慷慨的初步反应可能无法禁受住移民大量进入当地社区并争夺工作和住房的考验。他们也不应该出于历史负罪感而这样做。正如我在前面所论述的那样，可能确实存在一些难民，他们因有些西方国家对其祖国的破坏性干预而应该得到补偿。但是，这里存

*173*

在着道德双重束缚的危险,在这种束缚下,有关国家会因干预行动出错而受到指责(如在伊拉克),同时又会因在看似需要干预时没有进行干预而受到指责(如在叙利亚)。鉴于很难事先知道任何拟议的干预行动可能会产生怎样的结果(事后看来当然很容易预测!),因此应尽可能避免导致责备和内疚的行动计划。因此,答案只能是,这些国家相对富裕,有能力应对移民危机,而且由于地理位置的巧合,这些国家显然是人们逃离失败或运转不良国家的目的地。一旦有需要的人来到并出现,弱式的世界主义本身就要求对他们的请求作出积极回应。

# 致　谢

　　十多年前，我开始深入思考移民问题，首先我想感谢安德鲁·科恩（Andrew Cohen）与基特·韦尔曼（Kit Wellman）提供了最初的动力，他们邀请我为布莱克威尔出版社的《应用伦理学中的当代论争》（*Contemporary Debates in Applied Ethics*）撰写一篇文章，明确要求我为国家对移民关闭边境的权利进行辩护！自那次尝试之后，我又发表多篇论文，对最初的论点进行了完善和加强，而本书试图将我在过去十年里所学到的东西提炼成对我的观点的一种简明陈述。一路走来，我欠下了很多人情债。

　　感谢 SIAS（Some Institutes of Advanced Study），这是一个高等研究院联盟，2007 年和 2008 年为两个关于"公民身份与移民"的暑期讲习班提供了慷慨支持，地点一个在柏林，一个在帕洛阿尔托。我和我的共同召集人埃蒙·卡伦（Eamonn Callan）可以自主选拔来自欧洲和北美的二十位最有才华的年轻学者，他们从事不同学科的研究，但研究领域都非常广泛,我们邀请了杰出的客座演讲者在为期两周的讲习班上对他们发表演讲。这对我个人来说是一次非常充实的经历,我与许多与会者一直保持着密切联系,下面的名单就能说明这一点。

在各种讲座、研讨会和讲习班中,有很多机会检验这里所提出的观点的最初版本,因此我想要感谢所有那些参与由以下机构所举办的活动的人:阿姆斯特丹大学;剑桥大学;都柏林三一学院;欧洲大学研究所;耶路撒冷希伯来大学;伦敦大学学院;墨尔本大学;俄亥俄州立大学;渥太华大学;巴勒莫大学;普林斯顿大学;里耶卡大学;圣加仑大学;巴黎政治学院;斯德哥尔摩大学;特拉维夫法律与商业学术中心;耶鲁大学。就近而言,牛津大学的内部多元化意味着我能够在如下机构中进行思想试验,如社会正义问题研究中心,移民、政策与社会研究中心,难民问题研究中心,以及被放于最后但同样重要的纳菲尔德学院(Nuffield College),其每周举办并持续了三十年的政治理论研讨会,为我审查自己正在开展的工作提供了无与伦比的机会。

在此,我谨向被我无意中在名单中遗漏的人致以歉意,我还要特别感谢以下人士,他们就与移民相关的主题进行了富有启发性的讨论:阿比扎德(Arash Abizadeh)、鲍博克(Rainer Bauböck)、布罗克(Gillian Brock)、巴特(Daniel Butt)、卡伦(Eamonn Callan)、凯尼(Simon Caney)、科利尔(Paul Collier)、科斯特洛(Cathryn Costello)、沙利特(Avner de Shalit)、舒特尔(Helder de Schutter)、埃尔金斯(Gabriella Elgenius)、伊诺克(David Enoch)、埃斯佩约(Paulina Ochoa Espejo)、法布尔(Cécile Fabre)、法恩(Sarah Fine)、古斯塔夫森(Gina Gustavsson)、凯达尔(Ronit Kedar)、科勒斯(Avery Kolers)、阿米尔(Tally Kritzman-Amir)、库卡塔斯(Chandran Kukathas)、拉博德

(Cécile Laborde)、雷纳德（Patti Lenard）、莱文森（Meira Levinson）、麦克唐纳（Terry Macdonald）、欧文（David Owen）、帕滕（Alan Patten）、罗思（Hans Roth）、鲁斯（Martin Ruhs）、斯特姆普罗斯卡（Zosia Stemplowska）、施托尔茨（Anna Stilz）、施特雷勒（Christine Straehle）、塔斯奥拉斯（John Tasioulas）、托雷西（Tiziana Torresi）、范·帕里斯（Philippe Van Parijs）、瓦桑塔库马（Ashwini Vasanthakumar）、韦尔曼（Kit Wellman）和伊佩（Lea Ypi）。

有些人值得特别提及。首先是约瑟夫·卡伦斯，他历时 25 年写成的关于移民问题的著作《移民伦理学》终于在 2013 年问世，而这本著作成为我灵感的一个持续不断的源泉。读者会看到，我从阅读他的作品中学到了很多东西，即便我对他的某些立场持明确异议。约瑟夫是一位非常谦逊的对话者，他对这本书的手稿作了慷慨评论。每当我需要得到有关如何解读移民政策的指导以及对结果的保证时，马修·吉布尼（Matthew Gibney）总是给我提供宝贵的建议，也让我对结果感到放心。伊丽莎白·芬尼伦-伯恩斯（Elizabeth Finneron-Burns）和凯莱布·扬（Caleb Yong）在研究过程中提供了帮助，扬还对手稿进行了详细的评论。迈克尔·布莱克（Michael Blake）、卢阿拉·费拉乔利（Luara Ferracioli）、玛格丽特·摩尔（Margaret Moore）、基兰·奥伯曼（Kieran Oberman）以及哈佛大学出版社的两位审稿人也加入了扬的行动。我要感谢所有这些人给予的建议，并为我没有始终遵循他们的建议而感到抱歉。

我还要对玛格丽特表达另一番感激之情，在本书临近完成之时，她走进了我的生活，既给予了我鼓励，又使我放松心态，这两样对我来说都非常重要。这本书是献给她的。

# 索　引<sup>*</sup>

Open borders: arguments for, 开放边境:论点, 12, 14, 16, 39 - 56, 153; arguments against, 反对……论点, 57 - 66, 154, 160 - 161

**P**

Parallel societies, 平行社会, 68, 108, 131, 132, 188n23

Paternalism, 家长主义, 137, 195n16

Persecution, meaning of, 迫害, 的含义, 79, 82

Pevnick, Ryan, 赖安·佩夫尼克, 187n19

Philippines, 菲律宾, 111

Plamenatz, John, 约翰·普拉门纳兹, 178n37

Pogge, Thomas, 涛慕思·博格, 179n4, 183n17

Political philosophy, 政治哲学, 13 - 18; realism, 现实主义, 16 - 17, 208n8; vs. ethics, 与伦理学相比, 17 - 18

Population control, 人口控制, 65 - 66

Poverty, 贫困, 17, 45, 80, 85, 168

Prevention, vs. coercion, 阻止, 与强迫相比, 74, 189n33

Price, Matthew, 马修·普莱斯, 81, 190n13

Property: private vs. common, 所有权:私人的对共享的, 39 - 40;

valuing, 重视, 43 - 44

Public goods, 公共益品, 64, 148

Public space, 公共空间, 148 - 149

**R**

Rawls, John, 约翰·罗尔斯, 14 - 15, 120 - 121, 164 - 165

Realism: about immigration, 现实主义:关于移民问题, 16 - 18, 157 - 158, 159 - 160; in political philosophy, 在政治哲学中, 16 - 17, 208n8

Refugee, defined, 所定义的难民, 78 - 83, 168 - 170, 190n10

Refugee camps, 难民营, 168, 170

Refugees, 难民, 6, 12, 40, 49, 52, 76 - 92, 162 - 164, 196n23, 202n30; vs. economic migrants, 与经济移民, 77 - 78, 94, 167 - 168; environmental, 环境的, 81, 163, 191n21; vulnerability of, 的脆弱性, 84 - 85; burden-sharing schemes, 责任 - 分担方案, 86 - 88, 91, 92, 162 - 163, 172, 192n32; market in, 市场在, 88 - 89; transfer payments, 转移支付, 88 - 89; selection of, 的挑选, 89 - 92; taking precedence over other migrants, 优先于其他移民, 92 - 93, 164; creating moral dilemma, 产生道德的困境, 93, 162 - 163, 171 - 172; costs of admission, 准许

# 译后记

　　尽管当今世界形势不容乐观,比如英国脱欧,局部地区的冲突持续不断,部分国家的贸易保护主义有所抬头,诸如此类,不一而足,但毋庸置疑的是,当前我们正处于全球化时代,各国相互合作、相互依存、相互促进,日益成为一个"你中有我、我中有你"的命运共同体。在这样的一个世界社会中,大量的资本、商品、服务以及信息跨国流动,而且流动速度日趋加快,让世界各地的人们共享发展所带来的成果。不言而喻,流动不仅仅限于这些物质性的资源,必然也会包含作为主体的人员的跨国流动。由此,就当前构建一个公平、正义的命运共同体的宏伟目标来说,其所要关注的问题不仅涉及全球资源如何在各国间分配的问题,而且还牵涉到人员的迁移问题,即移民问题。相比而言,后一种问题则更为难以处理,甚至更为迫在眉睫,尤其是在地区战争、极度贫困与自然灾害所持续导致的大批难民跨过边境、蜂拥而至之时。

那么，我们究竟应该如何看待并应对移民问题呢？这是一个非常紧迫而又棘手的问题。对此问题的回答，有赖于对它所包含的一系列更加具体的次一级问题的把握，即我们应该准许移民进入还是将其拒于国门之外？如果我们准许某些移民入境，那么在挑选他们时所依据的合法标准何在？这些移民到底享有何种权利？究竟是否存在一种所谓的普遍的人类移民权利？还有，一旦他们入境，我们可以对他们提出什么样的要求或期望？面对当前的迫切形势，针对这些问题，从政治哲学的角度尝试作出既在逻辑上融贯而又在道德上正当的回答是至关重要的，不论相对于国内正义与全球正义以及理论与实践而言。然而，关键的是，我们如何才能做到这一点呢？当然，这并不是轻而易举就能做到的。

可预料到的基本困难是，一方面，我们很难从一些经典的政治哲学文本中找到可据以直接作答的建设性意见，诸如密尔、黑格尔等很多政治哲学家都鲜有提及这些问题，并且世界主义理论集大成者康德在《永久和平论》中仅点到"好客的自然权利"为止，而就连当代著名的政治哲学家罗尔斯，也因太过理想化地设想在他所设计的"现实的乌托邦"中导致大规模移民的因素不复存在，而遗憾地在《万民法》中搁置了移民问题。因而另一方面，这就需要我们深入挖掘那些哲学资源而尝试进行间接推理，但我们在推理过程中所应坚持的是一种现实的民族主义或国家主义的立场还是一种理想的世界主义的立场呢？如何在这两种立场之间作出选择是一件非常困难的事情，更何况在这条立场光谱当中存在许多个可供选择的点。因此，这就需要我们既要更为谨慎地确立一个恰当的立场，又更加全面地权衡移民问题所涉各方的利益关系，最终通向理论的"反思平衡"。

令人欣慰的是,英国当代著名的政治哲学家、社群主义代表人物戴维·米勒(David Miller)为我们的继续思考提供了极具启发性的指引。米勒教授长期致力于正义理论的研究,写作并发表了大量颇具影响力的政治哲学著作和论文,其主要著作有:《社会正义原则》《市场、国家与共同体:市场社会主义的理论基础》《论民族性》《民族责任与全球正义》《全球正义》,等等。他的正义理论所涉及的主题,从社会正义到民族性再到全球正义,形成了一套相对完备的理论体系,并引起了众多学者对其理论的讨论与批判。作为米勒新近问世的一部重要著作,虽然本书所关涉的主题是更为具体的移民的政治哲学问题,但它实际上是对其正义理论体系中的不同主题的综合应用,并在理论应用过程中试图有效地调和民族主义与世界主义、社群主义与自由主义之间的关系,而这些或许正是他对移民问题的理解的独到性与洞见性的原因所在。

在本书中,围绕移民问题,米勒在对有关移民的国际正式文件和移民政治哲学中的移民类别和权利等进行清晰的辨析、界定和纠正的同时,提出了很有说服力的阐述、论证与回应。从大体上说,正如米勒自己所指出的,他的整个理论工作自始至终都受到以下四个主要价值的指引。第一个价值为弱式的世界主义,这是他思考移民问题的基本出发点。全人类都具有平等的道德价值,"移民也是人",而移民在道德上也具同等的重要性,故他们理应受到各国尊重与保护。但此种责任是存在的,而又仅限于公平的责任,即对基于基本需要的人权的保护。它既广泛地考虑了人类特别是移民自身的脆弱性,又为以联合义务为基础的特殊责任留有空间,从而与强式的世界主义的普遍责任明确区别开来。第二个价值是民族自决,即一个民主国家的公民可自行决定其社会的未来发展方向,在准许谁入境、准许多少人入境以及准入条件等方面需要有相当大的自由度,因为这些对于接受国来说都具有重要的价值。第三个价值就是公平,其所要关注的是权利与责任、利益与负担如何在参与者之间得到正义的分配。第四个价值为社会融合,即在一个融合的社会中,包括本国公民与移民在内的人们虽来自各行各业、不同族群和宗教背景,但因共同的目标而彼此相连,并以平等的方式自由、坦诚地交往。可以看出,米勒对移民问题的独到见解具有很强的参考意义,无论是在理论上还是实践上。

总之,借用米勒的开篇语:"这是一本关于移民问题的书。"真正地领会和把握其重要的意义,需要深入阅读、品味和厘清其明晰的概念、细腻的论点和严密的推理以及全面的回应。当然,这也有赖于翻译工作的质量。为了保证质量,译者尽最大的努力,认真斟酌、准确翻译,并对初稿做多次修改和完善。由于专业水平和外语能力的限制,译文中的错误在所难免,真诚地希望得到广大读者的批评指教。最后,也是特别重要地,感谢我的爱人邵灵芝博士,在我翻译期间除了给予我鼓励、承担繁重家务之外还以普通读者的身份通读了全文,并提出了很多宝贵的修改意见。

吴楼平

于南京雨山美地